原本大学微言（下）

南怀瑾 著

人民东方出版传媒
东方出版社

目　录

下　册

第六篇　齐家治国

三八、从治国必齐其家说起 / 300
　　中国上古社会以"礼治"为主〇谈"民主"要从自己身上做起

三九、周室治国齐家的故事 / 306
　　"三太"的母仪〇太伯推位让国的遗风〇周末第一文化大使——季札〇孝、弟、慈的道理〇推位让国与统一江山

四十、治国当家的原则 / 319
　　自知与知人〇出使西藏的禅宗大师〇从清朝得到的历史教训

四一、法治与治法 / 330
　　为什么"率天下以暴，而民从之"〇制定法令的基本原则〇多做好事才是真修行、真学问

四二、先看《诗经》怎么说 / 342
　　"宜室宜家"的深意〇温柔敦厚的诗教

四三、炼石补天靠母性 / 347
　　从"只知有母"到"女主内"的演变○"三从四德"的时代意义

四四、治国齐家须女宝 / 355
　　从"妇德"到"母仪天下"○"为政"不等于"政治"

第七篇　治国平天下

四五、人世难能天下平 / 362
　　先了解"天下"的原义○什么叫"絜矩之道"

四六、天秤不自作低昂 / 371
　　当政者"不中不正"的后果○先"立德"才能得民心○当政者特别要注意一言一行○"财""货"的原义○刘邦、李渊、朱元璋的老实话

四七、上台容易下台难 / 383
　　阿斗与孙皓的对比○刘毅大胆直言

四八、魏晋南北朝的时代 / 390
　　要了解当时的三个关键问题○"胡""华"民族的混和○胡汉文化的另一面○石勒与佛图澄的故事○苻坚见不到鸠摩罗什○儒家沉寂、佛家昌盛的时代

四九、南朝权位戏连场 / 409
　　刘准、萧衍、萧绎、陈叔宝的故事○杨坚、杨广父子的故事○谁能逃避无形的因果定律

五十、所治在法，能治在人 / 419
　　曾子从《秦誓》上发挥○秦缪公重用百里奚○"蹇叔

哭师"的故事〇由余论文化与文明之辨〇怎样对待邻国的圣人〇从三方面来看秦缪公

五一、义利之辨的财经学说 / 437

民富即国富，国富则民强〇注重财政的名相、名臣〇曾子处义利之间的故事〇如果孔门弟子少了子贡，行吗？〇《货殖列传》的妙论卓见

第八篇　儒学演化与国家发展

五二、宋儒程明道《定性书》的料拣 / 454

从佛教传入到理学的兴起〇康熙善学《定性书》

五三、"四书"、"五经"和中国文化 / 461

五经博士的开始〇玄学和玄谈的时代〇唐代文艺辉煌的风韵〇儒佛道禅与唐代文化〇百丈禅师与吕纯阳的深远影响〇《原道》与《复性书》的出现

五四、儒家经学与李唐五代 / 473

五代是第二次南北朝的开始〇李嗣源的向天祷祝

五五、两宋守文弱主的由来 / 482

杜太后"母仪可风"〇"烛影斧声"的疑案〇宋真宗神道设教的愚民政策

五六、宋初文运和宋儒理学 / 492

文运鼎盛的前因〇钱若水一番有骨气的话〇范仲淹是真正的儒宗儒行〇栽培宋初一代大儒〇北宋后期儒林道学的现象〇苏东坡对神宗的建议

五七、南宋王朝和四书章句 / 511

宋高宗两道互相矛盾的诏书〇评朱子所谓"帝王之

学"○主张学以致用的名儒

五八、蒙古西征与西方人的误解 / 521

　　成吉思汗为何西征○藏密为主下的儒家

五九、明清的科举与宋儒的理学 / 530

　　为朱元璋做个心理分析○科举取士的利弊○阳明学说的兴起○总结明朝的政治文化

六十、外示儒学内用佛老的清朝 / 542

　　清取天下几异数○勤于治学的康熙○中国之患重在边防

六一、从雍正说到乾隆 / 556

　　昼夜勤劳"办事定"○雍正如何"平天下"○大禅师整顿佛教○定鼎守成一奇才○十全老人的乾隆

第九篇　西方文化与中国

六二、鸟瞰西方文化的演变 / 576

　　明清之际的中西文化交流○清初以来西方国家的重大变革○美国文化与美式霸主

六三、反思检讨三大问题 / 596

　　有关国际形势问题○西方的文化和文明○有关人文文化与政治社会

六四、结语：中国希望和平共存的世界 / 604

第六篇 齐家治国

三八、从治国必齐其家说起

中国上古社会以『礼治』为主

谈『民主』要从自己身上做起

第六篇　齐家治国

所谓治国必齐其家者，其家不可教，而能教人者，无之。故君子不出家，而成教于国。

孝者，所以事君也。弟者，所以事长也。慈者，所以使众也。《康诰》曰："如保赤子。"心诚求之，虽不中，不远矣。未有学养子而后嫁者也。

一家仁，一国兴仁；一家让，一国兴让；一人贪戾，一国作乱；其机如此。此谓一言偾事，一人定国。

尧舜率天下以仁，而民从之。桀纣率天下以暴，而民从之。其所令反其所好，而民不从。是故君子有诸己，而后求诸人；无诸己，而后非诸人。所藏乎身不恕，不能喻诸人者，未之有也。故治国在齐其家。

《诗》云："桃之夭夭，其叶蓁蓁。之子于归，宜其家人。"宜其家人，而后可以教国人。《诗》云："宜兄宜弟。"宜兄宜弟，而后可以教国人。《诗》云："其仪不忒，正是四国。"其为父子兄弟足法，而后民法之也。此谓治国在齐其家。

我们研究《大学》，前面已经提起大家的注意，到了修身齐家的阶段，是由"内明（圣）"的学养，转进为"外用（王）"的发挥。但必须更要了解，过去的历史文化，从孔子开始的儒家，乃至传承孔门心法的曾子、子思，甚至孟子，始终是秉承三千年来"宗法社会"的伦理传统，发扬人道的人本位思想。

中国上古社会以"礼治"为主

大家庭的家族，便是人群社会的基本，犹如一个小国的雏形，而且它所注重的是礼治，而不是"法治"。"礼"是文化的教养，道德榜样的感化。"法"是人为建立适应时（间）空（间）环境的规矩，用来管理人的行为，使其在人与人之间、人与社会之间，可以平衡利益、调整利害冲突。殷周以前，中国文化的政治指标是以礼治为主，法治仅是辅助礼治不足的偶尔作用。如果要研究讨论礼治和法治的比较，问题可不简单，必须要从人类社会发展史、人类经济发展史等等学科来综合研究。

我们现在提到礼治、法治的问题，只是要大家了解孔门儒家的传统学问的主旨所在，是以人本位的"人伦"之道出发，外及"为政"的原则原理。所谓"修身、齐家、治国、平天下"的一贯道理，都不外于这个范围，它并不是讲政术、政法的运用法则。明白这个道理，才好对原本《大学》《中庸》等书，去学习了解它的精义所在。

同时更要了解，由于传统文化以"宗法社会"的"家族"为主，从夏朝开始，由尧舜以来的"公天下"，一变为"家天下"。到了周秦以后，确立以一姓一家为代表的国家天下，"大家长"号称"帝王"。这个制度习惯一直运作了两千多年，直到二十世纪初期，才与西方后期的民主等思想相结合。与孟子所说"民为贵，社稷次之，君为轻"完全一致。但在我们的文化思想习惯的血液中，至今还存在着"宗法社会"帝王"大家庭"的阴影。

在民国三十年（1941年），我还亲自碰到来自田间的农民七八人，手执杏黄旗身背大关刀，冲进成都"皇城"大殿，登上皇帝宝座自称"天子"。这是真人真事。其他军阀、政客、学人们，也还有不少如曹操所说，有"几人称帝，几人称王"的思想呢！七十多年前，有一位清朝遗老亲口对我说："你看吧！国民革命军北伐成功了吗？他们不知道北伐成功，正好是政治南伐呢！"那时我还年轻，不懂就问，什么叫"政治南伐"啊？他说："做官、玩法、贪赃、腐败、无能、争宠、争权，都跟清朝以前的帝制时代没有什么不同，只是外表不一样而已。而且他们还不像帝制时代有水平，那时文雅多了！你父亲要你读书不做官，是对的。'一代赃官九代牛'，来偿还罪孽，可怕啊！"老实讲，他这一番话，我数十年来记忆犹新，世事几经反复，愈看愈不是滋味。这真如张问陶的诗所说："一编青史太陈陈，上下千秋笑转轮。"将近一个世纪的革命，百年来的岁月，反反复复，依然如故，真的令人气结。

谈"民主"要从自己身上做起

而且更要明白，从西方后期文化的民主自由思想东来，和中国的固有传统文化冲击，渐渐又互相沟通了解而结合。二十世纪五十年代以后，以美式的民主选举来说，为了竞争登上国家领导人的宝座，互相揭发缺点，甚至做人身攻击。对于他青年时代的学业成绩、男女恋情，甚至夫妇之间的嬉笑怒骂，都要拉上电视来讽刺。还公认这才是真正民主的风范。诚然，好玩是好玩极了。但是世上多少人是白璧无瑕的圣贤啊！照这样说来，自三代以后，有高尚的品德的，大多缺乏掀天揭地的才能；要有才有德有学识，又要有雄才大略的气魄，这种人恐怕只有向印象派画里去找了。而且这是要求别人是圣贤，不是要求自己是圣贤啰！但不管怎样说，现代美式的民主选举挑剔病，正如 B 型流行感冒，风靡一时，归根结底还不及孔门学派的《大学》、《中庸》之道，说得更明白透辟呢！并且它不是要求他人，而是要人人能明白自己要达到的学养目标。"心诚求之，虽不中，不远矣。"要"诚心"地要求自己，虽然没有完全做到，也不太远了，总会到达目的地。

那么，原本《大学》关于"治国必齐其家"的原文怎样说呢？"所谓治国必齐其家者，其家不可教，而能教人者，无之。故君子不出家，而成教于国。"在这一节里，先要了解所说的"教"字，照传统文字学的解释，教者效也。这个字的内涵，便有教化、教育和效果的意思。因此，便知它所说的是人人要求自己的学养，发挥"外用（王）"，先要从齐家做起。而且更要了解这个"齐"字，在传统文字学的解释上，有平等、平衡、持平、肃静的内涵。

因为你从"成人"而进入"大学"的阶段，既已养成"致知、物格、诚意、正心、修身"的"内明（圣）"之学，自然也可以因"身教"而影响自己的家人，使他们能够了解做人处事的标准方向，而使整个家庭安和乐利。假使对于亲如家人都不能达到教化、教育的影响效果，那么你说替别人做事业，反而能教化、影响大家，那是肯定不可能的。所以说，一个真有学养的君子，即使不走出家门一步，他也能够对整个社会、国家起教化、教育的影响。

上面是根据《大学》原文，姑且试着来略加说明。但我现在犹如《礼记》上所说的："猩猩能言，不离走兽。鹦鹉能言，不离飞禽。"我也是学话的鹦鹉而已。而且一边说，一边自己冒汗，心里发毛，惭愧之至。只有一句话："我所不能也。"因此，我也常告诉一般学佛修道或信任何宗教的朋友们说：请你先平实一点，不要老是说我要学佛度众生、救世人。自己的家人，不是众生之一吗？也是世人吧！既不能影响家人，便说要度众生、救世人，可能吗？也许你能，我实在自惭不能。所以一辈子也不敢以师道自居，既不认为有学生，更不敢自认是你们的老师了！

所以更要了解如《中庸》所说"仲尼祖述尧舜，宪章文武"的意义了。这是子思说明孔子所推崇宣扬的传统文化，是以尧舜的道德教化作标准，以周文王、武王的接近道德的"宪章"制度为榜样。有关尧舜的大略历史背景，前面已经提到过。现在，我们将对周文王的历史资料先有一个认识，了解他是怎样影响"齐家、治国"的经过，就可明白孔门传统儒家所指的"治国、齐家"的标榜所在了！

三九、周室治国齐家的故事

「三太」的母仪
太伯推位让国的遗风
周末第一文化大使——季札
孝、弟、慈的道理
推位让国与统一江山

姬周家族的来源，根据历史的资料，始于公元前2357年的时代，但我们并不是在研究远古史，姑不具论。现代所要取用的，是从商朝殷纣以后，有关周文王以及武王的兴起，建立了周室王朝约八百年的封建和中途的共和政权，奠定中国文化历史的传统根基，而且为孔子所赞扬为"郁郁乎文哉"的周朝上辈"家世"。它的兴起时代，约在公元前1320年（与此同期，摩西率希伯来人出埃及，登西奈山受十诫，为犹太教的开始）。从公元前1250年以后，希伯来人征服巴勒斯坦故土，腓尼基人开始殖民时代，与周室王朝上辈，历史上的著名贤王"古公亶父"与季历（即周文王之父）活动的年代在先后百余年之间，直到公元前1123年间的周室王朝兴起，这些历史故事都是根据历史资料的记载，但我们只用一小片段来说明重点。

周室是尧、舜时代为人民发展农业最有功的后稷的后代。到了夏朝末代，政治衰败，不重视农业的发展，因此后稷之子不窋失去了公职，就避世避地到了当时所谓文化非常落后的戎、狄之间，就是现代的甘肃弘化县一带。到了不窋的孙子公刘时，他虽然在当时文化落后的地方，仍然重新振兴祖传农业发展的精神，如记载所说："务耕种，行地宜"，普及到了渭水之南，"取材用（开发农林经济），行者有资，居者有畜积，民赖其庆，百姓怀之，多徙而保归焉。周道之兴自此始，故诗人歌乐思其德。"

再传八九代以后，到了古公亶父手里，也就是殷朝开始没落的前期。他重兴祖先公刘的农业发展政策，所谓"积德行义，国人皆戴之（人民都拥戴他）"。但是，那时西北文化落后的戎、狄少数民族"薰育"，却来侵占攻打他的地盘，"欲得财物"。给了他以后，还不满足，又要再来进攻，"欲得地与民。民皆怒，欲战。"古公曰：

> 有民立君（有了人民群众，拥立一个君主），将以利之（那是因为这个君主，可以为人民谋福利）。今戎狄所为攻战（现在戎狄想来侵略我们的目的），以我地与民（是因为我们有了土地和人民群众）。民之在我，与其在彼，何异（人民群众在我这里，和在他那里，只要生活得好，那有什么关系呢）？民欲以我故战（现在人民大众，想为了我的关系，愿意战斗），杀人父子而君之，予不忍为（战争是要死人的，为拥护我而战，那是为我而杀了别人的父兄子弟，然后又自做大家的君主，我实在不忍心做这种事）。

因此，古公亶父就悄悄地与近亲私属一群人，学他的远祖不窋一样，避地去了现代的陕西，重新定居在梁山西南的岐山之下。但被原来所有的人民群众知道了，大家就扶老携幼，离开戎狄而追到岐山来，照旧跟着他。而且附近的邻国也久仰古公的仁义贤名，都来归附于他。因此，他只好开始传播文化，改革了戎狄的陋习和旧俗，建设城郭和屋室，划分地区，分配给人民群众来居住。同时又建立官制与职责，形成了一个"国家"的初步规模，所以历史称他是周朝的"太王"。

在这一节所讲的历史故事中，我们可以看出东西两方历史文化的演变，往往有先后同出一辙的故事。古公亶父的东迁和摩西的出走埃及,都是上古历史上最有意义、最有兴趣的事。但与后世所建立的民族国家的思想,就有很大的区别和不同的理念。这点必须要了解清楚,且待稍后再来研究讨论。现在,再来看一段历史记载:

> 古公有长子曰太伯,次曰虞仲(仲雍)。太姜生少子季历,季历娶太任,皆贤妇人,生昌(姬昌),有圣瑞。古公曰:"我世当有兴者,其在昌乎!"长子太伯、虞仲,知古公欲立季历以传昌,乃二人亡如荆蛮,文身断发,以让季历。
>
> 古公卒,季历立,是为公季。公季修古公遗道,笃于行义,诸侯顺之。公季卒,子昌立,是为西伯(西伯就是后来的周文王)。

"三太"的母仪

古公有贤妃曰"太姜",即季历等三兄弟之母。太姜有美色,而且性情贞静柔顺,并且极有智慧。教导诸子至于成人,从来没有过失。古公谋事,必与太姜互相商量。随便古公要迁徙到什么地方,她都不辞劳怨,顺从追随。

季历继位,又娶有贤妃曰"太任",史称其端庄诚一,德行无缺失。及有身孕,即自开始胎教,所谓"目不视恶色,耳不听淫声,口不出傲言",因此而生文王。

文王又有贤妃,曰"太姒"。《史记·周本纪》说:"武王同母兄弟十人,母曰太姒,文王正妃也。"《列女传》称其"生十男,亲自教诲。自少及长,未尝见邪僻之事。文王继而教之,卒成武王、周公之德。"

周室由古公亶父到季历、文王三代，都有贤妃良母，助兴周室。所以能形成姬周王室七八百年的宗室王朝，都是由其上辈"齐家、治国"的德育教化而来，并非偶然徒然地提三尺剑，一战功成而得的天下。因此，后世尊称别人的妻子叫"太太"，便是从周室有三位"太"字辈贤妻良母，母仪可风的典故而来，并非是随随便便的口头语。

太伯推位让国的遗风

如要了解"齐家、治国"之道，兄弟之间"推位让国"的遗风余德，便须再看九百多年以后《史记》所载《吴太伯世家》的历史故事。

太伯和其弟仲雍两人，为了孝顺父亲古公亶父想立小弟季历为王的意愿，他两兄弟就出奔到当时所谓没有文化、落后地区的荆蛮（就是现在的江苏无锡、苏州一带），断发文身，表示自甘隐遁没有用处，因此自号"句吴"（就是后来周武王分封为吴国的开始）。太伯卒，无子。弟仲雍立，兄弟先后相继五世。周武王克殷，求太伯、仲雍之后，封为诸侯。

到了春秋时期，就有吴王寿梦崛起。寿梦生有四子，"长曰诸樊，次曰余祭，次曰余眛，次曰季札。季札贤，寿梦欲立之，季札让不可，于是乃立长子诸樊，摄行事当国"。大哥诸樊在除了父王寿梦的丧服以后，就要照父亲的遗愿，让位季札。季札又极力辞谢，并且"弃其室而耕（自愿下乡种田务农，做个平民）"。因此，大哥诸樊死后，就由其二弟余祭继位，他们兄弟的用意，仍然希望最后由季札来即位。余祭过后，就由其三弟余眛继位。

余眛卒，大家仍要依照父兄的遗愿，要授位给小弟季札。季札推辞不掉，就躲开逃走了。季札在吴国的封地是延陵，因此后人便称他为"延陵季子"。因为季札的逃避王位，吴人不得已，才立余昧的儿子僚为吴王。历史上有名的专诸刺僚王的故事，就发生在这个阶段。这已是周室政权衰微没落，到了所谓春秋末期的时代了。

但季札在他二哥余祭当政的时候，曾经奉命出使去鲁国，因此顺路"请观周乐"，这也是历史文化上有名的故事。其实，是季札对周代以来文化历史演变的论评，极其精彩。

周末第一文化大使——季札

可是更精彩的，是季札顺道访问齐、郑、卫、晋等诸侯国，对于当时四国的名相、大政治家，都有精辟的建议和劝告，那些大智慧的名言，影响当时和后世，都很重要，因此要特别附带介绍。

> 季札去鲁，遂使齐。说晏（婴）平仲曰："子速纳邑与政（你快点把封邑和政权交出去）。无邑无政，乃免于难（你既然没有分封的采邑财产，又没有政权在手，就可以免了杀身之祸了）。齐国之政将有所归，未得所归，难未息也（齐国的政权，看来将要另会归属他家了。如果还没有得到另一归属，恐怕争夺政权的灾难，很难得到平息哩）。"故晏子因陈桓子以纳政与邑，是以免于栾高之难。
>
> 去齐，使于郑，见子产（郑国的贤相），如旧交（一见如故）。谓子产曰："郑之执政侈（太夸张自负了）。难将至矣，政必及子（恐怕马上会有政变，最后一定会要你出来执政）。子为政，慎以礼（你如当政，应该谨慎小心，注重

文化道德的教化）。不然，郑国将败（如果不这样做，郑国恐怕就会垮）。"

子产听了季子的忠告，果然成为当时郑国救亡图存的贤相。

去郑，适卫。说蘧瑗（伯玉）、史狗、史鱼、公子荆、公叔发、公子朝曰："卫多君子，未有患也。"

自卫如晋，将舍于宿（地名，河北濮阳县北部）。闻钟声，曰："异哉！吾闻之，辩而不德（口头理论很多，实际政治道德太差），必加于戮（恐怕难免于残杀）。夫子（指晋臣孙文子）获罪于君以在此，惧犹不足，而又可以畔乎（他孙先生既然已得罪了晋侯，所以避祸到这里，恐惧反省还来不及，岂可以另有图谋，要想反叛吗）？夫子之在此，犹燕之巢于幕也。君在殡，而可以乐乎（他孙先生避难到这里，好像燕子筑巢在布幔上，是很危险脆弱的。况且晋君新亡，还未出殡，怎么可以敲钟打鼓来作乐呢）！"遂去之（因此，季子就不去晋国了）。文子闻之，终身不听琴瑟（孙文子从旁人那里听到季札对自己的评语，在他的后半生就始终不听音乐，表示惭愧和忏悔）。

适晋，说赵文子、韩宣子、魏献子曰："晋国其萃于三家乎（后来果如其言，韩、魏、赵三家分晋）！"将去，谓叔向曰："吾子勉之（你要特别小心啊），君（晋侯）侈（太昏庸自负），而多良大夫皆富，政将在三家（而且这许多的当权大臣都很富有实力。很快，晋国的政权就要归到三家的手里了）。吾子直，必思自免于难（你老兄是个忠直的人，必须预先做好准备，不要在这场政变灾难中做无谓的牺牲了）。"

不但如此，季子在出使回吴的途中，再经过徐国，还留下一段"挂剑徐君墓树"的千古佳话。《史记》：

> 季札之初使，北过徐君。徐君好季札剑，口弗敢言。季札心知之，为使上国，未献。还至徐，徐君已死，于是乃解其宝剑，系之徐君冢树而去。从者曰："徐君已死，尚谁予乎？"季子曰："不然，始吾心已许之，岂以死倍吾心哉！"

这就是季札的高尚情操，不因为朋友的死生变故而自负初衷的心愿。对朋友的心知而不负心，更何况是对君臣父子兄弟之间。人生学问修养到此境界，算不算得上是一个真、善、美的完人呢？

有关吴太伯和季札推位让国的结论，太史公司马迁写了第一篇《吴太伯世家》，评语如下：

> 孔子言："太伯可谓至德矣（吴太伯的德行，可说是高尚到了极点）！三以天下让（他一生三次把现成可以统治天下的权位推让出去），民无得而称焉（实在使人们欲赞无辞）！"余读春秋古文，乃知中国之虞，与荆蛮、句吴兄弟也。延陵季子之仁心（至于延陵季子的仁义之心），慕义无穷（使人无限地敬仰钦佩）。见微而知清浊（尤其对事理的观察，透彻微末，由某一点上就可分别清浊好坏）。呜呼！又何其闳览博物君子也（何以他能有如此的远见？因为他是一个深通人情物理，有真学问的君子啊）。

另外，我们还可以从季札的生存时期，了知"乱世多贤"的历史事实。正当这个"春秋"末期的半个世纪之间，圣如孔子，以及孔门的诸多弟子，乃至晏子、子产、蘧伯玉、延陵季子等辈诸大贤哲，都出生在这个时期，只是"贤者不在其位"，"能者不当其职"，但在文化史上，他们却留下不朽的立言功业，以及千古的流风余事，影响了中国后世两千年来的文化思想。

另外，在这个时期，可称为第二个成功的而非职业性的外交大使，那便是子贡为救鲁国的国难，出使吴、越、晋之间的纵横外交。子贡和季札，应该都算是中国外交史上最成功的两种榜样。后来的苏秦、张仪，并不足以和季札、子贡二人相提并论了。

孝、弟、慈的道理

我们为了深入研究《大学》所谓"治国必齐其家"的道理，先曾花了不少时间引用《周本纪》及《吴太伯世家》的相关资料，说明《大学》所讲"其家不可教，而能教人者，无之。故君子不出家，而成教于国"的内涵。这也正是孔子"祖述尧舜"的公天下时期，以及从夏、商、周的家天下以后，治国必齐其家的主旨所在。现在我们采用历史事实来做引申说明，比较确切。然后便顺理成章可以了解它的后文，所谓"孝者，所以事君也。弟者，所以事长也。慈者，所以使众也"的道理。

有关这一篇孝、弟、慈三者的事实说明，我们只要先看周室初期太伯、仲雍两兄弟，为了要真实做到"推位让国"，就不惜舍弃个人对父母的孝养，离家出走，逃隐荆蛮，断发文身，以示无用。正如古人所说"移孝作忠"的事君之道。从私来讲，古公亶父是太伯、仲雍的父亲，他们父母子女之间，并无彼此失德不和之处。只是古公亶父正位居国君，从"天下为公"来说，太伯、仲雍兄弟虽然身为人子，但身居臣位。他们既然明白了为父为君的明智意向,既不能避世,就只有避地、避人一个方法,才可以解脱"宗法社会"君臣父子之间的矛盾烦恼。所谓"知进退存亡之机,而不失其正者",才能"知止而后有定",然后做到"孝者,所以事君也"的实效。唐宋以后的儒家们,特别提出"求忠臣必于孝子之门"的论调,也许不完全是从这个观点出发,或者是把孝与忠的定义只范围在一种小忠、小孝的个人人格圈圈以内!

同样,由前面所引用太伯、仲雍兄弟的故事,以及延陵季子的再三推让,逃避三位哥哥依次要传位给他的行为,便可说明"弟者,所以事长也"的道理。至于"慈者,所以使众也"的要点,我们只要真实理解古公亶父避居岐山以前所说的话"有民立君,将以利之",以及"民之在我,与其在彼,何异?民欲以我故战,杀人父子而君之,予不忍为",便知其中的道理。正如《大学》接着引用《康诰》所说"如保赤子",并说明"心诚求之,虽不中,不远矣。未有学养子而后嫁者也"。不过,讲到本文最后一句,我不免也要对曾子幽默一声说,曾子真是落后的古人。他没有看到二千余年以后的现在,和将来的时代,大多数都是"先学养子而后嫁"的呢!甚至还有专门教导未嫁而先养子的教育法。希望曾子再也不要叹息今不如古才好!

推位让国与统一江山

我们讲到《大学》"治国先齐其家"一节,都有引用孔子再三推崇尧舜和周文王祖先的话。在有意无意之间,更是赞叹周文王的大伯父吴太伯和二伯父仲雍几个人的"推位让国"的伟大行为。因此引用史实,说明这是很了不起的千古典型。

但是,孔子的本意,是不是要后世的人都要效法吴太伯兄弟一样，一定要推位让国才算是真君子呢？可以说，不论孔子和他的弟子们，都没有明确地说出来。只是赞叹敬佩，"高山仰止，景行行止"而已。

推位让国，是中国上古"公天下"或"家天下"的历史中，所表现出帝王体制时代的真民主，也是政治道德的最高品德。如果"高推圣境"，这是要求它在三代以上的政治情操，并不必过分强调在三代以后的作为。周秦以后，如果都须依照古公亶父的"避地"，或是吴太伯、季札等先贤的"遁世无闷"，那么，秦汉两代，早应归顺于匈奴；隋唐初期，亦应早让给突厥或胡人。魏晋南北朝时期"五胡乱华"的纷争，难道是无理取闹的局面吗？至于五代以后的宋朝和辽、金、元，以及明朝以后的"满汉"明辨，都变成是多余的纷扰啰？

其实，推位让国的最高理则，并非如此。它的主旨，只是局限在"齐家"范围的"父慈、子孝、兄友、弟恭"的礼让行为，并非是对领导有国者的大君主，或大领导统治者的要求。我们只要冷静读一读历史，从秦汉以后直到明清，几乎所有"家天下"的帝王家庭，父子之间、兄弟之间、夫妻之间，都为了争夺权位而互相残杀，甚至因此而亡国亡家的，岂可胜数！

到了现代，这种推位让国的精神和真修养，倘使用在真正民主政治和真正民选的政治团体，或是大企业集团的大老板们，倒是成为至高无上的个人为政品德了！

如果是一统大国的领导理念，那么，又须另行参读司马迁论说唐尧、虞舜三代以上的王道德治，和秦汉以后的一统江山，都不是草草匆匆、随随便便的事。实在值得一读，并且须要慎思明辨，就大有助益之处。如云：

昔虞、夏之兴，积善累功数十年，德洽百姓，摄行政事，考之于天，然后在位。汤、武之王，乃由契、后稷修仁行义十余世，不期而会孟津八百诸侯，犹以为未可，其后乃放弑。

秦起襄公，章于文、缪、献、孝之后，稍以蚕食六国，百有余载，至始皇乃能并冠带之伦。以德若彼。用力如此。盖一统若斯之难也。

前面说到唐虞传天下之难（人），再说到秦"盖之一统天下，若斯之难也"（事）。但刘邦之天下，自认马上得之，但未必能马上治之。所以上古之时，用"道"、"德"来理天下，战国以后，历代帝王以"霸"和"术"来治天下或争天下。所谓"霸"就是武力和权威，而"术"就是方法、手段。如果以"明明德""亲民"为出发点，那就可以成为历史上的"明君"了，正如西方马丁·路德所说的，"不择手段，以达到最高道德目的"。但说起来简单，古往今来，做到的又有几人呢？所以玩弄手段、自欺欺人毕竟是很危险的。

刘邦以一无赖子得天下，长期的楚汉相争，称帝时已快六十岁，到了暮气沉沉的时候，加之不学无术，也就没什么作为了。但是刘家出了两个不错的子孙——文、景二帝，他们从小所处的环境及所受的教育，使他们变成了一代守成之主，为汉朝厚植了国力基础。所以才有武帝的崛起，用了两代的积蓄屡伐匈奴，一洗汉朝六十年来的屈辱外交；并解决秦汉以来的边疆问题，灭南越，伐朝鲜，奠定了中国初期的版图。这就是历史上造成所谓"汉唐盛世"之一的汉孝武帝刘彻。

武帝本身是一个既迷信而又任性的人，关于迷信的部分，司马迁在《孝武本纪》中一开始就说："尤好鬼神之祀"，接下来用了大半的文字，叙说武帝的求仙等等，所以文遗山才有"神仙不到秋风客"之句了。其余如尊儒术、通西域、征大宛等，无一不是自大任性所造成的。惟因如此，才有汉朝的盛世；也因如此，才种下了西汉没落的初因。真正谈历史的人，还必须深入研究，自有启发之处，这才真正是《大学》一书最好的旁证。

四十、治国当家的原则

自知与知人
出使西藏的禅宗大师
从清朝得到的历史教训

曾子著《大学》，秉承孔子遗教，从夏、商、周以后，以"宗法社会"的"家天下"为主，由"治国必齐其家"为中心，特别引用周室王朝时代《康诰》中"如保赤子"的一句，作为执政治国者的目标和信条，告诫执政者的内明存心，必须对于全国的人民确切具有"如保赤子"的仁慈之念，不可徒有口号而自欺欺人。但是历来秉国执政的领导人，或者被才能和德性所限，或是被当时的社会环境条件所牵掣，是否具有这种存心，甚至是心有余而力不足，都是势所难免的事。因此曾子便提出"心诚求之，虽不中，不远矣！未有学养子而后嫁者"的名言，作为勉励之辞。

自知与知人

然后他便提出作为秉国执政者，或是身负任何社会团体的主管，以及身任地方政府的领导者，必须要有"知人之智"、"自知之明"的道德原则。而且这个大原则，并没有时代的局限性，更不因任何政治主义，或是唯物、唯心等思想逻辑，乃至人治或法治的治理方法，以及帝王政体、民主政体等理念而别有异同。这就是《大学》所谓"一家仁，一国兴仁；一家让，一国兴让；一人贪戾，一国作乱。其机如此。此谓一言偾事，一人定国"

的道理。

假如我们用曾子所说这几句名言作历史论文的题目，就只以中国两千多年的历史立论，几乎可以分别开来，各写一部一两百万言的专著或小说。

现在我们姑且简单从秦汉以后说起。汉朝自汉文帝倡导节俭，一二十年之间，就使社会富有丰裕，从此使人民得以休养生息，成为历史上所推崇的文景时代。因此，到了汉武帝手里，才能发挥汉室雄威，开疆辟土。

接着，由汉宣帝的以儒、道、法并用，整顿吏治，实行他刘家天下的王道和霸道并存理想，才形成了汉室前期的大汉规模。

到了汉元帝以后，就开始根植了王莽一流的儒生政治风气，所谓："一人贪戾，一国作乱"，"一言偾事"，"其机如此"。

在中国两千年左右的历史上，比较值得称道，能够做到齐家治国的榜样，以我个人肤浅的认定，大概只有东汉中兴之主的光武帝刘秀一人。他本身虽然来自田间，但也是从儒学出身，对于《诗经》的文化教育更有心得。至于他的文章简练，虽然只有短短几篇诏书，便足以启发东汉以后汉文的先声。

东汉末期，魏、蜀、吴三国分立，但是曹操父子富于哲学性的文学才华，开启了建安七子的文采风流，影响后世很大。曹孟德的称王称帝事功，哪里比得上他在中国文坛上的千秋价值呢！因此而有魏晋初期老、庄、易学"三玄"的兴起。青年士子，如王弼的注《老子》，郭象注《庄子》，好坏不说，但不能不说都是受曹家父子深富哲学性的文学影响而来。

再说，历史上的"以孝道治天下"的宣传口号，很奇怪，恰恰是历史政治最糟糕一代的晋朝的高调。

至于南北朝时代的宋、齐、梁、陈，乃至初唐之际的文学，柔靡婉丽，就像南北朝的历史形态一样，犹如"东风无力百花残"的败局,实在凌乱不堪。然而,它的风流潇洒风气,却影响了唐朝开国一代名王李世民。

中国的历史,我们过去最值得称道的,就是汉唐。但是李唐建国,为什么一开始就能有它的独特风格呢?那不得不归功于唐太宗李世民一人。所谓唐诗、书法,甚至唐朝初期一代才子形成的政治风气,也都是受唐太宗的影响而来。从中国的书法来讲,初唐时期的虞世南,甚至稍后的颜真卿、柳公权、裴休等人,都超不过李世民本人的韵味。何况他的诗及文章,也是南朝六代以来的第一人。因此才有唐代的文学照耀古今。这就是"上有好者,下必甚焉"的结果。同时,因为他喜好哲学,钻研佛理,才使中国的禅宗在盛唐以后崛起,影响了日本,而且普及到东南亚各国。直到现在仍为世人所揣摩猜测,摸不着边际,正如雪窦禅师所谓:

潦倒云门泛铁船　江南江北竞头看
可怜多少垂钩者　随例茫茫失钓竿

唐末五代之乱的后期,就出现了"陈桥兵变""黄袍加身"的赵宋王朝。但很遗憾,就是开国之初的宋太祖赵匡胤和宋太宗赵匡义两兄弟,却是爱好文事的军人兼学者的人物。尤其是宋太宗赵匡义更为特出,在他带兵作战的一二十年间,虽在马上行军,还是手不释卷、读书不倦,因此而养成"守文弱主"的格局。致使南北宋赵家三百年的中国天下,始终是和辽、金、元并存共治。等于在历史上,重新出现一个南北朝的时代,并不能算是真正的江山一统,故无法与汉唐两代并美争辉。

可是在南北宋三百年间的朝廷政府,重视文人学者,礼遇宰相,尊重儒林、道学的风气超越古今。因此而有"五大儒",如周濂溪、张横渠、程颐、程颢乃至朱熹等人的出现，形成宋儒特有的"理学"，与佛、道两家互争胜场。然而始终难免三百年来，赵家所有的职业皇帝，照例都是"守文弱主"的遗风，造成年年纳贡、岁岁捐输北国的奇耻大辱。这可不能误解是"一家让，一国兴让"的明训。宋儒们虽然拼命讲《大学》《中庸》，实在都没有教导养成"一人定国"的历史成果，应该是难免愧对先圣先贤吧！

接着而来，便是蒙古族所建立的元朝，统治了中国将近百年的局面。当时蒙古族缺乏文化，特别信奉边疆少数民族所崇拜的藏传佛教，因此使元朝八十年间的政治，完全是与喇嘛和番、胡人等共治中国，使唐宋以来的儒、佛、道三家文化的基础，几乎完全为之伤残殆尽，黯然失色。

出使西藏的禅宗大师

好在很快也就出了一个和尚皇帝朱元璋，推翻了元朝的政权，使蒙古族归还本位，返回他们的草原大自然之中。朱元璋曾经为了生活无着而做过和尚，因此他对宗教，尤其是佛教，到底不太外行。所以在他建立明朝，登位做皇帝的初期，对于东南亚信仰佛教等地区，以及西藏只派了一个禅宗大师的和尚出使"番邦"，协调西藏，就此便使西陲相安无事，甘心臣服。永乐帝继位，用老办法，敕封哈立麻喇嘛为"大宝法王"，也就相安无事了。有关西藏现存密教中的"大手印"与"大圆满"等法门，都与宋、元、明时期输进禅宗佛法息息相关不可或分。不过，这个奥秘实在"只可和智者道，难与愚痴者言"。佛曰："不可说！不可说！"其然乎？其不然乎！

有问：明初朱元璋所派安抚西番的和尚大使是谁？在历史上

并没有明确记载，请顺便一讲。

答：中国过去的历史，都是自称为儒家的大学者所编纂。他们都是戴上有色眼镜，凡是碰到佛道两家或不懂的事，就毫不客气地删除。孟子曰："尽信书，则不如无书"，正为此故。

明初在洪武三四年之间，朱元璋特别请托金陵（南京）天界寺觉源慧昙禅师出使安抚西藏。禅师原籍浙江台州人，俗姓杨，十六岁出家为僧，在杭州中天竺寺笑隐大欣和尚处参禅悟道。悟后便说："只为分明极，翻令所得迟。"笑隐问道："汝见何道理？"他便展开两手说："不值半文钱。"他在西藏期间极受尊重，后来便圆寂（死）于西藏。朱元璋很难过，请宗泐禅师等收奉慧昙禅师留在天界寺中的衣钵，建塔在雨花台的左边以表崇敬。宗泐禅师，也是朱皇帝所最钦敬的和尚禅师之一，曾经要他还俗做官，禅师不肯。后来因为涉及宰相胡惟庸一案，被朱元璋贬遣到他的故乡凤阳修建佛寺三年。可是朱皇帝有了疑问就很想他，因此有诗送他说："泐翁去此问谁禅，朝夕常思在目前。"又召他回转南京，再住天界寺。

朱元璋和永乐以后，明朝三百年的天下，所有朱家后代的职业皇帝，几乎没有一个像样的人君。而且大多都如祖宗朱皇帝一样，内在有极恐惧的自卑感，因此轻视儒生、侮辱臣僚，使有明一代三百年来的政权，操纵在那些不男不女的太监手里。正如《大学》所说："一人贪戾，一国作乱"，极其可悲。我有时读《宋史》的感受，大有如北宋初期名相晏殊的词句"无可奈何花落去，似曾相识燕归来"的味道。当我读《明史》的感受就完全不同，好像是"乱石崩云，惊涛拍岸，卷起千堆雪"的味道。赵宋和朱明两家的天下，同有三百年的执政时期，收场几乎都很可悲。当李闯王进到北京，看到崇祯吊死煤山，很感叹地说："君非亡国之君，而臣皆亡国之臣也。"但也有人说，这是崇祯在临死前的自语。不论此话是谁讲的，实在不是公平的论断，只是推过于人的遁辞而已！朱明一代的王朝，虽没有一个出色的人君，可是却是江山一统的中国。至于赵宋一代，尤其在北宋初期，在文事政治方面，君臣都有可观可法之处，只不过仅是半统山河的局面，比之明朝不免大有逊色。

明朝后期，满族兴起于东北。这个时期，以现在惯用公元来计算，已是十六世纪后期到十七世纪的中期阶段。如果不谈三百年前"反清复明"的民族意识，但从大中华文化的华夏文明来讲，正如民国初年开始，早已了解汉、满、蒙、回、藏，乃至许多的少数民族等，在五千年前由黄帝轩辕前后时期，寻根究底原本算是一家。

不过，在十六世纪时期，满族在东北仍属少数民族的一系。但满族在东北建国的初期，虽然是"草昧初创""利建侯"的阶段，而在有形无形之中，也早已吸收中原的文化，只是水平不高，还在学习适应的阶段而已。

到了明朝垂危的最后时期，正好碰上吴三桂妄想利用满族武力反击李闯王，才使皇太极的孤儿寡妇率领十来万八旗子弟，俨然像煞正义之师，轻轻易易进入山海关坐取北京，从此便统治了上亿人口的中国又将近三百年的天下。这个历史镜头，使人想起唐人的诗句，真是"尘土十分归举子，乾坤大半属偷儿"的写照。如果用《史记》的笔法，便可说："虽曰人事，岂非天命哉！"奇怪的是"时无英雄，徒使孺子成名"而已！

因此而使明末遗老们不甘心满族少数民族的统治，高呼"华夷之辨""满汉之分"，倡导民族主义，始终与清朝两百余年来的政权，或明或暗反抗斗争到底。直到孙中山先生崛起鼓吹革命，奔走海内外，终于赢得了辛亥革命的成功，才推翻了清朝最后政权，然后提倡"五族共和"，重新建立大中华民族的故国。

其实，初期满族的入主中国，实在是"乘时而兴"、机会给予的时代幸运，并非是满族的文治武功另有特别高明之处。至于后来所谓的"八旗雄风"，甚至被人们最痛恨的"扬州十日""嘉定三屠"等劣迹，都还不是依史论史的关键所在。

从清朝得到的历史教训

我们如果要认真吸收历史的教训和经验，"鉴往而知来"：

一、应该要切实明白中国两三千年的内忧外患，重点都是起于边疆的边政、边防问题。以中国的地理立论，由西到东，所谓满、蒙、西域、番藏等问题，在历史的时间、空间上，一直存在三千多年，直到现在。其中包括文化问题、民族问题、宗教问题。至于由北到南，在海疆问题的海防上，也是极其重要，但须另作专论。元朝的蒙古族和明末的清兵入关，都是中国三千多年来的历史。在治理边疆问题上的败笔，希望后之来者再也不要重蹈覆辙。

二、有关清兵入关的战略问题，实在是过去历史上的创格。如果真要研究满族在关外东北崛起的初期，就是满族对蒙古各旗的征服，的确并不简单。到了入关之后，若说满族是用武力统一中国，那是根本文不对题。清朝的统一中国，所用武力完全是一种代理战争的战略，八旗兵力只是作为指挥监督的作用而已。明白地说，清朝是利用蒙古兵和汉族人本身来作代理战争，他自坐观其成，唾手而得地统一了中国。如洪承畴和吴三桂、尚可喜、耿精忠等"三藩"，都是汉人汉兵，正如后人在崖山的吊古诗所谓"镌功巨石张洪范，不是胡儿是汉儿"，同出一辙。

三、清兵入关前后，他们的领导上层，初期所吸收的文化，是受《三国演义》和老子《道德经》的影响最大，并未认真接受儒家的思想（《三国演义》这部小说，在日本如丰臣秀吉、德川家康等幕府，也都受它影响最大，罗贯中先生真亦足以千秋矣）。可是入关之后，由顺治开始，到康熙、雍正、乾隆三四代一百多年之间，都是受佛学禅宗、律宗的影响。这也是中国文化史上的奇迹，但却为一般历史学者所忽略、轻视过去了。如果用严格的比喻来说，大家都知道，西汉的"文景之治"是重用黄（帝）、老（子）的道家文化思想。后世称它是"内用黄老""外示儒术"。那么，清朝在康、雍、乾三代，是"内用禅佛""外示儒家"。这是绝对正确的事实，如假包换。只可惜后世一般人对禅佛之学太过生疏，反而不能学以贯通，自被成见所瞒了。

假定你能明白前面所讲的要点，你就可以了解在清朝初期一百多年，甚至后来的百余年，并没有像汉、唐、明朝各代，有所谓历史上最头痛的外戚、女祸、宦官、藩镇等祸国殃民的大乱出现，这岂是偶然的幸运吗？当然不能以清朝最后末代的慈禧、李莲英，或者拿过去历来的"反清复明"，有意尽量描黑的"清朝宫闱内幕"等小说来讲，那就没有什么话好说了。

而且最重要的，我们只要反证历史，由汉唐以来的中国，所谓幅员之广、版图之大，收内外蒙古、西域新疆等于一统山河，全形如秋海棠叶的中国地图，便是这个时期的杰作。这总可算是功高一等，超越历代吧！同时，由康熙开始，亦收亦放、似紧又松地漫天散布法网，留给雍正即位再来收紧网罗，整顿吏治、财政，奠定乾隆以来将近百年的承平岁月，使全国上下的百姓和知识分子，都醉心在文章华丽、词赋风流、功名境界之中。因此而有乾、嘉时代的青年士子们所谓"不做无聊之事，何以遣此有涯之生"的幽默话。乾隆也志得意满地自作御制春联"乾坤春浩荡，文治日光华"的高调，似乎也不是大吹牛皮，过分夸大。

只是他却忘了能做到这样的成果，都是受之于父祖的余荫而来，并非完全是他一手所造成的大功德。但是历史和人生毕竟超越不过因果的定律，两百多年后的满族，仍然是由孤儿寡妇挟着皮包，坐上马车，黯然出关而去。可怜的只是末代皇帝溥仪，不过他的故事现代大家都知道，就不必画蛇添足了！

接着而来，我们如果讲现代史，那就比研究"二十五史"更为麻烦。现代史必须要从清朝乾嘉时期开始追溯前因。同时又须和西洋的文化史搭配起来研究，由十五世纪以后西方文明的演变，以及十七世纪以来西方文化的航海、工商、科技、政治、经济等等的革命性文明，如何逐渐影响东方和中国。直到现在，东西文化虽还未完全融化结合为一体，但已有整合全体人类文化的趋势，以便迎接未来太空文明的到临。古人说："人无远虑，必有近忧。"为学为政，切不可目光如豆，掉以轻心，只当这些是狂妄幻想的妄语而已！

问：但是，我们现在为了讲《大学》的"治国必齐其家"一节，而且只在研究"一家仁，一家让"的影响，和"一人贪戾，一国作乱""一言偾事，一人定国"的小段，为什么却乱七八糟地引出历史来"讲古"，又没有把历史的真实经过和每一小段话一一对证说明呢？

答：实在是为了时间和精力的有限，只能提纲挈领地说一点能够作为启发性的作用。至于"闻一而知二三"，可以自启"虑而后能得"的效果，那就全在诸君的慧力了！至于说为什么过去"家天下"的帝王体制时代，大讲其"治国必先齐家"的道理，忽然使我想起在隋末的时候，当李世民规劝、怂恿他父亲李渊起义造反，李渊最后被时势所迫，不得已地对儿子李世民说："吾一夕思汝言，亦大有理。今日，破家亡躯亦由汝，化家为国亦由汝矣！"由于李世民的建议，才有李唐一代三百余年的天下。这是"一言偾事,一人定国"的样板,也是"一人贪戾,一国作乱"的反面对照。至于李唐家族有关"治国齐家"的功过得失,其中因果姑且置而不说,以后可以专论。

其实,不管是封建的帝王时代或开明的民主时代,不论是为治国、为家族或社团,即如任何一个人,要立志做工商业或其他的事业,也随时可能会有"破家亡躯"的危险,同时也有"化小家庭而利邦国"的可能。所以对于"一人贪戾,一国作乱",以及"一言偾事,一人定国"的原则修养,就不能不深加体会。"贪戾"一句,是一个人心志发展的"行为"的阴暗面,"贪"字所包括的心理、行为作用,大小、明暗的无所不有,一时阐述不完,将来或专讲"心性"、"内明"之学时再说。"偾事"一句,是指人在言语上最需谨慎的关键。在这里必须要作补充的说明,因为这两样心行,在历史上及现实人生的经历上事例太多,希望大家有所会心,便可明白"知止而后有定"的功用对于自反自省的重要,便会后福无量了!

四一、法治与治法

为什么"率天下以暴,而民从之"
制定法令的基本原则
多做好事才是真修行、真学问

下文所讲的,就是说明"治国安邦"有关为政的"法治"和"人治"的共通要旨。曾子就引用上古史的经验来作说明,如说:

> 尧舜率天下以仁,而民从之。桀纣率天下以暴,而民从之。其所令反其所好,而民不从。

这是很浅显的古文,等于白话,我们不必另加发挥,大家一读就会明白。下文接着便说:

> 是故君子有诸己,而后求诸人;无诸己,而后非诸人。所藏乎身不恕,而能喻诸人者,未之有也。故治国在齐其家。

这是说明治国的要旨,无论是过去的君主体制时代,或是后世的民主体制时代,其政治和法令都必须先从自己本身和家人开始体会设想,怎样领导人民,怎样制定法令,必须完全适合于人情物理,才能行得通。假定所领导的办法和所制定的法令,使用在自己本身或自己的家人,都觉得无法忍受,无法宽恕,而要求别人或下属人民来遵守,那是绝对行不通的。所以说"治国在齐其家"，便是这个道理，读来并不难理解。

为什么"率天下以暴，而民从之"

但是，如果拿来对照现实的世间，我读这一句读了六七十年，还是不能理解。原因是什么呢？例如我们读中外历史，以过去的经验来说，不论是哪一国或哪一种族的人民，他们在很长的一段年代里，为什么就能够忍受那种暴政，一直要等到"人亡政息"才有所反弹，起而改革？就像前文所说，"桀纣率天下以暴，而民从之"，到底是为了什么？现代史上如意大利当时兴起的墨索里尼与德国的希特勒"法西斯"，都是我们亲身耳闻目睹的事实。但当时多少人为之疯狂倾倒，多少人为之顶礼膜拜，甚至还留给现世的后人，在憧憬欣羡，乃至私自模仿，这又是为了什么？可以说百思不得其解。后来阅世愈久、涉世愈深，才完全明白这是一个人性哲学上的大问题，不是自然科学或社会科学所能彻底明白的问题。如要从社会科学讲起，最后回归到"哲学的科学"问题上去，多少年、多少字也讲说不完，我就不必自找麻烦了，自然会有将来的贤者去阐述明白。

话说回来，我们前面讨论过去"家天下"帝王制度的时代，即使如《大学》所说，"其所令，反其所好"，而人们却依然服从忍受，好像也是很难理解的事。其实，不只是过去的历史是如此，即使在十七世纪以后，由欧洲开始，二百多年来高唱"民主"和"人（民）权"的西方国家，甚至如现在的美国，他们自己认为是世界上最民主、最有人（民）权的国家，事实上就存在着有许多法令，多是反其人民的所好，但是人们依然在遵守流行，并未完全改正过来使其完善。仔细看来，古今中外善恶美丑的事实都是一样，只是各个时代、各个地区的人们，把善恶美丑的外形粉饰打扮得各有不同而已。

当我在美国居留做过客的两三年间，审慎观察研究他们的各阶层社会，人们最厌恶的便是律师。其次，最恐惧的是医生和医药。号称为世界最民主、文明的美国，也难免如老子所说，是"法令滋彰，盗贼多有"的社会。他们的法令也多如牛毛，各州的立法有的和联邦法律有所不同，难免抵触。法官们对于法律的解释，有时也犯了如中国历代酷吏一样的错误，"周纳罗织"，入人于罪的也不少。因此，作为律师的一行就有不少懂得钻法律的漏洞，犹如中国明清时代的一些刁钻师爷或恶讼师一样，也会使打官司的当事人弄得家破人亡。尤其有关税法方面，追缴、追补的多，逃税、漏税的也很公开普遍。这也就是美国式的民主"人（民）权"一面的热闹事。点到为止，也是一言难尽。

有关于美国医学界方面的"法令"，也是不堪领教。医生、医药的费用，昂贵得很难想象。等候排时间治疗，有时超过一两个月，因此拖死病人也很平常。他们间接在压榨病人的费用，实际上是把持医药法令，直接在敲政府卫生部门，尤其保险公司的竹杠。如是私人出钱，向医生、医院求治，那就"贵不可言"了！但无论是间接或直接的要钱，其实就是攫取人民社会的财富而归于己有。但他们是"于法有据"，习以为常，不认为早已根本违反医德和医药对于人类救苦救难的基本原则了。

如照我在过去中国七八十年前，亲眼看到古老的农村社会，现在人所谓的封建社会的医生和药店，几乎和现代西方或美国的医生、药店完全相反。那时医生如果太摆架子，拖延时间去看病人，当场会为病家及大众所咒骂。药店在过新年的正月初一绝对不可关门，而且也不许关门，那是千多年来的风俗习惯。不论半夜三更，正月初一或除夕，请医生看病或到药店买药，绝对没有推迟拖延的行为，不然就会被社会群众所唾弃的。至于民间社会，不论妇女村农，懂得几个祖传偏方或治病方法，给人方便治疗，得到一般老百姓的爱戴，那是天经地义的事。当然，或药不对症，庸医杀人，不免有之，但到底是少之又少。绝不像美国式的"民主"法令，以保障人命做借口，随便指为"无照医生"，就绳之于法。我在美国也随时看到有些病人，明明是医药错误，但也绝对不敢施之援手，甚至也不敢多说，稍一不慎就会触犯他们的法令，不堪设想。国际间能把新旧中外医药一例公费，减少人民负担的国家，据我所知，只有在20世纪80年代前的中国已经做到，虽然并未完善，那也确是当时历史上一个难能可贵的善政了。

总之，我们只是略举美国式的民主"人（民）权"，有关法治的一些表面皮毛现象，来说明"其所令，反其所好"而人民依然服从也是常事。只是一般来自外国久居其邦，或为侨民的人们，始终在心理上存有主、客之别和潜在意识的客气，并没有完全深入观察，就不觉得他们民主、法治的社会，仍然还有许多太不文明的阴暗面，因此只见其"秋毫之末，而不见舆薪"了！不过，他们到底是历史文化年轻的国家，像一般人群中的青年人一样，容易犯有自傲自满、轻视一切的习气，但也确有"知过必改，善莫大焉"的好处，倒很希望他们真能产生一个雄才大略的领导人，和世界上各个民族、国家相互合作，共同为人类谋福祉。

讲到这里，让我穿插一则往事。在1985年的冬天，我到美国还不到四个月，有一位担任白宫财政部副部长级的人，经过朋友介绍特来访问。在闲谈的时候，他问我对于美国的观感，我说：我刚来贵国，差不多每天都在找房子，由最便宜的十万美元一幢的房屋看起，到达两百多万美元一幢的，大约看了大小二百多幢房屋，都需要登堂入室看个究竟；同时也和社会福利的社团有所交往，所以很忙，没有了解清楚。但他就从这个问题上再三追问。我就很随便对他说：据我的初步观察所了解，现在的贵国（指1986年），只有三句话："最富有的国家，最贫穷的社会，也是世界上负债最大的国家"。但你们不怕，因为国力很强啊！他听完了我的话，特别站起来和我握手说：你说得真透彻，你的观察力太敏锐了！我们很想你能留在美国。我说：请不要见怪，我是随便说说，不足为凭。"我原过客"，到了贵国，能得合法的居留，安心暂住一时，已很感谢盛情了！我欢迎你常来我家做客，喝中国茶、吃中国菜，也是一乐也。于是彼此相互欢笑而散。

制定法令的基本原则

现再回到《大学》本节中所提，有关建立和颁布法令的基本原则，所谓：

> 是故君子有诸己，而后求诸人。无诸己，而后非诸人。所藏乎身不恕，而能喻诸人者，未之有也。（"诸"字古代是通"于"字用）

这是说，从事政治的当权者或立法者，当你要发布命令或建立法制的时候，不要忘了自己也是一个最基层的平民群众，也是对象的当事人，只是现在立场不同，处境不一样而已。如果自己接受这个命令，是不是可以做得到、行得通呢？假定人人是我，如果在我自己的心中也有所碍难，也觉不妥，那就不能随便下令或立法而要求别人遵守了。不过，这几句话的内涵很广也很重要，它是有关法律和政令的法理问题，也就是法律学的哲学问题。人类的社会原本无法,"法由人造""令自人兴"。以传统的文化历史来说,三代到西周的时期,姑且统归在礼治的社会。所谓礼治的精神,首先的原则注重在教化。因为那个时期,文化智识教育只属于官府和士大夫所有,教育并不普及。(平常的人们,客气一点都叫作"庶民",不客气一点,都算是愚氓,用俗话来讲,也叫作"细民"。"细"字,就是小的意思。"细人"就是小人。如要研究这个字的读音,应该照客家话、广东话来发音,就合于古音了。那么所谓"庶民",便是"细民"的变音而已,并没有什么特别的意思。)礼治,不但在于要求上层阶级的士大夫们,同时也是要教化一般的庶民。所谓"不教而诛之",则过在士大夫们所从政当权的官府,并不完全重责于庶民,这是礼治文化最重要的精神所在。

到了东周以后,姑且以秦始皇上辈秦襄公时代做代表来划定界线,从商鞅变法开始,才使主张法治的法家之学崭然露其锋芒。因此,到了秦始皇建立帝王政权,专门注重法治,法令严密,才有历史上所称秦法綦严的说法。但帝王政体的法治,只是对皇帝以下的一切人等来说,独有皇帝本身自有特权,不受他自己所颁布的法律所管。皇帝是"出言为经""吐语为法"的一个怪东西。所以秦汉以后的许多帝王,本来都是前朝依法所称的盗贼或叛臣出身,一旦取得天下,登上宝座以后,便自又颁定法令,依法管理臣民了。早在战国时代的庄子,就说过这样的话:"窃钩者诛,窃国者侯。侯之门,仁义出焉。"而在唐代的历史上,记载着开国功臣徐(李)世勣(即徐懋功)的自白,用作庄子这几句名言做注解,便很恰当,也另具有双向的内涵。徐世勣说:

我年十三时为亡(亡音无)赖贼,逢人则杀。十四五为难当贼，有所不惬则杀人。十七八为佳贼，临阵乃杀之。二十为大将，用兵以救人死。

千古英雄，大都不外于此例，只是徐懋功肯说坦白话，仍然不失其英雄本色。如从法律的观点来判决他的罪刑，我们也许可以说徐懋功在十三岁时，是一个失去教养的无赖儿童，随便就犯杀人罪。十四五岁有所改变，但碰到对他不合理的人，因气愤才动手杀人。十七八岁改邪归正，除非在战场上，才杀敌人。二十岁正式参军，因功封为大将，却是用兵来救人了。他在十三岁到十四岁时期，年少失学，岂无被杀者有关原告提出告诉？但于法无据，家庭社会自应负责。今又自首坦承，改过从新，依例（判例）不问。他自十七八岁到二十岁时，参加起义有功，被封为大将，临阵杀敌，功在国家，应稽核其屡次累积战功，依法加封"英国公"，以褒忠荩。此判！

汉代建国初期，大都只注意刘邦初入咸阳，还军灞上，悉召父老豪杰谓曰："父老苦苛秦法久矣。与父老约法三章：杀人者死、伤人及盗抵罪，余悉除去。"这只是刘邦在天下未定，收买人心的战略作为上的措施，并非是正式建立刘汉的皇权以后，仍用当时的约法三章来治理天下国家的。汉代建国以后，初期所用的法律还是因袭"秦法"，但取其便民利国者稍加修整而已。如汉初的开国丞相萧何、曹参，都是原在秦代的县级单位担任官吏、师爷，他们也都是从小学习秦法，并有从政执法的经验，也可勉强地说，都是法家出身，并非齐鲁儒生一样讲究诗礼，他们都是法家的门徒。

到了汉文帝继位以后，重视人身，对于原有刑法上的残酷有所不忍，下令加以裁减修正，因此就赢得历史上万古流芳，有"汉文除肉刑"的德政盛名。但在他儿子汉景帝继位以后，对他父亲皇帝的宽大政策发现流弊，又稍加收紧，重视法治，这就使后来的历史虽然赞美"文景之治"，但对汉景帝便要加上一个"严酷"的微辞了。跟着而来的汉武帝也很注重法治，例如有关李陵败降匈奴一案，司马迁旁观不平，稍为辩解，武帝一怒，便被降罪而受腐刑（阉割），你说这有多么冤枉。而且可见汉法之严，并没有比秦法好过多少啊！所以汉宣帝便说："汉家自有制度，本以霸、王、道杂之，奈何纯任德教，用周政乎！"这是真话。注重法治的管理，便是霸道的效用。王道的礼治和道家的"慈俭"，固然是应时良药，温和清凉，有时的确难以治愈重病或急症。

我们如要了解历代传统的法令、法律，大多已经不可考。但《唐律》《明律》和《大清律例》并未散失，我觉得很值得研究，也只有从这些文献下手，才可以从它的反面知道当时社会有关的各种情况，怎么可以只向"法律"本科一面去看呢！但自二十世纪以来，我们为了推翻几千年来帝王专制的政体，便向西方文化中学习西洋的法律，初期引进，和日本差不多，是学习欧洲的"大陆法系"为主，稍有参考以英国为首的"海洋法系"的精神。至于如埃及、印度、阿拉伯、罗马、巴比伦、犹太、波斯、希腊等法系，只当作学术上的事，并不实际采用，而且也完全不顾我国传统法系优劣好坏的精神。经过半个世纪以上的演变，还是相当紊乱，一言难尽。总之，直到这个世纪的末期，对于法制、政体等等，可以说也是一个阴晴未定的局面。思之！思之！未免神伤！

对不起，因为讲到法令问题，便引起一些有关法令的感慨。惟恐牵涉太广，离题太远，便只能如蜻蜓点水一样，略微一提，就此煞住。不然，又便成为"两个黄鹂鸣翠柳，一行白鹭上青天"，愈飞愈远，不知说到哪里去了！

多做好事才是真修行、真学问

我想另用一个简捷的方法，来说明"所藏乎身不恕，而能喻诸人者"的道理。大家知道，许多人都很谦虚客气，叫我一声老师，其实，我哪里够得上可为人师的资格。有一次，一位在乡村担任多年的警察（公安）来看我，谈到执行勤务的苦处，他便说："老师啊！我很想提早退休，能在你身边做事，随便打扫清洁，端茶送饭都可以。"我说："你是一个诚实君子，多担待一些烦恼苦痛，为地方社会老百姓做点好事，才是真修行，才是真学问。"

他谈到由台湾各部门的发布命令，一层一层来个"等因""奉此"照转，到达县级政府，也许加添一些意见，或无意见，照转不误。又分发出去，到达乡镇公所和警察（公安）派出所，要我们严格执行。但是那些坐在办公室里的老爷们，根本就不是从基层干起的人，先不要说他教育学识水平的标准如何，但他们至少是不知道人民社会和各个地区的情况不同，就闭门造车，乱出主意，就自己根据理想的理由，拟出办法变成条文，要我们来执行。你说怎样行得通呢？如果拿到这些法令向老百姓敲竹杠倒好，行不通的也得通，要通的也可以使它不通。但我是死不肯做的，实在是于心不安嘛！不过，有时也有很好的办法，就是多方面仔细研究下达的法令和命令，就可发现上面的矛盾重重。有时间，有精神，高兴起来，不想升官就顶回去，不然就置之不理，反正是上梁不正下梁歪嘛！为什么可以这样做呢？因为上面的法令，在高层的内部就没有沟通联系好，例如管经济的下达的法令，和管教育的或管农林的等所颁布的法令，甚至和地方政府的决策，就彼此上下矛盾，互相抵触，那叫我们最基层的干部，又怎么去执行啊！

再从司法方面来说，法院方面的通缉令，说我们本地某某是大流氓，必须缉捕归案，不可纵容。我们就不怕艰险，费了九牛二虎之力，把他缉拿归案送进法院。但再经法庭的审理宣判，根据什么"民主"啊，"人权"啊，或是这个人是心理不正常，或是精神病状态啊，轻轻一判，关了一两年就出来了。然后，他便带着一把刀或是一把手枪，反来拜访我们，二郎腿一翘，把刀枪在办公桌上一拍，说："老兄，老子没事啦！你对我的好处怎么算，我们走着瞧吧！"老师啊！我们说是为人民的保姆，原来那些立法和司法、执法的老爷们，又是那么宽容，岂不是叫我们和坏人结怨？倒楣的是我们，他们却赚到了一个宽大仁慈的好名。你说怎样才好做人做事啊？

他问："过去历史上，想来也是同样的吧？"我说："对了。历史的兴衰成败，几乎都是同一版本的新修花样。宋朝的王安石书读多了，但不深入当时的社会环境，就想变法改革，理想是高远的，但他坐在办公室所制定的法令并不合时宜。而且下达以后，又被委派执行的官吏和中下层曲解了，因此就闹得身败名裂，使北宋王朝从此一蹶不振。当然，主要也由于当时皇帝宋神宗的急功好利之所致。这便是历史上给他的谥号'神宗'的'神'，寓贬于褒之意。"当然啰！其他还谈了很多，他也提了许多在从政上所谓公和私之间的问题，使我凛然警觉到，他是一个很有见解，甘心于"吏隐"的好公务员，不禁肃然起敬，感慨万千了！如果要我去做警察，未必能赶得上他好。除非我是小说《包公案》里的南侠展昭，或是《七侠五义》里的北侠欧阳春，《施公案》里的黄天霸。但从和他的谈话里，会而通之，便可了解法令、政策合不合于民心，以及历史上所说吏治的重要，就是基层干部的好坏和一个政权的关系是多么的严重啊！简单地说，通过这个故事，就可明白《大学》所说的"有诸己，而后求诸人。无诸己，而后非诸人。所藏乎身不恕，而能喻诸人者，未之有也。故治国在齐其家"的意义所在。

但要能做到"有诸己而求诸人"、"藏身而恕而喻诸人"，说来容易，做到不易。因为人人都有极强烈主观、我见顽固的习气，有时明知故犯，却也抵死不改。所以孔子告诫弟子们，要学问修养做到"毋意、毋必、毋固、毋我"的四毋，最为重要。但怎样才能修养到四毋的境界呢？我们可以引用《大学》的实修实证的话说，必须要能"知止而后有定"，由定而后层层转进，达到"静、安、虑、得"的造诣才行啊！

四二、先看《诗经》怎么说

「宜室宜家」的深意

温柔敦厚的诗教

研讨《大学》到今天,我们还停留在"治国必先齐家"的阶段。对于《大学》的原文,有人批评几乎完全不顾逻辑的条理,可以说是杂乱无章。例如本段原文,既然是讲"治国和齐家"关系的转进,还算得上是有次序。但正说法令问题,忽然又无头无尾,插进来男女婚姻的问题,在上下文的衔接处,又没有交代清楚,实在有点含糊不清。如果在明清两朝,考"八股文"的对比文章,《大学》这一段的写作章法,恐怕也是考不取举人、进士了!

其实,春秋战国时期的诸子文章,却是适合于当时理解的习惯,有时候一两句就告一段落,跟着便如异峰突起,另一个观念来了。例如庄子的文章,更为放肆,但因为他文笔太美了,又是古代名贤,人们就不敢随便批评,反说他是"汪洋惝恍,理趣幽深"呢!曾子著《大学》,在这段"治国和齐家"的关键里,好像是少了个介词。但从古文的写作习惯来讲,接着而来,它用"诗云"开始,就已表示在这个大问题中,又须套出另一个最相关的问题来了。这个相关的问题是什么呢?就是后世人们所说的"男女婚嫁"而成家室的问题,也就是现代人所说的婚姻问题和家庭问题等。

为了研究本段文字的内涵,且让我们先来了解它所引用三处《诗经》上的诗句,然后回转来再详细了解它的内容。

"宜室宜家"的深意

"桃之夭夭,其叶蓁蓁。之子于归,宜其家人。"这四句诗,出在《诗经·国风·桃夭》三篇中。其实,在《大学》里,它所引用的重点,最重要是在最后一句"宜其家人"。事实上,上面两篇最后都有同样两句,都是很有深意的,那便是"宜其室家"和"宜其家室"。因此,我们后世用在结婚喜事的成语上,便有"宜室宜家"的颂辞。至于原诗的"桃之夭夭,其叶蓁蓁"的内涵,是指那个要出嫁的姑娘,既有年轻健美的外型,同时也有深藏不露的才能和良好的德性。"之子"两个字,就等于现代语所说的"这个孩子"。换言之,最后两句是说,这个女孩子嫁过去了,一定很合适于这个家庭。他家里会发达了,娶了一个好媳妇。

也许你们要问:"桃夭"两句,简简单单,真有包含所说的那些意思吗?讲实在的,这就是《礼记·经解篇》所说的"温柔敦厚,诗教也"的道理。诗歌都是口语,很好作,顺口溜便是,但好的诗歌太难了。如果要就"桃夭"的两句内涵来发挥,起码要讲说一二个钟点,我们不要离题太远,就学陶渊明的"好读书,不求甚解"吧!你只要从后世文学上惯用的成语"艳如桃李",并没有加上"冷若冰霜"的反面词,便可知道"夭桃"和那蓁蓁的桃叶配在一块,如说"牡丹虽好,还须绿叶护持",这样便可明白"美在其中矣"的文学境界了!

至于"宜兄宜弟"一句,它是引用《诗经·小雅·蓼萧篇》里的一句。事实上,据历来各经学专家的研究,这四章诗是指周公摄政第六年,"泽及四海,统一华夷","怀远人""柔万邦"的盛德所感,诸侯宴会,并无猜忌,都是如兄如弟,相亲相爱。

使人读后，便会有怀念"成周一会，俨然未散"之思。

但曾子在本节里单单引用这一句，是借它来一语双关。对治国平天下而言，是指做到"柔万邦""怀远人"的成果。对家庭而言，是指兄弟姊妹、至亲骨肉之间的和睦康乐，互相敬爱的作用。

所谓"诗云：'其仪不忒，正是四国'"两句，这是《诗经·国风·鸤鸠篇》中的句子。"忒"字，有正心不变的意义。这是指在主体当权的人，对于诚意、正心的初衷，必须要做到表里内外如一，终身不变，才能正己正人。在家庭、家族中如此，对治国平天下也是如此，才可以自立立人，相率天下以正了！

温柔敦厚的诗教

关于本节所引用"诗云"的问题，现在已经了解了，后面便可省掉插曲的麻烦。但在《大学》《中庸》《论语》《孟子》的四书里，为什么会常常碰到"诗云"、"子曰"等句子呢？

第一，因为在曾子他们那个时代，历史经验所留下的文献并不如后代那么多。那个时候孔子所著的《春秋》还刚好新出笼，所谓各国史料的《国语》以及《左传》和《公羊》《穀梁》等《春秋三传》还未流行，除了《尚书》算是史料以外，如要引用前人的历史经验，以《诗经》所收集的资料最为恰当。因此，写到或说到要"引古以明今"的时候，便常常出现"诗云""子曰"了！到了后世，学者们便进一层，知道提出"六经皆史也"的观念了！

第二，诗句是浓缩简练了历史社会上许多复杂的事实和很多情绪上的感慨，构成少数的字和句子的精髓，包含内涵意味无穷，但又不是破口大骂，或是任意的批评，或是随便的恭维。例

如大家都称唐代的杜甫是"诗圣",如他所作《蜀相》的:

> 三顾频烦天下计　　两朝开济老臣心
> 出师未捷身先死　　长使英雄泪满襟

是多么的引起共鸣啊!但最关键的感慨在哪里呢?在"频烦、开济"的四个字,更可以为诸葛一生的遭遇而痛哭流涕了!他觉得诸葛亮的一生太划不来,太可惜。他本来是"躬耕于南阳,苟全性命于乱世,不求闻达于诸侯"的人,是多么的清闲自在。但是,偏偏碰上一个刘备,三顾茅庐,烦死人,不但是一次,还是三次的"频烦",只好告诉他当时一代的局面,是注定天下三分的格局。但不幸地被刘备硬拉出山了,情不可却,只好帮他一把。"刘老板"已经不算太高明,但他会用办法把诸葛亮稳住,临死还逼他再帮他自己的儿子。可是阿斗真是个笨斗,但君臣之分已定,已是没奈何的事。诸葛亮帮刘备开国称帝,又要帮阿斗搞"安内攘外""经纶济世"地"整体全程经济"。既已开国,还要开济其后代,短短的父子两代耗尽了这个老臣的心血,到底还是白费。不得已,为了表明心迹,只好"六出祁山","死而后已"。"出师未捷"是明知故犯,那是诸葛公在求得其死所的上策。所以明白其中意义的人,就会"长使英雄泪满襟"。为诸葛一生的既"不遇其时",又"遇人不淑"而痛哭流涕了!这样了解,才可明白"诗教"的"温柔敦厚"之旨。不可说你真可怜啊!比我杜甫还惨啊!那便叫作"嘶",不能叫作"诗"了!

四三、炼石补天靠母性

从『只知有母』到『女主内』的演变

『三从四德』的时代意义

现在我们回到《大学》所引用诗云"桃之夭夭，其叶蓁蓁"开始。我们要了解中国文化中，代表儒家的所谓万世师表的孔子，他对于人类社会的看法是如何呢？大家都知道，他曾经说过一句"饮食男女，人之大欲存焉"的名言。尤其在他所研究的《易经·序卦》下篇，便更明白地说："有天地，然后有万物。有万物，然后有男女。有男女，然后有夫妇。有夫妇，然后有父子"，等等。换言之，他毕生是主张尽"人道"以明"天道"。但从人类社会的现实开始，"天道远，而人道迩（近）"。后来代表道家的庄子也说"六合之外，存而不论"的理念，都有类同之处。因此，孔子在他所整编的《诗经》第一部分的"国风"里，开头就引出与男女夫妇最有关系的《关雎》一篇，所谓"关关雎鸠，在河之洲。窈窕淑女，君子好逑"，乃至"求之不得"，又是"寤寐思服"啰！"辗转反侧"啰！比起现代男女恋爱的情歌，激情都是一样，并没有什么强调古人多是"圣人"，后人都是"剩人"的样致。

从"只知有母"到"女主内"的演变

简单扼要地讲，这个人类社会的天下，主要的是男人一半，女人一半，平等！平等！女人并非是从男人拿出的一根肋骨变化出来,所以女人并非是永远附属于男人的。这都是传统文化很明显平实的基本原理。但是东西方的人类文化,自古以来如"宗教学理"以及"伦理道德"等的学说,甚至都把自然社会观念的形成,同样的"重男轻女",变成了以男性社会为中心的现象。

其实,我国的历史传统文化,自有上古的记载开始便很公平,认为远古人类的社会"只知有母,不知有父"。开初原来都是以母性为中心的社会。但因男女天然的生理不同,在女性的生理周期以及最为重要的怀孕和生育时期,乏力再去自谋饮食和其他劳务,很自然地必须要男性的帮助和照顾,因此就渐渐形成习惯,建立了男女结合共同生活的家。因为有了"家"的形成,又渐渐演变成"男主外、女主内"的初步习俗。然后为了饮食和生活,才自然地知道收藏、储蓄、占有、开发等行为,就初步形成了如后世所谓的"私有财产"或"家庭经济"的基本形态,这正是合于唯物史观发展的原理。但这是没有加入人性心理变化成分的观念,更没有涉及人类社会发展的"自然"和"必然"的规律。有关这种综合性的"人类社会"的发展变化进程,以及它的循环往复的法则,在孔子所著《易经·序卦》里,都早已有了很科学性的逻辑理念了!

因此,在中国传统文化中,对于远古、上古史,便都有对"母性社会"母系为中心的简单记载,称之为"氏"。我们姑且避开天皇氏、地皇氏、人皇氏来说,存在有巢氏、燧人氏,乃至伏羲氏、神农氏,直到黄帝有熊氏——因其母生"帝"于轩辕之丘(河南新郑),因名"轩辕";长于姬水,故又以"姬"为姓。但从黄帝以后,仍称颛顼高阳氏、帝喾高辛氏。直到帝尧开始,人类社会的文明渐盛,才改变以母系为中心的习惯,从其封地开始,改称为"唐尧",乃至"虞舜"。可以说,从尧舜以后,以男姓为中心的"族姓"风俗，才开始建立。至于认为"氏"即是"姓"的观点，那是汉代儒家们从"重男轻女"的狭隘思想开始，才把母系为中心的"氏"，曲解改变过来的。事实上，中国历代历朝的政府所习用的，都是秉承上古传统文化的习惯而有分别，直到清朝末代还是如此。如男人冠"姓"，女人冠"氏"，男人称"丁"，女人称"口"，后来才统统混合通用，就叫某某"姓氏"的"人丁"或"人口"。其实，这种区分的称呼，不是阶级的观念作用，是适合逻辑的分类而已。

如果再向上溯，那就必须要如荷马的史诗《奥德赛》《伊利亚特》或屈原的《离骚》一样，要推到远古流传的神话，才是代表历史的根源了。例如传统的古史神话之一，说黄帝和蚩尤的战争，那位被后世称为"战神"的蚩尤，头触"不周之山"，因此而使"天塌西北""地陷东南"，所以使中国变成了现在的地势，西北高，多沙漠，东南低，多海洋。好在感动了我们大家的老祖母女娲氏，看不下去了，才出来"炼石补天"哩！女娲称"氏"，仍是代表了上古以母系为中心的意义。而且人们所生存的最伟大的天地，有了严重的缺憾，还是要靠这位人神之间的老祖母出手撑持，才能挽回人类的浩劫。女祸氏，才是代表了人类母性的最伟大的光荣和功德。

好了，我又说累了，也觉得自己愈说愈远了，就到此打住。为什么我要从远古说起，以母系社会为中心是什么道理呢？简单总括一句，要特别提出声明，我是认为中国文化传统继续保持了五千年，大半是靠过去历史上女性伟大的牺牲，以及她们"忍辱负重"的功劳。换言之，女性对中国传统的社会文化，的确犹如女娲氏"炼石以补天"的功德。但这是说过去，今后是如何？我也和大家一样，只能知过去，并不能知未来，更不明白现在。

可是我们传统的历史文化，如从黄帝开始，下至夏、商、周三代前后，都是依循"重男轻女"的男性社会观念为中心，关于女性，大多只记其反面。对于因得力于母教的记载，少之又少，只有在商汤以一旅中兴邦国的故事，还稍微表彰了商汤革命的成功，是得力于母教的成就。其他所记载的，都是注重因女祸而破家亡国的故事，反加极力描写。如夏桀因嬖妹喜而国亡；商纣因嬖妲己而国亡；周幽王因嬖褒姒而国亡。看来夏桀、商纣、幽王，还远远比不上后世的唐明皇，他却是：

　　空忆长生殿上盟　　江山情重美人轻
　　华清池水马嵬土　　洗玉埋香总一人

美女子和美男人，那是天地父母自然生成的艺术品之一，它本身并不一定有善恶好坏的作为。无论是普通老百姓，或是一个帝王，因为有了美女而终至于国破家亡，那是男人本身没出息，专门拿妇女来做代罪羔羊，不算是公允！

但到了西周的古公亶父东迁岐山，再到周文王、武王的兴起，总算在历史上有了公平的记载，极力赞扬周朝初期的"三太"（古公亶父的后妃太姜、文王的生母太任，以及文王的后妃太姒，事见前述），外带及周武王的贤后邑姜，她是太公望之女，"贤于治内，辅佐武王。有妊，立不跛，坐不差，笑不喧，独处不倨，虽怒不詈"，生太子诵，就是后来的周成王。因此在孔子的思想观念里，对于"治国齐家"的重要，不要忽略女性的功劳，并且极力赞颂周初姬家母教和母仪的伟大，关于周武王革命事业的成功、周朝的兴起极力推崇，因他有了十位最重要的贤臣，其中一位，还是女性呢！

周武王革命成功，建立了周室王朝的政权以后，开始整理自上古以来一脉相承的道统文化，也就是我们现在常说的传统文化，那就是周武王的弟弟周公。后世所谓的"三礼"（《周礼》《仪礼》《礼记》）的《周礼》，据说是由周公姬旦所汇集主编，然后才规定发布。当然啰，也许有些是出于他人之手，后来又经过孔子删订改编而成的。这是属于考据学专家博士的事，我是"后进于礼乐"的野人，也是粗人，就不必细心专说了。不管如何，由周初周公"制礼"开始，照孔子的观念来说，中国人才真正开始有了一套整体的文化体系了。因此他郑重赞叹周朝是"郁郁乎文哉"的开始。"三礼"制定了政治、社会、经济等等礼仪，可说是一部"宪法"法理的大原则。同时在婚丧等等礼仪以外，制定男人成年的"冠礼"（等于后世的法定，有了成人资格，可以行使选举权或人权了）以及"婚礼"，乃至女子的"笄礼"等，相当繁琐，别成一套体系的学问。但如仔细"好学、审问、慎思、明辨"一番，其中所包含的生理、物理，以及人和自然界的关系等学问都有，并不是一部陈腐不堪的老账簿。

"三从四德"的时代意义

好了，单说我们过去所要打倒的"孔家店"有关女性的问题吧！"五四"当时，搞妇女运动的人，一听到女子要有"三从""四德"，就大喊打倒，而且都盲目地归罪到"孔家店"里去。其实这都出于《礼记》《仪礼》上的记载。而且"三从""四德"的内涵，并没有一点轻视或是压迫女性的意思。所谓"在家从父，出嫁从夫，夫死（或谓老来）从子"，就叫"三从"，那有什么错？你把"从"字换做现在流行的法律术语，变成"负担"或"负责"来想想就通了，那真是对女性的尊重啊！

女子在未嫁之前，应该由父母负担生活和教养，有什么不对？结婚出嫁以后，做丈夫的就应该负担起妻子一切的生活及安全，那又有什么不对？难道男人要靠妻子生活的才对吗？丈夫死了，当然妻子自身的父母也老了，不靠子女的照应，怎么办？

当然啰！从现在来说，可以靠政府所办的社会福利，但真是一个男子汉或好儿女，把父母养老的感情和责任完全推之于社会，也未免有点那个吧！尤其在父母子女的情感上说，恐怕不是味道吧！为别人、为大众争福利的养老是大好事，如果是只为自己，那便不算是"民主"的本意，只能算是个人自由（自私）主义的什么吧！也许我又错了！不过，如从上古的历史社会来设想，三千年前，教育并不普及，尤其女性根本无法受教育。而且基本上，上古是全靠人力的古老农业经济社会，女性更没有自由独立谋生的能力，那么在家不从父，又要从谁呢？出嫁，当然也就是要有取得长期饭票的需要，不从夫，又如何呢？至于夫死从子，事实很明显，就不要多说了。但是还要知道，夫死、子小，还要"母兼父职"，抚养子女成人，试想那又是究竟谁从谁呢？如果你把"从"字只当作"服从"、"盲从"的意义来解释，那你这个中国人还没有弄通中国字的内涵，还需要再回去在"孔夫子师母"那里多学习学习吧！

说到"妇德、妇言、妇容、妇功"的"四德"，这是有关妇女人格和人品养成教育的目标，不只适合于女性，男儿也同样需要有这种教养。一个人的品德有了问题，不论是男女，当然是不受人欢迎。言语粗暴，或是刻薄贫嘴，或是出言不当等等，也就是一般人所谓的没有口德，那也当然不行。至于"妇容"一项，更不要误解是在选美。古文简略，它所谓"容"，是指平常的"仪容"整洁，不要故作风骚，给人做笑料。"妇功"一项，过去在有的书上，要把"功"字读成"红"字，那是专指刺绣，或裁缝和精工纺织的技能。尤其在农业经济为主的农村社会里，这对于充实家庭经济更为重要。古老的妇女"四德"中的这一项，我觉得对于现代和将来社会中的女性，更为重要。简单地说，还在二十多年以前，我有一个朋友的女儿，大学毕业了，和一位在外国的华侨青年结婚。他们在出国以前，奉父母之命向我辞行。我就对那位朋友的女儿说：你出国第一件最重要的事，还要去求学。我不是叫你去读一个什么博士或硕士的学位，我希望你去学习一种个人独立谋生的技术，如依一般女性来说，学会计也好。因为时代到了现在，尤其是婚姻制度快要破产了，爱情是抵不过面包和米饭的。所以现代的女性，从小开始必然要学会一项专业独立谋生的专长，才能保障自己和夫妻的关系，这就是"妇功"的重要。这位小姐后来照我的话做到了，固然不负所望，也不出所料。

在以农业经济为主的古老社会里，虽然不是政府的明文规定，但在自然形成的风俗中，对于幼小男女的教育，尤其是"妇功"方面，早已自成为一种当然的行为。长话短说，我们只举南宋诗人范成大一首《田家》的诗，便可呈现出一幅江南农村社会教育的真实画面了，诗说：

　　　　昼出耘田夜绩麻　　村庄儿女各当家
　　　　童孙未解供耕织　　也傍桑阴学种瓜

另如清末的名臣曾国藩，当了那么大的官，但是对家中的女儿媳妇，每天要绩多少麻（做布的原料），织多少布，或者做鞋底，都有很严格的规定。其余的例子不胜枚举，也就不用多说了。

四四、治国齐家须女宝

从『妇德』到『母仪天下』

『为政』不等于『政治』

总之,《大学》所讲"治国在齐其家",首先所提出的"之子于归,宜其家人,而后可以教国人",便是依照传统文化《周礼》的精神,要点是讲一个家族、家庭中,首先需要有一个具有妇德的女主人,才能使这个家庭、家族父子兄弟、上下老幼,各得其"宜"。这样,当然可以使这个家庭中的男人们向外发展事业,不但无内顾之忧,同时还可以得到贤内助的助力了!但就下一句的"而后可以教国人"的结语来说,它的重点还是在指"家天下"时期的帝室家庭,以及王侯将相乃至当权士大夫们的家族而言。因为上古的时代,还在"刑不上大夫""礼不下庶人"的封建制度的社会,所以对于上层领导的要求更为重视。这就是所谓的"春秋责备贤者"。

从"妇德"到"母仪天下"

　　其实自古以来,从东方的文化来讲,在周秦时期,不但从孔子开始推崇《周礼》的文化,重视王朝帝室"齐家而后治国""妇德"和"母仪天下"的主旨;就如以"入世而后出世"的印度圣人释迦牟尼佛来讲,也是同样推崇治世的"转轮圣王",等同于佛。同时他也强调所谓治世"轮王"的福德,必须同时具备"七宝"(轮宝、象宝、马宝、珠宝、女宝、主藏臣宝、主兵臣宝)。但在人道上的第一重宝,就是"女宝",也就是贤良有德的后妃。所谓"轮宝",有两重意义:一是指犹如现代精密科技的海陆空等武器;二是指历史时代的巨轮,等于俗话所说的有好运气和"天命攸归"的意义。"象宝""马宝"是指交通和征战所用的快速交通工具。"珠宝"是专指经济、财政极发达的财富。但上面所说的四种,都属物质文明方面。讲到人事方面,第一需要有贤德智慧的后妃"女宝"。另一就需要有善于理财的经济、财政的能手"主藏臣宝"。你们知道吗?日本人叫财政大臣"大藏相",就是出典在佛学中。另一最重要的就是善于知兵,统领大众所向无敌的大元帅"主兵臣宝"了。

虽然如此,但印度的古代信史已很难稽考,例如著名的阿育王或孔雀王朝的好坏后妃,更是没有信史可征。既如中国传统的"二十六史"中,除了周室初期,接连记载着四代的贤德后妃以外,自秦汉以后,帝王体制时代较为贤良的后妃,为数实在寥寥无几。以开国创业的那些帝王来说,除了汉光武的阴皇后(阴丽华)和朱元璋的马皇后以外,即如李世民的长孙皇后,还当退居其次才对。尤其是朱明开国的马皇后,她是一个基本上没有受过教育的乡村妇女出身,但她的德行却远远超过历代的贤后之上。而且对朱元璋称帝封后的时候,严谨地提出警告说:"夫妇相保易,君臣相保难。"足见她对朱元璋个性的了解和规劝,是多么的高明啊!她比范蠡警告文种,越王之为人"只可共患难,不可以共安乐"的话,更有深度。因为她从人生艰苦的经历中,了解到人性的反面。但是,她是朱元璋同甘共苦的妻子,她也深爱这个丈夫,只好在他得意欢乐地登上皇帝宝座的时候,流着眼泪,对丈夫说了这样警告性的历史名言。短短的十个字,比起那些文章千古的大臣"谏书"更为有力,真可以说是掷地有声的金玉良言啊！

下面，接着"宜其家人，而后可以教国人"之后，便是"宜兄宜弟，而后可以教国人"了。对于"宜兄宜弟"的出典和内容，前面已经说过，话不重提。但他引用这句在"治国在齐其家"的一段里，那是专指在家庭、家族中兄弟姊妹互相争宠，互相争斗，尤其在权位和财利之间的争夺，甚至还不及路人和外人。他们彼此互相残杀，历代历史记载得太多了，岂只有初唐开国时代的"玄武门事件"，宋朝开国时赵匡胤兄弟的"烛影斧声"，乃至清代雍正夺嫡的疑案等。即如一般平民老百姓，稍微富裕的家庭，甚至如三家村里薄有几分田地或几间东倒西歪的破屋，兄弟姊妹为了争产分财，闹得你死我活，实在也是不可胜数。如果推广"四海之内皆兄弟也"这个观念，使现代社会上的政党、社团、公司、店号等的同志和同仁，都如兄弟姊妹，"同心一德"，互相尊重，互相关爱，那便是广告中言语文字的"美声"，比水面上画花纹、小孩子的吹气泡还要难得的好事。

因此，曾子只好著之于书，告诫奉劝天下后代，真正儒家"孔门"所教育的学问重点，对于治国齐家之道，首先重视有"贤妻良母"的"宜其家人"。同时就是兄弟姊妹之间，和妯娌姑嫂之间的"宜兄宜弟"，就是如此而已。尤其如现代人，已经开始有了"四海为家"的习惯了。假使碰到为了个人的利益关系，和兄弟姊妹、朋友之间争得太过分痛苦的时候，我总是常常提醒他们一句话，古人说的"一回相见一回老，能得几时为弟兄"。退一步，放一着，就可自求多福了。话虽如此，如果没有"知止""诚意"的平日涵养工夫，一碰到事情，就绝难做到了。

"为政"不等于"政治"

接着而来的,在"治国在齐其家"的本节末后,就又引用诗云"其仪不忒,正是四国"的名言,用来说明"治国"与"齐家"的"宜其家人"和"宜兄宜弟",都不是只在要求妻子和兄弟姊妹做到的结果。真正能够做到使妻子和兄弟姊妹都能和乐相安相处的,都要由于自己本身的品德行为和学养教化的影响才行。这便是《大学》开端所说的"意诚而后心正,心正而后身修,身修而后家齐"效果的发挥了。"其仪不忒",是说自己本身"诚意、正心、修身"的榜样始终一致,表里如一,从来没有言行相违、口是心非的败德。那么,自然而然地会"正是四国",可以感化普及于国人了。

所以它在做最后的结论便说:"其为父子兄弟足法,而后民法之也。此谓治国在齐其家。"但须注意,在这里所用的"法"字,不是指法律的法,而是作效法的法来用。这是说,假如你能做到,使父子兄弟们都要效法以后,渐渐就可使人民也都来效法了。这就是孔门儒学所说的"为政"的道理。"为政"是正己然后正人的教化,由君道、父道而同时兼具师道的道德,感化人民的作用,不是"政治";"政治"是依法管理和治理人民的作用。如果望文生义,看来都是同一名词,好像意义都差不多。事实上,它是大有差别的。

例如东周以前,周(姜)太公吕望的"治齐",以及后来管仲的"治齐",他两位都是真正大政治家的做法,而稍微兼具有"为政"的风范。其他如周公儿子伯禽的"治鲁",比较重视"为政"的德化,可是却使鲁国在春秋、战国末期,始终似嫌懦弱。可是到了秦亡、汉室初兴的阶段,东鲁儒生始终还存有保全儒家传统文化的风仪，影响两汉而流传于后世，其中道理实在值得深思长想。

所以说，文化是人类民族的灵魂，尤其是一个国家民族，切不可自毁灵魂、但取躯壳地糟粕文明，更不可自毁千秋的文化大业，而把后世的一家之言当作金科玉律。那是必有自忤孟浪，后悔莫及的遗憾啊！

第七篇 治国平天下

四五、人世难能天下平

先了解「天下」的原义
什么叫「絜矩之道」

第七篇　治国平天下

在进一步研究"平天下在治其国"之前，让我们先来读这段原文：

所谓平天下在治其国者，上老老，而民兴孝；上长长，而民兴弟；上恤孤，而民不倍。是以君子有絜矩之道也。所恶于上，毋以使下；所恶于下，毋以事上；所恶于前，毋以先后；所恶于后，毋以从前；所恶于右，毋以交于左；所恶于左，毋以交于右；此之谓絜矩之道。（一）

《诗》云："乐只君子，民之父母。"民之所好好之，民之所恶恶之，此之谓民之父母。《诗》云："节彼南山，维石岩岩。赫赫师尹，民具尔瞻。"有国者不可以不慎，辟则为天下僇矣。（二）

《诗》云："殷之未丧师，克配上帝。仪监于殷，峻命不易。"道得众则得国，失众则失国。是故君子先慎乎德，有德此有人，有人此有土，有土此有财，有财此有用。德者，本也；财者，末也。外本内末，争民施夺。是故财聚则民散，财散则民聚。是故言悖而出者，亦悖而入；货悖而入者，亦悖而出。（三）

《康诰》曰："惟命不于常。"道善则得之，不善则失之矣。《楚书》曰："楚国无以为宝，惟善以为宝。"舅犯曰：

"亡人无以为宝,仁亲以为宝。"《秦誓》曰:"若有一介臣,断断兮,无他技,其心休休焉,其如有容焉;人之有技,若己有之;人之彦圣,其心好之,不啻若自其口出;寔能容之。以能保我子孙黎民,尚亦有利哉!人之有技,媢嫉以恶之;人之彦圣,而违之俾不通;寔不能容。以不能保我子孙黎民,亦曰殆哉!"(四)

唯仁人放流之,迸诸四夷,不与同中国。此谓唯仁人为能爱人,能恶人。见贤而不能举,举而不能先,命也;见不善而不能退,退而不能远,过也。好人之所恶,恶人之所好,是谓拂人之性,菑必逮夫身。是故君子有大道,必忠信以得之,骄泰以失之。(五)

生财有大道,生之者众,食之者寡,为之者疾,用之者舒,则财恒足矣。仁者以财发身,不仁者以身发财。未有上好仁,而下不好义者也;未有好义,其事不终者也;未有府库财,非其财者也。孟献子曰:"畜马乘,不察于鸡豚;伐冰之家,不畜牛羊;百乘之家,不畜聚敛之臣,与其有聚敛之臣,宁有盗臣。"此谓国不以利为利,以义为利也。长国家而务财用者,必自小人矣。彼为善之。小人之使为国家,菑害并至,虽有善者,亦无如之何矣。此谓国不以利为利,以义为利也。(六)

我们研究"治国在齐其家"以后,接着而来的,便是"平天下在治其国"的全段大道理,作为全书的结论。这就是曾子秉承孔子遗教的心得,指出"外王(用)"之学的"为政"大道。也就是从宋儒开始,认为《大学》《中庸》,便是"帝王学",是"治国平天下"的大经大法。用现代话来说,它就是"领导学"的大原则。可是,本段的内涵,也不免有时间(时代)、空间（地缘）的局限性，需要"慎思、明辨"清楚，不可但如宋儒的某些理学家的观点一样，认为只要《大学》《中庸》和半部《论语》就可治天下了，那便会成为笑话。如果真是这样，倒不如假借子路的幽默话所说："有人民焉，有社稷焉，何必读书而后为政"，以及孟子的感慨所说："尽信书，则不如无书"，只靠天才和命运就可以了。事实并非如此。我们现在为了探讨的方便，姑且把原文分列为六节，等于是六个要点，然后再来分别理解。

先了解"天下"的原义

但是，必须先要了解一个名词的问题，周朝当时所谓国家的"国"字，是指在周室"分封建国"的体制下，所有诸侯们的治地都叫做"国"，或自称为"邦"。所谓"天下"的一词，才是等于后世和现在一统中华"大国"的代名词。《大学》原文所称的"天下"，也就是这个意思。当时是以姬周王朝为所有诸侯邦国的共主。周王朝所统领的人民和土地，便称谓是一个"天下"，并非等同于现在的世界，或整个地球的观念。不过，我们也需要知道，在周秦以前的中国传统文化中，有的文献书籍上所讲的"天下"，也有同于现代世界观的地方，尤其是汉儒所分类以后的道家遗书，并不少见。例如战国时期的阴阳家邹衍，便说"天下有九洲"。我们"中国"只是"九洲"中的一洲，称为"赤县神洲"而已。所以当时的人，认为他的说法很"怪诞"。换言之，认为这是古怪的、不实的说法。

到了十五世纪以后，由于天文、地理、科学的发展，世界上的人类渐次知道了地球上有八大洲，这便与两千多年前邹衍所说的只差一洲了。如果再拿《山海经》和中国上古神话来做比较研究，也许是上古以来，地球上的地质经过时间的变化太大，洲和洲之间分裂和重新凑合，因此少了一洲，那就不敢随便否定邹衍所说的话是否"怪诞"了，这便是科学的精神，不可盲从附和。

明白了这些资料以后，就知道《大学》中的"平天下"观念，实质上是以当时周室王朝所统一的整个"中国"而言。假如我们扩而充之，视为整体人类的"理想国"或"世界大同"的观念，我想，曾子也决不想保留著作权，大家都可以随便自由取用，只怕"言者无心"，但恐"听者有意"，反而自生争议而已。

什么叫"絜矩之道"

现在我们首先讨论所谓"平天下在治其国"第一分节的第一项目，便是"上老老，而民兴孝；上长长，而民兴弟；上恤孤，而民不倍。是以君子有絜矩之道也"。用现代话来说，就是在上面高层的领导人，能做到尊重老人，先从对自己的老人，如父母以上的祖父母辈，乃至父母以上上辈中的叔伯等老人，都能敬重孝养。扩而充之，就能善养天下的老人了。犹如历史所推崇的"西伯昌（周文王）善养老"，便是此例。那么，你所统治下的社会人民，自然都会效法你的行为，做到孝顺父母和上辈了。

其次，所谓"上长长，而民兴弟"，也是同样的意义。你能做到尊敬年长的兄长辈的人，自然社会人民，大家都会效法你的行为，做到"善事长者"，兴起兄弟之间友爱的德行了。

再次，所谓"上恤孤，而民不倍"，这个"倍"字，在原始的文字中，也就包含有"违背"的意义。这是说，你能体恤孤儿，使幼孤的孩子也有所养，有如己出。那么，社会人民就都会效法你的德行，视你如大众的父母，不会生起背离的念头了。

最后"是以君子有絜矩之道也"一句，其中所谓"絜矩"是什么意思呢？"絜"字，在中国上古的文字学中，就有中心平衡点的内涵。换言之，犹如天平秤的"杠杆"，不偏不斜，才得中正的平衡。"矩"字，大家都知道是规矩的矩。规是圆周的，矩是方角的，就是自古以来工程所用测量方圆的基本标准工具。把方圆标准的仪器名称凑合在一起，便叫作"规矩"。这是说，大人君子们，必须要有"独立而不倚"的公平中正的内心修养，才能"智周万物"，"量同太虚"，可以包容涵养万民，泽及苍生。曾子在《大学》里所提出的"絜矩"之道，也就是后来子思所著的《中庸》之谓"中"的由来。简言之，"中庸"就是"絜矩"之道的发挥。不信，再读下文便可知道了。

"所恶于上，毋以使下；所恶于下，毋以事上；所恶于前，毋以先后；所恶于后，毋以从前。所恶于右，毋以交于左；所恶于左，毋以交于右。此之谓絜矩之道。"在这里所提出的"上下、前后、左右"六个方面，就具有人事、物理等古人所谓的"六合"的内涵。也就是《易经》八卦之学后天重爻所用的"六爻"的意义。"六合"就是四方加上下，也是上古对空间的代号。"六爻"，就是有六个层次交会点中心的作用。这样便叫作"絜矩"之道。所谓"絜矩"之道，就是平衡，就是"中庸"，且请大家精细参详为幸。

至于原文所说"上下、前后、左右"的内涵，切勿随便放过，以为一看便懂，不需要多加讨论，那就难免有过分大意的失误了。例如"所恶于上，毋以使下；所恶于下，毋以事上"，这是说你本身在上位，作为领导的人，不管你是做皇帝，或做官的臣工，乃至做老板、做师傅，甚至做父母、兄长的人，凡是居于上位的人，无论你做任何一件事，自己想来都很讨厌，或很为难,或者很不应该去做,只想逃避,如果反而指使下面的人去做,那便是"缺德",就是"意不诚、心不正、身不修",切切不可如此。相反的,如果你身居人下,对于有些事,有些作为,自己想来都有些厌恶,但是为了讨好上级,就改变方法,把坏的成分,花言巧语,另加包装,怂恿上面去做,或是掩盖自己的过错,故意透过于上级,那就是"意不诚、心不正、身不修"的最大"缺德",切切不可如此。不过,这样的理解,还只是略说一面。如要照人世间的人情险恶心理去分析,再来参照过去历史上的故事,便可了解这两句所包含的内容还多着呢!希望大家自己去好学、深思吧!

至于"所恶于前,毋以先后;所恶于后,毋以从前",看来又是多么的简单。但你仔细思维,就不一样了。譬如有一件事,我们从前就很讨厌它,不想办,现在又碰到了,就毫不犹豫地把它先搁在一边,这样,也常常会发生偾事或误事的后果。因为一切事,都会因时(间)、空(间)而变化,未必从前讨厌的事,现在仍旧讨厌啊!或者这个人,是你从前最恨的人,他现在已改过重新,你还照以前的厌恶,不让他重新做人,把他加以阻碍,那也是不对的。至于"所恶于后,毋以从前",譬如有一件事或一个人,你看到将来的后果一定不好,但今天是由你或你我来办,你就"一朝权在手,便把令来行",不管对与不对,先行处理了再说,那也常常有"后悔莫及"的反效果。诸如这样的理解,如果对照过去历史上所经历过的事实来讲,那便太多太多了。

现在让我这个老顽童,来讲个笑话给你们听。从前有一次,我带领学生兵的部队去散步,有一个学生,面色很难看,他看我没留意的时候,很快转身插队到前一个位置去了。我回头看到了,就叫他回来,要加训斥。但我先问他说:"虽然不是正式行军,大家可以随便一点,你平日素来很守纪律,今天为什么这样不守规矩?"他说:"我的前面那位同学,一路连放臭屁,实在受不了啊!我愿受处罚。"我听了,也不禁笑着说:"你昨天还向我大谈《大学》上的道理呢!你可忘了'所恶于后,毋以从前'吗?"这个学生听了,就和我都大笑不止,然后我叫他去告诉那个同学,快到医务所去诊断一下,是不是肠胃消化不良,或另有其他的毛病。在外交界或平常正式宴会上,随便任意放响屁或臭屁,那都是很失礼的行为,须要注意。

又如"所恶于右,毋以交于左;所恶于左,毋以交于右。此之谓絜矩之道",这四句话的左右对比,很简单地讲,是说在做人处事上,自己碰到不愿意去做的事,就不可以随便推托给平辈平行的人去做。例如让做官的同僚、同事,社团、公司中的同仁,甚至或亲如兄弟姊妹的朋友们去"勉为其难",做自己不愿做的事了。但扩而充之,从"治国平天下"的大是大非、大经大法来讲,古今中外任何朝代、任何政体、任何制度,都会碰到有左右两班两派的不同意见而形成矛盾。在最高领导的原则上,决不可以把右的一方所厌恶的事或主张,强迫要左的一方去做。同样的,也不可以把左的一方所厌恶的事或主张,强迫要右的一方去做。至于处在最高领导层的地位,要怎样才能调和平衡上下、前后、左右的各种对比矛盾,而使其得到中正和顺的境界,那真是需要有大智慧、大仁德、大勇气的才器了。也正如岳武穆讲用兵之道一样,"运用之妙,存乎一心",此话实在只可意会,难以言传。也正如古德禅宗大师们所说,"如珠之走盘",并无一个定位的方法了。如果有一个固定的方法,那已是落在上下、前后、左右的偏旁圈圈之中了。这些在历史上所经历的故事和现代史上的新故事,事例也不少,都姑且不论。

对于《大学》这一节的名言,也有人说就是孔子所谓"己所不欲，勿施于人"的道理。其实不然，"己所不欲，勿施于人"，只对个人自我的学问修养来讲。至于本节所谓有关上下、前后、左右的话，始终是从"大学之道"的"明德""内明"之学出发，然后推之于"外王（用）""亲民"。而作为一个领导者，在对人、治事、处世之际来讲，其中的内外、表里、精粗之际，实是因应事物的大学问。如果以《大学》本身的主旨来讲，必须要先从"知止而后有定"，直到"虑而后能得"，通达"格物""致知"，配合"诚意""正心""修身"的全程学养，才能真的明了"絜矩"之道的妙用。

四六、天秤不自作低昂

- 当政者『不中不正』的后果
- 先『立德』才能得民心
- 当政者特别要注意一言一行
- 『财』『货』的原义
- 刘邦、李渊、朱元璋的老实话

跟着上节而来的,他又引用了《诗经·小雅·南山有台》的两句名言:"乐只君子,民之父母"。自又加以解释说,所谓能成为人民所敬仰如父母的好领导,必须要做到真正的"民主"之"主",那就是"民之所好好之,民之所恶恶之,此之谓民之父母"。像这样的文句,它本身就是白话,我们不必再加解释。只需要注意"好""恶"两个字的读音和用意,就可以了。

当政者"不中不正"的后果

然后他又引用《诗经·国风·节南山》章中的典故。"《诗》云:'节彼南山,维石岩岩。赫赫师尹,民具尔瞻。'有国者不可以不慎,辟则为天下僇矣。"先说他所节录原诗四句文字的本意。前两句,是用古人帝王制度及官府的习惯,重视"坐北向南""南面而王"的气概。当人们面对南山的高峻,最为出色的,就是对门当面的那一块洁白无瑕、壁立万仞的大石岩,使人看了便肃然起敬,大有神圣伟大和崇高之感。当然,并不像黄山的天都峰那样,令人会生起不在俗世的出尘之感,只可当做飘飘欲仙的意味。跟着后面两句,就使人会有压迫之感了,尤其是对当时"秉国之钧"的高层领导者来说,大有咄咄逼人的气概。"师尹"是西周时期的官职名称,除了"天子"的皇帝以外,就是一人之下，万人之上的当道大臣。这两句诗的用意，是以比喻的文体表达出来。也就是说，你这个做师尹的要注意啊！你犹如南山的那块大石岩一样，你在万民所望、众望所归的权位上，威权赫赫，不可一世，但全国人民雪亮的眼睛都盯着你看，他们对于"治国平天下"的希望，都寄托在你身上啊！这便是原诗句的本意。至于历来严格研究《诗经》的经学家们，对于原诗在历史时代的故事，所指的究竟是谁？各说纷纭，莫衷一是。但至少都认为这首诗，是在周幽王宠褒姒那个朝代所作。因为周政衰败，民心愁苦，但是那个"秉国之钧"的师尹，既不负责任，又讨好幽王，弄得民怨沸腾。有关师尹是谁，是官名？是人名？千古以来，都还在考证中，姑且不论。

因此，曾子便说："有国者不可以不慎，辟，则为天下僇矣。"他所说的"有国者"，就是后世所谓的"当道者"，现在所谓的"执政者"或"当局者"，是同一意义的不同名词而已。"辟"字，就是"偏僻"的"僻"，就是"不中不正"的另一说辞。"僇"字，相同于"杀戮"的"戮"。这个字用得很重，就是说，犹如这个"师尹"，做得不正，天下人就会起来"杀戮"了你。不然，也会被后世的公平历史学家所"笔戮"的。

曾子在前面引用《诗经》上的历史经验，既说明了作为"民之父母"的存心之不易，更进一步来说明"秉国之钧"者，更需要有随时反观自省的警觉，不可被权位所迷惑，陷于万劫不复的境地。因为权位与功名富贵，都是外来的物欲，但也最容易迷惑自心，使人丧失"智知"的理性。宋代的名臣大儒欧阳修曾经说过："祸患常积于忽微，智勇多困于所溺。"的确是古今中外不易的名言。人生到此，如果没有山林布衣的气度，如孔子所说"饭疏食、饮水，曲肱而枕之，乐亦在其中矣""富贵于我如浮云"的"知止而后有定"的定力，几乎没有几个能跳得出权位的陷阱。

先"立德"才能得民心

曾子引用《诗经》上的历史经验,更进一步巧妙地再配上一层,推到有国者的得失存亡之机,如说,《诗》云:"殷之未丧师,克配上帝。仪监于殷,峻命不易。"这四句诗是《诗经·大雅·文王》七章诗中的名句。这是姬周初期建国时候的"箴言"名歌。它的用意,是告诫周室王朝继位者的子孙们。他说,当在前朝殷商盛世的时期,他们并没有丧失了人民大众的信任。那个时候,殷商的善政,可以说,够得上是配合天心仁爱的标准。("师"字,是有大众、群众的内涵。"上帝",是上古以神道设教的名称,它代表了那个能为万物之主的天心和天意。)谁知到纣王的手里,政治腐败到了不可收拾的地步,完全丧失了人民大众的信赖,因此而致国亡家破,才有我们今天的周室王朝。所以你们要把前朝殷商的失德,作为一面镜子,随时反照反省,不可忘记了历史的教训。那个至高无上主持大命运的天意,它永远监临着你,唯有施仁德在民,才能得到保佑,这是不可变易的最崇高的大原则。("监"字,古文通"鉴"字用。"峻"字,即有崇高至上的意思)。

然后曾子又进一层引申解释说:"道得众则得国,失众则失国。是故君子先慎乎德。有德此有人,有人此有土,有土此有财,有财此有用。德者,本也。财者,末也。外本内末,争民施夺。是故财聚则民散,财散则民聚。是故言悖而出者,亦悖而入。货悖而入者,亦悖而出。"这一段文章非常白话,本来不需再加讨论。但是,为了在座的几位年轻同学是从现代白话教育起步,使我又回想到我自己读这一段文字的时候,还在童年,距离现在已有半个世纪以上，当时似懂非懂不敢多问。如果啰唆多问，老师会说，好好背熟它，将来你就会懂。当然，听来很闷气，不是生气，因年轻还不懂生大气呢！将来懂得，真是莫名其妙！心想，恐怕老师他自己还没有完全懂吧！可是几十年后，真的反而觉得那个老师真高明，好在没有点破我。如果那个时候，他教我懂得了文字，也许永远只是做个"浮沉宦海如鸥鸟，生死书丛似蠹鱼"而已。这是要有人生多方面的经验，而且还要配合数十年的做人做事，才渐渐地一层一层深入，才算真懂了。学文哲和文史，也同学自然科学一样，没有走进实验室去实习，永远不会有新发现，永远不会有发明的。

话说这段文章，它是在古往历史上，评论一朝一代创业建国者的经验和成功失败的大原则，同时也是一个人要做任何一种事业的成功和失败的共通原理。一字千金，真不愧是孔门贤哲弟子的名言。他首先提出"道得众则得国，失众则失国"之道，这个"道"字是一条不可变易的大原则之道，并非是说话之"道"。不过，你如把它当作要说话之先的"说道"，也勉强可以。总之，他说，要想创业建国，唯一的条件，需要有人民群众的归心拥护。有人民群众才能得国；相反的，失掉民心就会失国。但怎样才能得到人民的归向呢？答案："是故君子先慎乎德"。"是故"是古代语言的习惯，便是现代常说的"所以"。这是说，你想要创业建国，或是你想做任何一件事业，必须要具备先得"人和"。你想要人心归向，或是个人想要有朋友相助，必须先要从自己"立德"开始。如果自己做人，态度、言语、思想等行为，处处"缺德"，一切就免谈了！不过，一个"德"字，涵义太多太广太深，真是一言难尽，说不完的，不是随随便便说一句"道德"就对了。所以"大学之道，在明明德"，一直说到这里，仍然还都在"德"字的范围里打转呢！明白这个道理，自可了解下文所说的推理：有德，才有人众；有了人众，就会有土地；有了土地，就会有财货；有了财货，当然就能兴起种种妙用了。尤其是一个国家，就是人民、土地、财货三个因素的综合凝聚，然后构成一种总动力的共同经营，那便是后世所说的"政治"和"治权"的内容了。其实，一个人家也是一样，先由男女两个人结合在一起，共同辛苦经营，然后才成为一个家庭。至于现代人的创业，无论是工商事业、金融事业或社团事业，也都不外乎此理。

但他特别慎重地提出注意，任何创业成功的基本条件，在于个人的"行为道德"，也就是包括心理行为和处事行为两种的综合。所以说，"德者，本也。财者，末也。"这个"末"字，不是说财是没有用的意思。这是说，一个人自己的道德行为是根本，财货是由根本所发展产生的枝末。换言之，德行犹如树根，财货犹如树的枝叶。树根不牢固，枝叶是不会茂盛的。因此，他便说："外本内末，争民施夺。"如果你不愿在自己内在的根本德行上建立，只想争取向外的财货，那就必然会有人来和你争夺权利。所以在争取人和，与争取财货两者之间的妙用上，曾子就特别提出一个道理，即"是故财聚则民散，财散则民聚。"那是万古不易的名言，也是人类生存和生活上的大原则。赚钱难，聚财难。但是用钱更难，散财更不易。能够赚钱聚财，又能够善于用钱和散财的，必然是人中豪杰，不是一般常人所能及的。至于死守财富和乱散钱财，当然是一般社会人群中常有的两种典型。

当政者特别要注意一言一行

最后，曾子又特别慎重地提出对于有志于"治国平天下"者，言论和财货两者的反应作用，也可以说是因果律的法则。

"是故言悖而出者，亦悖而入。货悖而入者，亦悖而出。"第一，他为什么在这里又要涉及到言语方面的事呢？而且他所说的言语，又是指哪种说法呢？答案：是指关于言语的"德行"，也就是平常所称的"口德"。言语，是内心思维意识的表达，如俗话所说："欲知心腹事，但听口中言。"一个人的善恶行为，在外表的是整个人身的行动，在内在的是意识思维。但这两者之间，对外表达作用的，便是言语。"唯口出好兴戎"，善言是德行，恶言是祸患，又如俗话所说的"祸从口出，病从口入"，都是同一道理。但是这还只是从一个人的立场而说，如果是身负国家天下之责的人，那就更严重了，他的一言一行，动辄会影响全民的。所以中国传统文化，在两千多年的帝王制度里，有形无形具有监视帝王作用的，便是"史官"。"左史"记行，"右史"记言。虽然后世有今不如古的趋势，被改称为皇帝的"起居注"，但还是相当严格。在那些不敢记，而又不敢不记的字里行间，还可以看出一些究竟的。

总之，曾子在这里提出言语的因果作用，也是很有深意，我们为了曾子是周朝末期的人，应当还是先从周朝的史料中去了解，就比较切近。首先，我们且看周文王临终的时候，对他儿子周武王所说的话，如史料所载：

西伯（文王）寝疾，谓世子（武王）曰："见善勿怠（看到应该做的善事，不能偷懒不做），时至勿疑（凡事要把握机会），去非勿处（过去曾经有错误的事，快改，切勿流连）。此三者，道之所止也。"世子再拜（听完了，叩了两三个头）受教。

周文王死后十二年，"是时诸侯皆畔（同叛）殷归周，不期

（事先没有约定时间）而会盟（孟）津者八百。皆曰：纣可伐矣。王（周武王）曰：汝未知天命，未可也。乃引师还"。有人向殷纣王报告这些情形，纣便说："我生不有命在天（我的生命不就是有上天来安排的吗）。"完全不听别人的劝谏。

看了历史上所记载的故事，由周文王开始教诫儿子的三句话，除了勉励武王努力为善以外，特别重要的一句，便是"时至勿疑"。至于怎样才能"知时""知量"，什么时候才是真的"时至"，那就完全是"物格知至"的智慧之学的境界，既需天才，还要力学才行。到了第二年，周武王就正式出兵革命，伐纣而建立周朝的天下了。但是周武王姬发与殷王纣辛，同样地都说到天命，史书记载也很清楚，他们语气的不同点在哪里呢？应当"慎思、明辨"清楚，就可以了解"言悖而出者，亦悖而入"的道理。

除此以外，大家都喜欢读《史记》的刘邦和项羽的本纪。我也曾经说过，你只要看他们两个，都同样亲自见到秦始皇出巡的排场。但项羽便说："彼可取而代之（可以把他拿下来，由我来替他吧）！"刘邦也说："大丈夫当如是也（做人应当做到这样，才算是大丈夫呢）！"同样的心思，同样的话，两个人的语气所代表的"心理行为"形态，完全不同。结果，项羽的事业，毕竟还是被刘邦"取而代之"了！

再举个例来说，当赵匡胤在陈桥兵变，黄袍加身做了宋朝的开国皇帝以后，再三要出兵收拾在江南的李后主。最后，李后主急了，派了一位大文豪的大使徐铉去宋朝，问赵匡胤说："南朝对北宋非常听话，又随时进贡，有什么不对，你非出兵不可吗？"赵匡胤也被他逼急了，便说："卧榻之侧，岂容他人鼾睡。"这是说，我要好好地在床上睡觉，但在我的身边，还有一个人在睡，而且还大声打鼾，我当然受不了啊！话说得很简单明了，没有什么其他的理由就是理由。这真是古今中外，一切想当英雄人物共同的心声。

我看历史，每次想起赵匡胤的话，什么理由都没有了，只好付之一笑。因为由赵匡胤开始，三百年的赵宋天下，都是吃软不吃硬的局面。他当时对南唐说出这样的话，但在黄河以北的燕云十六州，岂不是正有人在卧榻之侧大声鼾睡吗？为什么不率领南唐，一起来先赶走北榻旁边的睡汉呢！不过，到了南宋时期，那个疯狂的金主完颜亮，一定要出兵打南宋，他作的诗也说：

万里车书尽混同　　江南岂有别疆封
提兵百万西湖上　　立马吴山第一峰

这首诗起头第一二句，同赵匡胤的卧榻旁边，再也不准别人打鼾睡觉，岂不是同样的"言悖而出，亦悖而入"吗？但完颜亮遭遇到南宋一位书卷名臣虞允文所指挥的"采石之战"，就彻底失败，终至国破身亡了。其实，我这样说，也许是胡乱挑剔，牵强附会，也只可付之一笑而已。但话说回来，在《大学》上，在这里忽然插进言语的悖出悖入的话，还不算是太关键的重点。也可以说，只是做文章的对衬而已。他的重要主旨，是在下一句的第二个问题："货悖而入者，亦悖而出"。

"财""货"的原义

我们研究周秦以前的中国文化，最要紧的，先要把自己的思想观念，时光倒流，回到上古传统文化所使用的文字上去，这样才知道古人简单的一个"货"字，是包括了现代人所说的物质资源，乃至一切农工商业等产品。凡属于经济学范围的东西，统名叫"货"。但有的古书上,又把"货""财"两字合用,也有和农业生产的粮食合用,称为"食货"的。如果随便一读,便很容易使人在意识分别上,混淆过去。其实,"财"字是指"财富",是包括农工商业所得的"物资",和代表"货物"互相"贸易"交流与币贝等的总和统称。例如本节上文的"财聚民散,财散民聚",是用"财"字。到了本文末节所用,便换了"货"字,都是很有深意,不是随便用字的。

人类的"财富",基本上都是由自然界的"物资"而来的,是绝对"唯物"的。那么,他在讲"治国平天下"之道,为什么先前已经说到了"财富",现在又怎么再提出物质资源的"货物"观念上去呢?答案很简单,因为人性的最大的欲望,除了生命基本所需求的"饮食男女"以外,就是"好货"。这就是人性普遍存在的占有欲,基本病根最重要的一环。如果照后世的社会科学来讲,换了一个名称,就叫做"利"字。例如世人常用的"名利"二字,"名"就包含有权位、权力、权势、权威等。"利"就包括了货物、财币、钱财等。我们只要明白了这些意思以后,便可恍然明了先贤们把上古史,姑且裁定到夏、商、周三代以前,因为进入封建时代家天下帝王制度形成,经四千余年之久,王侯将相和所有的帝王,都是把天下国家当作货物在玩弄,巧取豪夺,又有几个是以"济世救民"存心的呢?尤其在秦、汉以后,那些开国帝王的目标,都是以"贵为天子,富有四海"作为目的,谁又真能"明明德"而做到"治国平天下"呢?

刘邦、李渊、朱元璋的老实话

在历代的历史记载上,你可以看到有三个人物说了老实话,真不失其为英雄本色了。一个是刘邦;一个是李世民的父亲李渊;另一个是朱元璋。

如《史记》所载,当刘邦做了汉朝的开国皇帝以后,志得意满。有一天,对他的父亲(太公)说:"始大人常以臣无赖,不能治产业,不如仲力。今某之业所就,孰为仲多?"这是说,当年你在家里,常常说我是个无赖,不会谋生赚钱置产业,不如兄弟的勤力。现在你看看,我的产业成就,比起兄弟,是哪个赚得多呢?刘邦的出身、文化教育水平到底太差,当了皇帝以后,仍然是当年一副无赖的作风和口气,居然在老父面前傲然自满,而且很坦率地说出这个国家天下,统统是我赚来的刘家产业财货,打天下的功臣们,都只是我刘家的猎狗而已(他明说功臣们犹如功狗)。至于天下老百姓们,都是逐鹿中原所得来的猎物,那当然都不在话下了。所以说这是刘邦讲的真话。

到了隋末,太原公子李世民设计逼促他父亲李渊起兵造反,李渊胆小,但为形势所迫,也不得不冒险一搏了。李渊在不得已的情况下对李世民说:"破家亡躯亦由汝,化家为国亦由汝矣。"这是明说造反不成功,我们李家家破人亡,罪孽都由你而起;如果成功,把天下国家变成了李家的产业财货,也是由你一手所造成。哪里是有半点"解民倒悬于水火之中"的诚心呢?所以这也是真话。

至于朱元璋当了朱明开国的皇帝以后,有一天,在深宫内院,和马皇后一起,两口子闲谈,一时高兴,朱元璋便说:"当初起兵,还不是为了饥寒所迫,没有饭吃,哪里料到今天,居然做起皇帝称天子呢!"他说完出去,马皇后立刻嘱咐站在旁边的两个太监说:"皇帝马上就回宫,你们要从此以后,一个装聋,一个装哑,不然就没有命了。"因为马皇后仁慈贤德,她知道朱元璋个性忌刻,一想刚才和皇后的谈话,给旁边的小太监们听了传出去,太不光彩了,一定会马上回宫追问,动辄杀人的。果然不出所料，朱元璋又匆匆返转内宫，查问这两个太监，终因一聋一哑，总算格外开恩，放过不杀了。史称马皇后的仁慈德行，诸如此类的不少。但在正史上记载的并不多，在明人笔记上，反而保存一些资料。

古人说："人间莫若修行好，世上无如吃饭难。"又说："美人卖笑千金易，壮士穷途一饭难。"俗话说的"一钱迫死英雄汉""人是衣服马是鞍，金钱就是英雄胆"，等等，都是很平实坦白地说明"食"和"货"，确是人类基本需求、不可或少的东西。但从人类文化的人生哲学角度来讲，"名、利、财、货""富贵功名"，"权位金钱"，都只是在生存、生活上，一时一地的应用条件而已。它的本身，只能作为临时临事所需要支配的机制，根本上，它都非你之所有，只是一时一处归于你之所属，偶尔拥有支配它的权利而已，并非究竟是归于你的所有。因为你的生命也和"功名富贵"那些现象一样，只是暂时偶然的存在，并非永恒不变的永生。可惜那些大如开国的帝王们，小如一个平民老百姓，大都不明白"货悖而入者，亦悖而出"的因果法则，都以为那是我所取得的，而且千秋万代都应统属于我的所有。谁知恰恰相反，翻而变成后世说故事的话柄，惹得人们的悲欢感叹而已。如果能够在这个利害关头，看得破，想得开，拿得稳，放得下的，就必须先要有"知止而后有定"，乃至于"虑而后能得"的平素涵养功夫。尤其对于"物格""知至"的道理，是关于"内明""外用"的锁钥，更须明白，然后才能起用在"亲民"的大用上，完成"诚意、正心、修身、齐家、治国、平天下"的功德。

四七、上台容易下台难

阿斗与孙皓的对比
刘毅大胆直言

从前面所说"货悖而入者，亦悖而出"的观点，简略借用过去那些"家天下"大小王朝前因后果的故事，作为"悖入悖出"的参考资料。周秦以前暂且不论，但从秦汉时期说起。我们根据历史，且看所谓汉高祖的刘邦，以一布衣平民，因为社会时势演变的趋势，醉提三尺剑，乘时而起，比项羽等人先入关中。那时秦始皇的二世，已经被太监赵高杀害，再立秦二世的兄子"子婴"为秦王。等到刘邦军临灞上，秦廷上下知道大势已去，就由子婴"素车白马"，头颈挂着皇帝的印绶，捧着皇帝的符玺，在轵道旁请求投降。"诸将请诛（杀）之"。沛公刘邦说："始（楚）怀王遣我，固以能宽容。且人已降，杀之不祥。"乃以属吏（就把子婴交给部下来看管）。自己再入咸阳（秦廷首都），"与父老约法三章"，除秦苛政，还军灞上。这段历史，大家都很清楚。后来项羽到了咸阳，才杀掉子婴，放火烧了秦廷宫室和阿房宫。

由此可见，西汉刘邦比起项羽等人，起事时的确宽容仁厚得多。后来刘家汉朝的天下，好好坏坏经过四百余年后，被曹操的儿子曹丕篡位而灭亡。总算曹丕父子，还是很有风度，并没有把刘汉最后一个皇帝汉献帝刘协置于死地。曹丕便以新朝皇帝自尊，封刘协为"山阳公"，让他安然活到五十四岁。

但在西蜀，还有刘家一支后裔，便是刘备及其儿子刘禅

（阿斗），还在诸葛亮的辅佐之下，在成都称帝。等到诸葛丞相六出祁山，身死以后，阿斗支撑不住，就投降了曹魏，也被封为"安乐公"。阿斗果然一生有福，得到安乐的晚年。

阿斗与孙皓的对比

其实，这个时候曹魏天下的气数也快要完了。促使西蜀投降的是在曹魏的权臣司马昭手里的事。刘禅（阿斗）投降以后，还曾经发生过历史上最有名的趣事，看来比起西汉高祖刘邦当年的豁达大度还要豁达。我想大家都知道，不过，再讲一次轻松一下也好。

刘禅投降以后，"举家迁洛阳，大臣无从行者，惟秘书令郤正及殿中督张通，舍妻子，单身从行。"他在魏国被封为安乐公，有一天，曹魏宫廷公宴，演四川戏，人看了都很伤感，但是阿斗却嬉笑自若。司马昭看了，就对贾充说："人之无情，乃至于是。虽使诸葛亮在，不能辅之久全，况姜维耶！"

有一天，司马昭又问阿斗说："颇思蜀否？"阿斗说："此间乐，不思蜀。"郤正知道了，便对阿斗说："若王（指司马昭）复问，宜泣而答曰：'先人坟墓，远在岷蜀，乃心西悲，无日不思。'因闭其目。"果然，有一天，司马昭又问他想西蜀吗？阿斗便照郤正所教的演答一番。司马昭听了说：你今天怎么和郤正讲得一样的话？阿斗听了，就很惊奇地说："诚如尊命。"这等于说，你都说对了，正是郤正教我要这样讲才对啊！惹得左右人等都哈哈大笑不止了。

读了汉魏之间的历史，看来古人所说"天道好还"的话，确是一点不差。有关刘汉末代降王，如刘协、刘禅的结局，就好像刘邦初到灞上不杀子婴一样，总算自然很公平地还他一个仁厚的结案。

讲到这里，顺便一提三国时代的结束。东吴孙权的后人孙皓，被晋室司马炎所败。孙皓也和刘禅一样，投降晋朝，被封为"归命侯"，两年后自然死亡，司马氏并没有使他受辱受罪。这正如孙秀所说："昔讨逆弱冠（东吴孙权的父亲孙坚，还只是二十多岁的少年时，汉末与曹操等举兵共讨黄巾），以一校尉创业。今后主举江南而弃之，悠悠苍天，此何人哉！"但当晋主司马炎接见孙皓时，便对他说："朕设此座以待卿久矣！"孙皓便说："臣于南方，亦设此座以待陛下。"这个对话，完全不同于刘禅的假糊涂真圆滑。孙皓表现得也真有骨气。晋室的权臣贾充又问他："闻君在南方，凿人目，剥人面，此等何刑也？"孙皓就说："人臣有弑其君，及奸回不忠者，则加此刑耳！"贾充反而被他弄得很惭愧，没有面子。因为他是帮司马炎谋杀曹魏后主曹髦的主犯，所以孙皓对他很不客气。孙皓这种性格，充分代表东吴孙氏后裔"南方之强也，强哉矫"的表现。但孙氏几代，数十年来雄踞东吴，除了割据封疆，拥兵自重，北拒曹魏，西抗蜀汉外，也并无太多的大过，有此结局也算是很好了。

从秦汉以后，把天下国家完全看作家天下的财货，所谓政权，只是为家天下财货经营管理机构而已。这种现象，到了魏晋一百年间，更为显著。因此，当曹操培养的儿子曹丕（文帝）篡汉践位以后，短短做了七年的皇帝便死了。由他的儿子曹叡（明帝）继位，做了十三年的皇帝也就死了。但在这二十年的曹魏政权中心，早已隐伏着另一个专以阴谋起家的家族——司马懿父子、兄弟、叔侄的集团，又要取曹魏的政权而代之，变成司马氏的家天下了。所以当曹叡死后，便由他的养子曹芳继位，勉勉强强维持了十四年的"五马同槽"的曹氏王朝局面，弄得曹芳忍无可忍，谋划除去司马氏。因此，司马昭干脆地废了他，另立了曹丕的孙子曹髦，也只做了六年的傀儡皇帝，他说："司马昭之心，路人皆知。"率领左右进攻，被司马昭的手下杀死。再另立曹操的孙子曹奂，做了六年有名无实的皇帝，就被司马炎彻底废黜，封为陈留王了事。从此便变成晋武帝司马炎的晋朝天下了。算来曹氏祖孙三代，先后只占有权位四十六年，所谓"货悖而入者，亦悖而出"，是丝毫不差的。

刘毅大胆直言

司马炎篡践曹魏的政权，史称为西晋王朝的开始，也便是历史上另一场滑稽悲剧的开锣。司马炎本来便是司马氏的权力世家子弟，深受家族的阴谋教养，所以他由父亲的余荫，顺手牵羊做了晋世祖的武帝，便志得意满，亲祀南郊。在拜天的时候，就问身边的司隶校尉（监督京师及周边的官员及治安的监察官）刘毅说："朕可方（比）汉何帝？"刘毅就干脆地说："桓、灵"（东汉末期两个败家的昏君）。司马炎听了说："何至于此？"刘毅说："桓、灵卖官钱入官库（归入政府），陛下卖官钱入私门（收进自己的家里去）。以此言之。殆不如也。"这是说，你还比不上汉桓帝和汉灵帝呢！司马炎听了，大笑说："桓、灵不闻此言。今朕有直臣，固为胜之。"但他的好色，比起秦始皇、隋炀帝也差不了多少。他选了东吴伎妾五千人入宫，服侍他个人的宫女太监，差不多也有一万人。因为女色太多，难分专宠，便"常乘羊车，恣其（放任它）所之（它走到哪里），至便宴寝（就留宿在那个宫女的宫中），饮酒作乐。"因此，"宫人竞以竹叶插户，盐汁洒地，以引帝车（引来司马炎所乘羊车）。"他这样经常"日事游宴"，当然就"怠于政事"，不管国家的正事了！

所以西晋初期的司马氏家天下的政治权力中心，实际又操在权臣贾充等一般佞人的手里。但他也算享受了"身为天子，富有四海"的皇帝之福二十五年，便由他的痴呆儿子司马衷继位。后世嘲笑叫"蛤蟆皇帝"的晋惠帝，就是这位活宝。他的皇后是贾充的女儿，也是在晋史上最富有丑闻的贾皇后。她生得"丑而短黑，妒忌多权诈"，但又极其浪漫淫荡。可是这个痴呆皇帝司马衷，反是"嬖而畏之"，因此，晋室王朝本身早已乱七八糟，不足以领导天下了。但在这样家天下的皇室情况之下，痴呆皇帝也享受了糊里糊涂的帝王生活十七年之久，真是奇福奇事。可是历史与政治，冥冥中始终有一个无形的规律在仲裁着它的善恶是非，不管你有怎样的权谋智巧，毕竟是逃不出这个因果定律。这也就是曾子所说"货悖而入者，亦悖而出"的报应原则。

当司马炎父子皇帝四十二年之后，司马氏的家天下，内有"八王之乱"，外有"五胡乱华"的开始。继位的司马炎儿子司马炽（晋怀帝），做了四年的倒楣皇帝，便被"五胡乱华"之首的北汉王刘渊的儿子刘聪俘虏。当刘聪宴会群臣，便使这个晋朝的皇帝司马炽"青衣行酒"（穿着青色的侍从衣服，出来为大家倒酒）。这样加以侮辱，他还算是留着故人的情面呢！但最后还是被刘聪所杀。

接着便是司马炎的孙子司马邺继位（晋愍帝），也只做了四年傀儡皇帝，又被刘聪俘虏，而且也照对待晋怀帝的待遇一样，更降一等，当刘聪出巡的时候，便要这个晋朝投降来的皇帝，充当"车骑将军，执戟前导"。见者指之曰："此故长安天子也。""故老有泣下者。"但这样还不算了事，刘聪又当宴会群臣的时候，再命令他"行酒洗爵，已而又使执盖。晋臣涕泣有失声者。尚书郎辛宾起，抱帝（司马邺）大哭"。刘聪就干脆杀了这对君臣了事。

这便是由司马氏阴谋篡夺了曹魏四十六年的家天下，改称为晋朝以后，经过祖父孙三代皇帝，总共起来也只有五十二年的西晋天下。但是身后子孙"悖入悖出"的情况，比起曹魏的结局，不但萧条，甚至更为凄惨。至于对国家天下人民来说，既不能"修身、齐家"，更谈不上有"治国、平天下"的丝毫功德。然而综合两晋（西晋和东晋）司马氏的家天下，却也拖拖拉拉了一百五十六年之久。这个问题中间的关键，究竟是什么原因？实在也是一个最有意义、最有趣味的历史文化演变的大问题。但不想拉杂在《大学》的研究中来讲，姑且暂不讨论，不然，就又成为一个历史哲学上的专论大问题，不是一朝一夕就可匆匆讲得完的。

四八、魏晋南北朝的时代

要了解当时的三个关键问题
「胡」「华」民族的混和
胡汉文化的另一面
石勒与佛图澄的故事
苻坚见不到鸠摩罗什
儒家沉寂、佛家昌盛的时代

不过，在我们传统的历史上，所谓魏晋南北朝的时代，先后总共有三百七八十年之久的时期，每一个短短年代的家天下的皇室政权，每一个匆匆上台、急急忙忙下台的帝王人物，实在正如《红楼梦》所唱的："乱哄哄，你方唱罢我登场，反认他乡做故乡"，看来真是可悲可叹。同时，也可以说这一段的历史，比起春秋战国的三四百年间的故事，更为紊乱和黑暗。但我们从中华民族和中华历史文化的角度来看，那就立场不同，观点也不一样。例如照旧史的文化哲学的观念来讲，都说魏晋时代的历史文化，是误在知识分子的士大夫们，由于这些人们太偏向于注重《易经》《老子》《庄子》的"三玄之学"，以至于"清谈误国"，招致"五胡乱华"，形成了东晋南渡以后的南北朝格局。其实，这样论断也未必尽然。我们现在要讲这个阶段的历史，却有三个最重要的关键，需要另加理解。

要了解当时的三个关键问题

一、是魏晋以来，文官政治体制的形成。

所谓魏晋时期的知识分子士大夫们，已经养成轻视家天下的皇室统治，把从汉朝开始的"选举"精神，渐渐结合成儒、道、法三家的政治思想，形成了文人政府的治权，开始建立了一套政治管理学的人事体制，成为后世文官政治"铨叙"人事的先声。家天下的皇帝归皇帝，读书的士大夫们归士大夫，完全不理会皇室的权威，自然有他超然于政治权力以外的本身的地位。所谓"清谈""三玄之学"和研究新近由印度输入的佛学，只是文化教育上的一种潮流，一种轻视皇权的反动，反映士大夫们另一种不同意现实政治的风格而已。

这种情况，最初是由曹操父子开其风气之先，当曹操开始建立曹魏政权的时候，一面注重法治，一面又特别奖赏聪明才智和文学才华的名士，但又不太要求他们的操守。所以到了魏明帝曹叡阶段，虽然名儒有如陈实、陈群、王祥、贾逵等人，但是新进少年学者如何晏、王弼，乃至如史称"竹林七贤"等辈，都是一代俊秀，名重当时，但又多是轻视世事，浮夸自负的青年名士。因此，曹叡要建立另一种人事制度的考核办法，来替代"选举"用人。如史称：

> 魏主叡深疾浮华之士，诏吏部尚书卢毓曰："选举勿取有名，名如画地作饼，不可啖也。"毓对曰："名，不足以致异人，而可以得常士。常士畏教慕善，然后有名，非所以当疾也。今考绩之法废，而以毁誉为进退，故真伪浑杂，虚实相蒙。"

曹叡同意他的建议，就诏散骑常侍刘劭，作都官考试法七十二条。然而经过朝廷（政府）会议，迟迟没有通过，结果也就没有实行。可是刘劭却因此著了一部《人物志》，开启后世人事管理学的先河。

其实，在这以前，由陈群在曹魏时期所创建的"九品中正"的人事制度，配合当时从两汉以来以"孝道治天下"的宗法社会的儒术精神，不但早已实行于魏晋的时代，也影响后世，使选举人才的制度法久弊深，完全被名门望族所垄断，形成两晋和南朝六代之间的门第、门阀风气。正如晋初尚书左仆射刘毅所痛恶的"上品无寒门（所谓上流社会，没有一个是贫寒出身的平民子弟），下品无世族（所谓基层干部，没有一个是权势家族出身的子弟）"。其实，刘毅这篇有关用人行政的谏疏文章，直到今天，无论是哪种政党、政见的民主时代，也应当好好仔细研读，作为民主选举制度精神之参考。

二、是世家门第的学术官僚，形成知识分子读书人的士大夫集团。

这种风气，从魏晋开始，直到南北朝的两三百年时期，成为社会默认的当然情形，并无一个有力者毅然出来鼎革这个时代的弊病。也正如曹魏时代的阮籍所感叹的"时无英雄，徒使竖子成名"。其原因是由于传布学术知识的书本，都靠手写传抄的私家藏书，并不普及。文化教育也不发达，政府与社会，都没有设立学校的风气。尤其是一般社会，丧失了自古以来"文武合一"的教育子弟的精神。一般上层社会，也只以读书成名，便算是品行端正的标准。因此而使学术知识，只能出于世家权门，形成门第、宗族的士大夫群的权威集团，左右把持皇室的政权，牢不可破。当"五胡乱华"开始，西晋皇室没落，由群臣拥立司马懿的曾孙司马睿南渡称帝（晋元帝），从此定都建康（南京），为东晋的开始。但司马睿和他的儿子司马绍（晋明帝），虽然南渡以后先后两朝称帝，事实上也等于是一个傀儡皇室，父子皇帝只有八九年时间，都在忧患中死去。

后来东晋王朝，虽然再经九个皇帝，共有一百零四年的时间，但政权仍然操纵在王、谢等势族手中。前如王敦、王导，后如谢安、谢玄等王、谢权门，都是"世家望族"出身的子弟。

他们坐以论道，谈玄说妙，大多是文（学）哲（学）不分的高手。即使如谢安、谢玄叔侄一样，总算领导指挥了一次在历史上有名的"淝水之战"，打了胜仗，但在指挥打仗的场面中，仍然还不离名士风流的风格，模仿三国时期的诸葛亮，纶冠羽扇，潇洒自如。犹如西晋初期，与东吴的陆抗互相敌守长江两岸的羊祜（叔子）一样，"轻裘缓带"，依然不失其雍容悠雅的风姿。这种士大夫们的作风，在政府或上层社会之间，只要读刘义庆所辑的《世说新语》一书，就可大概了解当时的一般情形了。

　　简单地讲，由东晋开始，士大夫们的文人学术官僚集团的风气，一直沿袭到"南朝六代"（宋、齐、梁、陈、隋），俨然如牢不可破的堡垒，纵然是当时一代当国的帝王，也对此无能为力，只好向这种现实低头将就。这是确实值得注意的历史经验上的一面"风月宝鉴"。现在且让我们举一个历史的故事来做说明。例如，在南朝萧道成篡位称为齐帝的时候，他的中书舍人（等于皇室办公室的主任）纪僧真，"得幸于齐主（萧道成）"，"容表有士风"（外表很像一个有学识的读书人）。

　　　　请于齐主曰："臣出自武吏，荣阶至此（我从行伍出身，官做到这个阶层），无复所须（别的也没有什么要求了），唯就陛下乞做士大夫（希望皇上给我一个士大夫的荣誉）。"齐主（萧道成）曰："此由江斅、谢瀹（这两人是当时的名士而兼名臣），可自诣之（你自己去找他们商量吧）。"僧真诣斅，登榻坐定（刚刚坐到客座的椅子上）。斅顾左右曰："移吾床远客（江斅就对旁边侍候的人说：把我的椅子移开远一点，不要靠近这个贵客）。"僧真气丧而退（弄得他很没有面子，只好回来）。告齐主曰："士大夫故非天子所命（我现在才明白，士大夫这个头衔，就算是当今皇帝天子下命令，也是办不到的）。"

你只要读了历史上这个故事，再来对照一下我刚提过的《世说新语》，便可知道魏晋南北朝之间的读书人、知识分子的傲慢和自负的酸味，有多么的可畏和可悲啊！这种情形，直到唐朝才开始改变。所以唐代诗人刘禹锡，对南朝六代的首都南京，便有针对这种历史情形的《怀古》之作了！如：

朱雀桥边野草花　乌衣巷口夕阳斜
旧时王谢堂前燕　飞入寻常百姓家

以及：

山围故国周遭在　潮打空城寂寞回
淮水东边旧时月　夜深还过女墙来

三、旧史所称魏晋南北朝之间一百余年的"五胡乱华"局面，几乎与西晋、东晋的朝代相终始。

这个历史上的旧问题，是中国由秦汉以来，直到隋唐之际，大约有一千年左右的大事。实际上，是中华民族容纳接受"西陲"和"北疆"各个民族归服内地，融入"华夏"民族的阵营以后，因历代的帝王朝廷（政府），并没有加以深厚的文化教育，因而引发种族文明的冲突，形成"中华文化"的"内外之争""南北之争"，促使在隋唐以后中华民族大结合的大事。只是大家研读历史，容易简略轻忽过去，没有特别注意这是历来中国边疆政治的重要问题，和华北与西域多种少数民族的生存矛盾问题。因此，历史惯例上只以固有的华夷之辨，和"胡汉"之争的习惯，就侊侗地称为"五胡乱华"了。

如果要彻底了解这个问题，必须先要从秦汉历史上的匈奴传记等开始，深切了解从中国的"北疆"，东起朝鲜，毗连俄罗斯的南境，直到内外蒙古、西伯利亚，再南回到古称"西域""西北边疆"的新疆、青藏等广阔边境的许多少数民族，和我们远古轩辕皇帝前后代的血缘关系，以及历来对待"治边"政策的是非。这的确是一个很严肃的历史文化的大问题。即使现在和将来，仍需要切实注意正视这类的大问题。只是我言之慎重，恐怕你们会当作我在狂言乱语，或认为是危言耸听，所以便只提到为止。

所谓"五胡乱华"之始，必须先要知道，早在西汉宣帝时代（公元前50年之间），匈奴呼韩邪单于已来归降，渐通内地。到了东汉光武帝时代（公元50年之间），匈奴南单于以及鲜卑族的归降内附，致使匈奴北单于又来恳乞"和亲"。汉光武帝的政策（战略），是以匈奴为屏藩来捍御匈奴，可以说是"以子之矛，攻子之盾"的代理防御、代理战争的上策，并使匈奴各族，愿意投降的移民内附，居住在云中、五原、朔方、北地、定襄、雁门、上谷、代等八郡（在内蒙、山西、陕西、河北境内），赐以粮食、牛羊、丝绸布匹等生存种殖物品，而且还派兵保护。到汉章帝时代（公元87年间），鲜卑人出击北匈奴大胜。因此"北庭"有五十八部，二十万人，胜兵八千，都来降服，加入云中、五原、朔方、北地等处居留。接着又在汉和帝时代（公元89年间），以及汉桓帝时代（公元158年间），乃至在汉献帝时代（公元216年间），有陆续来降、移民内附的，为数不少。

在这个时候，曹操初起，为追除袁绍的儿子——投奔乌桓的袁熙、袁尚，他就并击乌桓而破之，斩其首领蹋顿（据史称，是辽西乌桓的另一支）。跟着，他又把由汉光武时代开始入居西河郡（山西、陕西、甘肃一带）的匈奴等族分为五部，加以监护。这不能不说是曹操对匈奴等族移民内地的管理政策上，已较有先见之明。只是当时仍然缺乏加以文化教育的观念，以致造成后来各民族之间的文明冲突，实为憾事。

"胡""华"民族的混和

讲到这里必须要了解，在这个世界上的东、西文化不同的各个国家民族之间，早在公元以前，就能接纳外族归附移民，不记宿仇，没有种族歧视成见的，除了中华民族，可以说是绝无仅有了。因为中国文化本来有"王道治天下"的传统，以"民吾同胞""物吾与也"的仁义精神，才能做到。也可以说，中华民族的"华夏"文化，早已在公元以前就实行了人类大同的理念，早已泯除种族歧视的狭隘胸襟。例如以后的唐末五代，以及元朝和清朝的入主中国的历史事实，都是具有这种精神的作用。就以历史的事实为证明，中华民族从来不肯侵略他人，不是以强权当公理的民族。只有"忍辱谦让"，化解其他民族的非礼侵凌，加以感化而融归于整体"人道"之中。所以在公元500年之间，在南朝梁武帝的时代，印度佛教的禅宗达摩祖师，决定要"东渡"中国传法时，别人问他为什么一定要去中国，他说："震旦有大乘气象。"换言之，所谓大乘气象，就如佛说的"娑婆"世界中的中国，确然具有慈悲（仁义）的精神。"娑婆"是梵音，是说"难忍能忍"的"堪忍"的精神。

总之，由东汉光武帝到魏晋两百多年之间，以匈奴为代表的各种入居内地"河西八郡"的各民族，其中分子颇为复杂，事实上，早已是汉族血统大混合的时代。如加严谨的稽考，北部匈奴另一支没有入居中国的，后来就在欧洲建立匈牙利。丁灵另一支,与后来的俄罗斯的另一族。乌桓另一支,与后来的阿富汗有关。鲜卑,就是后世还居留在西域边疆的锡伯族。隋唐之间的突厥,与后来的土耳其很有关系。波斯就是后来的伊朗。大食就是当时的阿拉伯帝国。天竺就是印度。至于氐、羌、羯等少数民族,大部分都已汇合成后世居留在新疆、西藏(前藏和后藏)、青海等地的少数民族。史称"五胡"的,就是当时崛起而建国的匈奴、鲜卑、羯、氐、羌。先后称王称霸的十六国,计有前赵、后赵和四个国号为"燕"、五个国号为"凉"、三个国号为"秦"的政权,以及夏与成汉等十六国。其实,他们当时生活语言早已华夏、汉化,在基本文化上,也已学会了汉化的文字,只是在民族的性格上,仍然具有矫捷慓悍的习性。尤其他们看到汉末到魏晋之间的朝廷皇帝的政权,原来都是这样抢来抢去,并不行于正道。而且由司马氏的家族抢了曹家的天下以后,他们自己的家族,又闹兄弟争权的"八王之乱",互相残杀。平时所谓文化教育上的"道德仁义",原来都成为书本上的废话。那么,他们也认为自己早已是中国人,中原的天下,大家有份,因此而形成"起而代之"的乱源。同时,在魏晋时代,另一批知识分子士大夫们,也看不惯这些世族、门阀士大夫们的作风,干脆就加入汉化的新民族,即习惯称呼为"胡人"的范围,起而大干其逐鹿中原的美梦了。这样,才是史称"五胡乱华"的基本原因,事实上,可以说是"胡华混和",也并非过分。但在这个阶段的中间和结束,就形成"中华文化"另一章的大结合,变成北魏文化与南朝六代的大光彩了。

　　大家试想,如果我们也是生在当时外来入居内地的少数民族之中的一分子,由祖先辈从塞外的大沙漠和大草原进入中原以后,正如毛泽东的名词所说:"江山如此多娇,引无数英雄竞折腰。"谁又愿意再脱离中原,回到那大沙漠和大草原之间,终日与"天苍苍,野茫茫,风吹草低见牛羊"的环境为伴呢?况且过了沙漠,西去欧洲,正是罗马帝国强盛纷争的局面,要想去分一杯羹,决不可能。北有鞑靼的俄罗斯挡驾,东有朝鲜的海峡阻隔。此时晋室王朝又正好自失其鹿,身强力壮,再不起来逐鹿中原,更待何时,难道要他们真肯倾心于当时的新进文化,去学佛修行打坐吗?所谓"物必自腐,而后虫生""人必自侮,而后人侮之",这是千古不易的定律。魏晋南北朝五胡乱华的时代,便是这个情形所发生的历史事故。

胡汉文化的另一面

现在让我们简略地列举历史上几个事实,作为说明。

其一,正当司马炎称帝的西晋初期,也就是公元279年之间,鲜卑族的树机能(人名)攻陷凉州(陕、甘)边区。司马炎采用了王济的建议,就封匈奴族的刘渊为"左部帅"。其实,在这中间,历史的记载就早已说明"自汉、魏以来,羌、胡、鲜卑降者,多处之塞内诸部。其后数因忿恨,杀害长吏,渐为民患"。侍御史郭钦曾经疏奏说:

> 戎狄强犷,历古为患,宜及平吴之威,谋臣猛将之略,渐徙内郡杂胡于边地,峻四夷出入之防,明先王荒服之制。

司马炎不加理会。不到十年,改封刘渊为"北部都尉"。接着,又再加封为"匈奴五部大都督"(等于是统管五部胡人的总督),造成他后来自称"北汉王"的权势了。但刘渊本身,也自有他必然不能久居人下的条件。如史称:

刘渊，刘豹之子。幼而隽异（幼年的时候，已经不同于一般的儿童）。师事上党（山西德安府）崔游，博习经史。渊尝谓同门生曰："吾常耻随（汉初的随何）陆（汉初的陆贾）无武，绛（汉初的绛侯周勃）灌（汉初名将灌婴）无文。"于是，兼学武事。及长，猿臂善射，膂力过人，姿貌魁伟（又是文武全才）。

晋朝的名臣王浑、王济父子都很赏识他，所以极力推荐。而且刘渊的为人，又"轻财好施，倾心接物，五部豪杰，幽（现在的北京）冀（河北的真定沧州区域）名儒，多往归之。"这里根据历史所说的豪杰名儒，都是当时在民间的读书知识分子的士大夫，和一般民间社会上的豪强之士。因此，历史上便称他是"五胡乱华"之首的"北汉王"。后来俘虏晋怀帝、愍帝的"汉王"刘聪，都是他的后人。但是根据事实，刘渊父子，早已是汉化的胡人，并不能算初从境外入侵的外夷了。

石勒与佛图澄的故事

其二，在五胡十六国当中，最为骁勇好杀的后赵主石勒，也并非只是一个武夫。其实，他也早已具有汉化的文化底子。他一边笃信佛教，师事印度东来中土的第一佛教神僧佛图澄，同时又喜欢学习中国的历史文化，如史称：

赵主石勒谓徐光曰："朕可方自古何等主？"对曰："陛下神武谋略，过于汉高（祖）。"勒笑曰："人岂不自知，卿言太过。朕若遇高祖（刘邦），当北面事之，与韩（信）彭（越）比肩。若遇光武（刘秀），当并驱中原，未知鹿死谁手。大丈夫行事,宜磊磊落落,如日月皎然,终不效曹孟德(操)、司马仲达(懿),欺人孤儿寡妇,狐媚以取天下也。"

从他的这一段言论来看,的确也非等闲之辈。同时,也骂尽了历史上不以"功德"取天下的自命英雄们,确是千古名言。比起庄子所描写柳下惠的兄弟盗跖与孔子的对话,并无逊色,而且更是痛快淋漓。

石勒虽然并不勤学读书,但"好使诸生读书而听之。时以其意论古今得失,闻者悦服。尝使人读《汉书》,闻郦食其劝立六国后。惊曰:'此法当失,何以遂得天下。'及闻留侯(张良)谏,乃曰:'赖有此耳。'"

史称:"石勒,字世龙,上党(山西)武乡人。其(祖)先匈奴别部也(也早已是汉化的胡人)。年十四,至洛阳,倚笑上都门。王衍(晋室名臣)异之曰:胡雏声视有奇志,将为天下之患(王衍看到他,便说:这个年轻的胡人小伙子,他的说话声音和眼神,是胸怀异志的,将来会成为祸害天下苍生的人)。遣人收之(想派人去逮捕他),会勒已去。"石勒既为后赵主,施行暴政。因受佛图澄大和尚的教化,才渐回心纳谏向善。

这个时候,是佛法在魏晋之间正式进入中国的初期。一般从西域过来的高僧居士们,都是从事翻译佛经。晋室的名臣名士如王导、谢安等人,都是极力结交西域高贤,潜心佛学,等于十九世纪以来国内的上层社会,都倾心科学一样,风靡一时,但还未完全普及。可是在河西及关中的胡、汉各部,因为与西域较为接近,信奉的就比较内地为多。而佛图澄的到来,不大讲经说法,只以他本身的神迹示现佛法,又感化了后赵主石勒,佛教就大为人们所信奉了。

当时,在东晋的西域高士支道林,听到佛图澄在石勒身边,便说:"澄公其以季龙为鸥鸟耶!"支道林的意思是说:佛图澄把石勒当作飞禽走兽在调教吗?太危险了!果然,东晋的兵力曾经一度攻进淮泗,石勒就大发脾气说:我这样信佛,反而有敌寇来打我,太不灵了。佛图澄就对他说了一段神话:你的前身,只是一个商人,经过罽宾(当时的西域国名,现在印度的喀什米尔)寺,发心作大佛事,但在僧众中有六个得道的大罗汉,接受了你的供养,我也算是其中的一个。当时有一位大阿罗汉就说:这个商人,死后要投胎变鸡去受业报,再转身,便会在晋地称王。你今天也总算有了好报了。打仗,有胜有败,怎么又归罪到佛法有灵无灵呢!石勒听了神僧的话,倒很相信,又告诉佛图澄说,要不杀是很难做到的。佛图澄就说:"但杀不可滥,刑不可不恤耳!"不到十多年,佛图澄就对他说,我的寿命到头了,要向你辞行了。石勒就说:"大和尚遽弃我,国将有难乎?"佛图澄就对他说:

> 出生入死,道之常也。修短分定,无由增损。但道贵行全,德贵不怠。苟德行无玷,虽死如生。咸无焉,千岁尚何益哉!然有恨者,国家(指后赵石勒)存心佛理,建寺度僧,当蒙祉福(应当有好报)。而布政猛虐,赏罚交滥,特违圣教(你的政治行为又特别违背佛法),致国祚不延也(因此,你当国的寿命就不太长了)。

石勒听了,大哭一场,抬头看看佛图澄,已经安坐而逝了。可是不久,有一个出家人从甘肃过来说,自己亲眼看见佛图澄进了潼关。石勒听了,马上命令开棺验视,并没有遗体,只有一块石头。石勒一看,烦恼极了,就说:石是我的姓,大和尚埋掉我走了,这个国家还能长久吗?果然不久,石勒也就完了。根据神僧的传记说："佛图澄在关中，度化弟子数千万人。凡居其所，国人无敢向之涕唾。每相戒曰：莫起恶心，大和尚知汝。其道化感物，有如此者。大教（指佛教）东来，至澄而盛。"

我们讲到这里，主题仍在说明"五胡之乱"后赵石勒的时代，正当公元330年前后，也是罗马君士坦丁大帝迁都拜占庭的时期。这时正是魏晋以来，中国传统文化中的"王道"陵夷，儒家和道家的文化精神，也已濒临续绝，士大夫们的文人政治体制，犹如《诗经·小雅·巧言》六章所说："无拳无勇，职为乱阶"。因此汉化已久的"五胡"等种族，对于固有传统道德有关的"仁义礼智信"等，都视为空谈，不足重视。但从西域新兴传入中原的佛法，以"慈悲"为教，以戒"杀、盗、淫、妄、酒"的主旨，加上宗教神灵默佑的冠冕，反而都被胡、汉人等所接受。因此而形成隋唐以后儒释道三教的文化汇流，以及后世北魏佛教文明的兴盛，才有流传到现在的敦煌壁画，云冈、龙门石窟等文物的存留，供人景仰凭吊。这些都是历史的血泪累积而成，及佛慈悲润泽的结果，并非是离题太远，专门介绍佛法和神僧的故事。

苻坚见不到鸠摩罗什

其三，例如前秦的苻坚，据说他的先世是西戎的酋长，也不能完全算是境外迁入的胡人，旧史称他"雄武智略，尽有中原"。史称秦王苻坚鼎盛的时期，其武力霸权，已"东极沧海，西并龟兹（新疆省库车、沙雅二县之间），北尽沙漠，唯建康（东晋首都的南京）在外"。但最后以百万之众南伐东晋，为谢安、谢玄所败，自称"秦王"只有二十七年，寿命只有四十八岁。但他能重用隐居华阴的山东名士王猛，也就是曾经与东晋的权臣桓温见面，所谓"扪虱而谈当世之务，旁若无人"的奇士。王猛在临死之前，吩咐苻坚说："晋虽僻处江南，然正朔相承，上下相安，臣没之后，愿勿以晋为图。"

后来苻坚自负以百万之众，可以"投鞭断流"，决心南伐东晋。弄得宗室苻融没有办法，只好对他说："王景略（王猛字景略）一时英杰，陛下尝比之诸葛武侯（亮），独不记其临没之言乎！"苻坚还是不肯回心转意，终于一战而败，身死国亡，不出王猛之所料。

但是，苻坚也是倾心文化，对学者和高僧，都加以特别的礼遇，决不自以为是，轻视文化人士。他重用王猛，言听计从，尊如师礼。那时在襄阳的高僧道安法师，名重一时，是佛图澄的弟子，也就是后来南渡到庐山，建立净土宗念佛法门，影响中国千余年来各阶层社会的慧远法师的师父。道安法师的学问和德行，中外皆知，东晋朝野也很仰慕。在中国文化哲学史上所称的"襄阳高士"习凿齿来见道安法师，自称："四海习凿齿"，法师对说："弥天释道安"，便是这个故事。苻坚敬仰道安，曾经送他外国金饰佛像金缕结珠弥勒。法师每次讲经说法，便安设此像做证。但苻坚终于忍不住而攻打襄阳获胜，就亲自与道安法师见面，对左右的人说："吾以十万师取襄阳，得一人半耳。"左右问为谁？曰："安公一人，习凿齿半人也。"可是，苻坚南伐东晋，苻融请道安法师力劝，也终于不听。但他既得道安法师之后，又听说西域有高僧鸠摩罗什，道望推重一时，就又派大将吕光（字世明，河南洛阳人）率兵七万西征，要迎取鸠摩罗什东来中国。

吕光奉命西征，据说威服四十余个小国。到了龟兹，以武力威胁，龟兹国王无奈，只好出让高僧鸠摩罗什。但吕光得到鸠摩罗什，回到了姑臧（甘肃的武威），听说苻坚已死，他便收降了凉州牧（甘肃地方首长），先自称为"酒泉公"，后又自称"凉帝"。因此鸠摩罗什法师也在后凉吕光父子手里，被"凉"了十多年。这个时候，正是公元392年之际，欧洲的罗马正开始确定基督教为国教。

由于苻坚以霸权武力，派兵遣将远征西域，只为了迎取一位有道有学的高僧东来，实在是古今中外历史上，极为稀奇少有的事。同时，也可知后来佛学在中国的盛行，鸠摩罗什法师对中国文化哲学、文学上的深远影响，也是史无前例的重要事件。

十多年后，西戎羌族的姚兴，是后秦第二个皇帝，又派大将姚硕德伐后凉，迎请鸠摩罗什入长安，待为国师，安居于长安的"逍遥园"，翻译佛经三百余卷。门下弟子共襄译事的很多，据说从学的中国僧俗弟子有两三千人之多，而特别俊秀突出的有七八人。例如后来史称"生公说法"的道生，与著《物不迁论》《般若无知论》等哲学和科学上千古名文的僧肇，以及道融、僧睿等，各有著述。尤其他开创用梵文的拼音原理，为中国文字首创音韵字母的拼音反切方法，便是鸠摩罗什法师与他的中国弟子僧睿、惠观、惠严等的功劳。可惜法师在秦住世译经的时间只有九年，便已圆寂。算来世间的寿命并不太长，实在也是中国佛学文化的一大憾事。

但当苻秦与姚秦的两个时期，中国的道安法师与西来的鸠摩罗什法师的时代，关中（潼关以西）与洛阳等中原一带地区的第一流知识分子、优秀人才，因对于当时政权的悲观和厌倦，大都是脱离现实，跳出世网去出家学佛。不然，就去学神仙，做道士。因此也可以说东晋时期是"天下之言，不归于佛，即归于道"的时代。既如南渡以后，东晋王朝上下各阶层的社会人士也是如此，在位的权势名臣如王导、谢安等人，都与西域过来居住在江南的佛学名士支谦、支亮等人有密切交往。例如道安法师居襄阳的时期,东晋的孝武帝司马曜便赐以诏书说:"法师以道德照临天下,使大法流行,为苍生依赖,宜日食王公禄,所司以时资给。"但道安法师却固辞不受。而且当时兴起一种讲学论道的风格,所谓有学问有修养的人,手里都拿着鹿或马的尾巴所做的拂尘,表示有出尘离俗的风度,这在史料的称谓便是"手持拂尘,从事玄谈"的风气。事实上,这种习惯是从印度文化中婆罗门教手持拂尘所传布过来的形象,至今佛、道两门中还保有"持拂"的风规。

儒家沉寂、佛家昌盛的时代

总之,从魏晋南北朝以来,直到唐代开国之初的三百多年间,所谓儒家"孔孟之教""五经之学",非常沉寂,儒家典籍平常只是用作读书习字、求知识的普通教育课本而已。不像宋、明以后,不讲究孔孟之教,不合"儒宗道学"的人,就难以立足于朝廷,甚至在"士林"社会中,也会终身为人所轻视。但在东晋到南朝几代之间,由于关中、中原(佣侗地指长安、洛阳一带)的佛学昌盛,江南佛教寺庙林立,影响了当时各层社会,上至皇帝,下至贩夫走卒,个人所取的名字,很多用佛经上的菩萨、罗汉、那罗延等名词,由此可见当时佛学文化影响中国,是如何的普及。这好比现代二十世纪,人们喜欢取用西方的名字,如约翰、海伦等,乃至市面商店,也有以原子理发厅、原子冰淇淋店等作为招牌的,这同样是时代感染的常态,并不足为奇。

可是正如曾子所说的:"言悖而出者,亦悖而入。"到了公元440年间,北魏拓跋氏兴起,江北统一,南北朝对立的形势从此开始。北魏朝野后来也受佛教文化的影响,历代陆续建造佛寺三万余所，剃度出家僧尼达二百万之多，声势之隆，更过于"南朝四百八十寺，多少楼台烟雨中"的情况。但在500年之间，北魏的皇帝太武帝拓跋焘继位，因受笃信道教的大臣崔浩所影响，崇拜道士寇谦之，便做出使佛道两教教争的大事，也就是中国宗教史上，佛教受到所谓"三武一宗"之难的第一遭。同时，也是中国本有文化意识史上自相斗争的大事之一。

据史料所载："宣告诸镇将军刺史，诸有浮图（佛寺）形像及一切佛经，皆击破焚烧，沙门（出家人）无少长，悉坑之。"但"太子素好佛法，屡谏不听，乃缓宣诏书，使远近预闻之，得各为计。沙门多亡匿获免，收藏经像。唯塔庙在魏境者，无复孑遗。"

换言之，三万多幢佛寺都被摧毁了，也真是一场破坏性的壮举。但现在看来，也早已史有前例，不足为怪。况且从英国人凯恩斯的经济学说观点看来，"消费刺激生产"，没有伟大的破坏，哪有伟大的新生产呢！人类就是这样幼稚，经常做出许多无理取闹的事，赢得自我毁灭。

其实，早经古代学者的考证，北魏拓跋氏也是黄帝的子孙，"昌意"的后裔，受封北方的一支，居"大鲜卑山"，自以为号。故到北魏孝文帝时开始，"去胡衣冠，绝虏语，尊华风"，一律恢复学习汉化的文化习俗，迁都洛阳，改姓元氏。公元485年前后，还在南朝齐、梁之际，制定"禁同姓相婚法""定户籍法"及"公服制度"。而且更有意义的是，在那个时候，北魏就已开始实行"均田法"，也就是土地公平分配的政策，如果跟现在相比，他在一千五百年以前早已"前进"了。至于有关这个时代的佛学与佛教文明的兴盛和得失，宋代名儒而兼名臣的司马光，对于《魏书·释老志》所载便有一篇论文，也很有参考的价值。

总之，根据历史的经验，作为能够影响一个时代的领导人物，基本的见解和修养，确实需要《大学》的"知止而后有定，定而后能静，静而后能安，安而后能虑，虑而后能得"的心境，才能够做到利己利人，功在当世，济世安民，泽及万代的大业。

四九、南朝权位戏连场

刘准、萧衍、萧绎、陈叔宝的故事
杨坚、杨广父子的故事
谁能逃避无形的因果定律

在公元420年间，东晋末代完结。南朝开始第一代的宋高祖刘裕，由农民出身，幼年就长养于佛寺，所以小名"寄奴"，后来得到时势造英雄的机会，最后就干脆谋杀了在位二十二年的晋安帝司马德宗，又用毒药再杀了被他利用了两年的晋恭帝司马德文，自己就学习曹丕、司马炎的办法，照样画葫芦，篡位称帝，定国号为"宋"。但比起曹丕篡位不杀汉献帝，司马炎篡位也不过废除曹奂而已，刘裕的行为就不同了，南朝各代由篡位称帝，对于前朝的子孙"斩草除根"的先例，是由他开始。以后接着齐、梁、陈、隋，都是同样翻版，只是隋朝开国的隋文帝杨坚，在杀戮以外更加灭族，所以历史学家们便说隋朝皇权是必然不会长久的。

刘准、萧衍、萧绎、陈叔宝的故事

刘裕自己做了三年的皇帝便死了，经过子孙继位七个职业皇帝，一共只有六十年的刘宋天下，便又被权臣萧道成照样翻版篡位，就改"宋"为"齐"了。但当萧道成篡位称帝，创建齐朝的初期，先来废掉刘宋还只十四岁的幼主顺帝刘准时，刘准便收泪说："欲见杀乎？"那个奉萧道成命令而来的王敬则说："出居别宫耳！官家（对皇家的代名称）先取司马家亦如此也（指刘准的祖先刘裕篡位称宋帝时,迫害晋朝司马氏的后代,也就是现在这样做的)。"因此宋顺帝刘准,也便知道自己的下场了,就泣而弹指曰:"愿后身世世,勿复生帝王家。"最后,萧道成当然放不过他,不但杀了刘准,还灭了他的家属。

刘准所说"愿后身(生生)世世,勿复生帝王家"的话,足为千古滥用极权者的警语。而历史上有同样的痛苦,但有不同悲壮故事的,就是明末的怀宗朱由检——崇祯皇帝。他在国破家亡的时候,准备自杀上吊以前,召来他只有十五岁的女儿(公主),说了一句:"尔(你)何生我家?"就自己用左袖掩面,右手挥刀,斫杀公主,因为用力不准,只断了公主的左臂。读了历史,便可知道做帝王或权势家族的后代,实在并非是真正的幸福。

可是萧道成自己在位做皇帝,也只有四年,接着虽有六个糊涂的子孙皇帝,也不过二十四年。就又被同宗的萧衍所废,改国号为"梁",那便是后世较为有名的吃素学佛的梁武帝。他总算比较好心,起先没有要杀萧道成的后人,但因沈约的警告:"勿慕虚名而受实祸",终于也照样画葫芦。他本身在位四十八年,除了喜欢学做和尚,当佛学大师,亲自讲经说法以外,还不算有太多的大过,寿命也活到了八十六岁。但很可惜的是把权谋当作道德,尤其是投机取巧,错用了东魏投降过来的叛臣侯景,终于被迫而饿死台城(南京)。但他在临危的时候,却说了"天下自我得之,自我失之,又有何憾"的洒脱壮语。这种犹如赌徒的豪语,的确也非平常人所能企及的。后来他的子孙还继续称帝了六年,也算共有四主,五十四年的天下。

在中国的历史上,梁武帝萧衍可说是一很特别的书生皇帝,他是文学家,又是哲学家。他在未登位之先,便和一班当时的名士学者们,对主张"现实唯物论"的学者范缜所著的《无神论》

打笔墨官司。他是极力主张有神论，认为生命是有前生后世，确实另有一个"神我"的存在。他早死的大儿子萧统，就是中国文学史上著名的"昭明太子"，后世流传的《昭明文选》便是他编辑的大作。后来继位反抗侯景的梁元帝萧绎，也是他的第七个儿子，同时也是历史上一个读书皇帝的活宝。他继位后，就派陈霸先讨伐侯景，三年以后，自己是被西魏攻进所杀的。但在敌人进城之前，他还有心情在作诗。当他知道敌人进入金城（宫城）的时候，"乃焚古今图书十四万卷"。被杀以前，有人问他：烧书是什么意思？他说："读书万卷，犹有今日，故焚之。"这也是天下第一奇言，自己本身没有雄才大略，却埋怨读书无用，岂不可笑，就大不如他的父亲梁武帝的豁达洒脱了。

接着萧梁而篡位称帝的，便是陈高祖的陈霸先。他从小也是一个"不事家人生产"，放荡不羁的性格，但却会阴阳之学，通达"奇门遁甲"等方术。登位以后，也照旧先杀了梁主江阴王萧方智。不过他自己本身也只做了三年的皇帝，五十七岁就死了。经过四个子侄辈先后继位，最后便是他的孙子陈叔宝作为末代的皇帝，也便是在历史上有名的风流皇帝陈后主。当隋兵打进台城南京，他就抱着妃子张丽华、孔贵嫔跳进水井里去逃避，最后被人放下绳子，三个人一起被拉上来。那个水井，变成南京名胜之一的"景阳宫井"。这也是历史上风流皇帝在亡国的时候，抱着美人跳井的闹剧主角。但当时带兵打进南京的，便是后来的隋炀帝杨广，他总算没有杀了陈叔宝，只把他当战利品，作为俘虏而"献俘太庙"，把他作为自己论功行赏的活宝。所谓"南朝"之一的陈朝，一共也只有五主，三十三年的天下，如此完结了事。

陈后主陈叔宝，也和比他迟生三百多年的南唐李后主差不多，除了风流自赏以外，还是一个爱好音乐的名家，他还未亡国以前，自己制作了有名的歌曲《玉树后庭花》，教导宫娥们习唱，民间也有流传。因此，唐代的诗人杜牧有感于陈后主的故事，便有《秦淮夜泊》的诗说：

烟笼寒水月笼沙　夜泊秦淮近酒家
商女不知亡国恨　隔江犹唱后庭花

如果照中国传统文化的哲学观点来说，"造化"老儿真会玩弄人类。由他所编写中国历史的剧本，总是给你画格子，画圈圈，使你在社会的演变格子里，好像规定五六年一小变，十五六年一中变，三十年左右又一大变。然后又变方格为圈圈，六十年左右一小变，一百二十年左右一中变，一百八十年左右一大变。在这些方圆的演变程式中，用加减或乘除的公式，好好坏坏，多多少少，就看人类当中的操作算盘的人，自己怎样打算放账和收账了。其实，"造化"老儿也很公平，对于其他各民族的规格，也差不多。只是他们过去，没有像我们的祖先，对于历史是采用"会计"和"统计法"。我们祖先，对以往的历史，账本记得比较清楚，所以看来就很明显，也很惊人。

杨坚、杨广父子的故事

由魏晋以来旧史所称的"五胡乱华"到南北朝的对立，在中国文化的演变史上，将要进入儒佛道三家汇流的前期。我们首先需要了解，所谓"北朝"的北魏，统一了江北各个少数民族胡乱建国以后，结果又分裂成为东西两魏。东魏后来又变为北齐。西魏又变为后周。从杨坚的崛起，并了后周、北齐，灭了江南的陈国，然后南北才得混一，称为隋朝。为李唐的建国首先开路的隋朝三十七年的天下，就在灭掉南朝陈后主的时候开始了。隋朝开国的隋文帝杨坚，和他继承皇位的儿子隋炀帝杨广，也都是历史上的明星皇帝，更为有趣。但大家不要忘记，在魏晋南北朝的三百多年以来，江北江南的社会上下，都充满了佛学和佛教的气氛。那个时候，并没有把儒家的《大学》《中庸》或"四书"，当作帝王政治指导原理的"帝王学"来使用。所谓《大学》《中庸》是帝王们必读之书，这是南宋以后的广告宣传，应该另当别论。因此，作为隋朝开国之君的隋文帝杨坚，便是当时最时髦有趣的明星皇帝了。

现在先说历史上记载杨坚的出身故事。他小时候名叫"那罗延"（是佛学中东方金刚力士的名称，犹如陈朝的大将萧摩诃，都是佛学中的名词）。他的父亲杨忠，本来就在西魏及后周做官，封为"随公"。母亲生他的时候，已有很多的神话，是真是假都不相干，姑且不论。生了他以后，从河东来了一个尼姑，就对他的母亲说：这个孩子来历不同，不可以养在你们凡夫俗子的家中。他父母听了相信，便把他交给这位尼姑，由她亲自抚养在另外的别墅里。有一天，尼姑外出，他母亲来抱他，忽然看到他头上有角，身上有鳞，一下怕了起来，松手掉在地下。刚好尼姑也心动，马上回来，看见便说：啊哟！你把我的孩子吓坏了，这一跌，就会迟一步才能得天下。不管这个故事的真实与否，杨坚父子的确也是中国历史上划时代的重要人物。所以旧史学家不好意思明写，但也不排除当时坚信不疑的流传神话，就照旧老老实实地记下来了。

杨坚后来在北周的篡位称帝，已势在必行，但促使他篡位的决心，最重要的是靠他的妻子独孤伽罗的坚持。独孤氏勉励杨坚的名言，就是"骑虎之势，必不得下"。他开国称帝开始的行为，同样地就埋下了《易经·坤卦文言》所谓"积善之家，必有余庆。积不善之家，必有余殃"的不可思议的自然定律，那便是他尽灭北周国主宇文氏之族。他的儿子隋炀帝，结果反被宇文化及所杀，就此隋亡。杨坚父子的隋朝天下，始终只有三十七年而已。这样循环往复的现象，好像就自有规律的轮转存在似的。

且说杨坚做了皇帝以后，当然就是独孤氏升做皇后，史称："后家世贵盛，而能谦恭，惟好读书，言事多与隋主意合，甚宠惮之，宫中称为二圣。"事实上，隋文帝杨坚恰是历代帝王怕老婆集团的常务主席，所谓"宠惮"二字，就是怕得要命的文言。最后因为听信独孤皇后和次子杨广的蛊惑，废掉大儿子杨勇，而立杨广为太子。但在独孤皇后死了不到三年，杨广干脆就杀了在病中的父亲隋文帝杨坚，自己继位做皇帝。杨坚在临死之前，才后悔太过分听了皇后的话，受了儿子的欺骗，便捶床说："独孤误我。"但是已经太迟了。他做了二十三年的皇帝，功过善恶是非参半，不知道那个教养他的老尼，为何只能养成他做皇帝，却没有教养他做个好皇帝！岂非"为德不果"吗！

至于隋炀帝杨广，在他弑父杀兄，登上皇帝宝座的初期，那种踌躇满志的高兴，便自有诗说："我本无心求富贵，谁知富贵逼人来。"那是何等的得意，后来天下群雄并起，他游幸到了扬州，自己也知道靠不住了，常常引镜自照说："好头颈，谁当斫之？"使得在旁边的萧皇后非常惊讶地问他，为什么讲这种不吉利的话。谁知道他却笑着答复萧皇后的问题，说出了几句出类拔萃的哲学名言，比起那些"披发入山"或"剃发为僧"的高士，还要潇洒。他说："贫贱苦乐，更迭为之，亦复何伤？"这等于是说，一个人生，对于贫贱和富贵、痛苦和快乐，都需要轮流变更来尝试一番。这又有什么稀奇？何必那样悲伤呢？他明知自己已经快到了国破家亡,身首异处的境地,仍然还如平常差不多的名士风流,看通了"悖入悖出"的道理,甘心接受因果律的应验,好像自己有意作成"自食恶果"的佼佼者,这也真是不同凡响的挽歌。

但从隋朝杨坚父子"混一"中国以后,便转入李世民父子的李唐时代,才真正统一中国,建立唐代将近三百年的天下。后世学者,平常习惯以"隋唐"并称,因为隋朝仅有短暂三十多年,随之而来的,不是以阴谋篡位而得天下,李氏同汉初一样,是以武功建立唐朝的,此所谓"隋"之谓"随唐"也。

也许从这个观点引证历史,你们会说这是唯心哲学的史观,觉得可笑。其实不然。因果定律的存在,无论唯物、唯心,都是同样的事实,也是自然科学共同的认定。如果详细讨论,便又牵涉到哲学和科学碰头的专论,我们暂且不讲,以后有机会再说。现在插在这里,我们先看一看清朝开国之初的情况,所谓"太祖"高皇帝努尔哈赤,在他开国的第四年,亲征原属蒙古后裔的叶赫族,尽灭其国。叶赫族贝勒金台石率妻子登所居高台,宁死不降,而且发誓,只要叶赫族有一人在,即使是女的,也必报此恨。因此,清朝两百多年,遵守祖制,绝不娶叶赫族的女子做后妃。但到了奕詝(音贮)继位,年号咸丰的时代,叶赫族的后裔,就是"清史"有名的"慈禧太后"那拉氏(叶赫族原为纳喇氏,音译不同),偏又入宫成了贵妃,又生了儿子,即五岁就接位的同治。他只做了十四年的皇帝,十九岁便死了。以后便开始由慈禧策划,名为两宫皇太后的懿旨,立了光绪。实际上是慈禧专政,一直到清朝彻底毁灭,就是她一手所造成的后果。这是巧合或是前因的反复,就很难论断了,但却是一桩真实的历史故事,并非虚构。

谁能逃避无形的因果定律

　　所以《大学》一再强调"诚意、正心、修身、齐家、治国、平天下"之道的"明德"之教，是阐扬文治与武功的政治行为。虽然从表面看来，只有现实的利害关系，并无绝对的是非善恶的标准，但其中始终有一个不可逃避的无形原则，那便是循环反复的因果定律，正如《易经》泰卦爻辞所说的"无平不陂，无往不复"的道理。"为政"果然如此，做人做事何尝不是如此。这也就是曾子所说："言悖而出者，亦悖而入""货悖而入者，亦悖而出"的说明。

　　我们现在提出的历史事实，只在证明真正"诚意""正心"为"治国、平天下"，能够"以德服人者王"的并不易得。大多数都是"以力假仁者霸"的存心和行为，以及他们的开场和结果。然后反观这个多灾多难的民族国家，为什么有如此的曲折？究竟自我要在哪一种文化，哪一种"政治哲学"的意识文明，才能做到万古千秋、国泰民安呢？实在值得深长思量啊！难道过去我们几千年来的先人，都是笨蛋，都不及二十世纪的人聪明睿智吗？那么我们的"基因"根本就有问题啰？是吗？

　　但恐怕引证历史太长，离题愈远，所以只大略提出魏晋南北朝的两三百年的紊乱又短暂的历史局面，作为对照。可是这种讲说，对中国历史和中国文化的两个重要观点，并未阐明。同时也希望即将放眼于世界人类学的国际学者们，也须特别注意留心，不可以偏概全，曲解了中华民族和中国文化的真义。

　　讲到这里，本来已经信口开河，收煞不住，便想继续说明中华民族和中国文化的特性。正面告诫国际上一般似通非通的所谓"中国通"的学者，不要眼光如豆，得少为足，然后便师心自用,以主观的偏见,想来挑起新时代的文化战争,实为不智之极。但又忽然想到"后生可畏,焉知来者之不如今也",还是希望你们多去用点心力,来做些挽救世道人心的工作吧!

五十、所治在法，能治在人

曾子从《秦誓》上发挥

秦缪公重用百里奚

"蹇叔哭师"的故事

由余论文化与文明之辨

怎样对待邻国的圣人

从三方面来看秦缪公

《大学》所说的"治国、平天下"之道，讲到这里，就转入"为政在人"的法治和人治的大要。但曾子从这里起，都是引用在他以前时代的历史经验，作为说明。他首先引用《尚书·康诰》中"惟命不于常"的一句政治哲学，说明"秉国之钧"的当道为政者的精要重点所在，值得注意研究。

　　接着，他便引用《楚书》所说："楚国无以为宝，惟善以为宝。"这两句话，是春秋时期记载在楚国国史上的名言，原文接近白话，大家一读就明白。不过须要知道，在曾子那个时代，楚国正是南方新兴的强国。楚国的名相，如令尹子文、孙叔敖等人，也都是一代的名贤。而且人才辈出，代表了当时南方文化特有的象征。有名的道家人物，如老子、庄子，当时来说都算是楚人。后来影响中国文学最有力的《离骚》作者，便是楚国的名臣和忠臣的屈原。由于曾子引用了《楚书》，更可说明当时的南方楚国文化，早已与中原的华夏文化、河洛文化并驾齐驱，别成一格，也已为儒家学者所重视了。

　　然后他又引用了春秋初期，在各国诸侯中的第二位霸主晋文公的名臣舅犯的话："亡人无以为宝，仁亲以为宝。"晋文公是因为晋国家族的内乱，出外流亡在国际间十九年，终于能得回国继位，励精图治，称霸诸侯。当他在外流亡的时期中，追随维护他的，共有四五个最得力的名臣贤辅，舅犯便是其中之一。他的单名是个"犯"字,因为他是晋文公的舅舅,所以后来便以"舅"为姓,叫作"舅犯"。明白了这个历史故事,便可知道舅犯所说的"亡人无以为宝,仁亲以为宝"的意思。也就是说,我们在国际间流亡了十九年,依靠什么法宝呢?唯一的法宝,便是几个仁人君子同心一志,亲密无间地团结在一起,才能赢得国际间的亲切援助。

曾子从《秦誓》上发挥

然后,他又引用了《秦誓》的一段话,说明一个领导者需要重用贤者的不易道理。这一段历史故事比较长一点,是有关秦始皇先代名王秦缪公的故事。在春秋初期,这也是脍炙人口的事迹。由此可见秦国以一个后起的弱小诸侯,竟能自成霸业,威震四方,终春秋战国之世,诸侯国际之间,谁也不敢轻触其锋,并非偶然的事。所以贤如孔门的高弟曾子,也不得不重视秦缪公的政治文化大要了。我们现势必要把曾子所引用《秦誓》的一段话,先来了解:

>《秦誓》曰:"若有一个臣(假定有一个人),断断兮,无他技(他能够具有明智的决断,虽然并无其他专长的技能)。其心休休焉(但他的心地善良),其如有容焉(心胸宽大,好像一个大容器,能够包容各类的人物)。人之有技,若己有之(别人的长处,就好像是他自己的一样)。人之彦圣,其心好之(别人有美德贤才,他就喜爱得很),不啻若自其口出,寔能容之(不只是在表面上嘴巴说说别人的好处,事实上,他真能容纳别人的长处,犹如自己一样)。以能保我子孙黎民,尚亦有利哉(这样的人,当然能

保护我们的子孙和人民，对于国家有多大的利益啊）！人之有技，媢嫉以恶之（别人有本事，就妒嫉他、讨厌他）。人之彦圣，而违之俾不通（对于别的有美德贤才的人，便故意反对他，还设法使他到处行不通），寔不能容（事实上，他实在是无容人的度量）。以不能保我子孙黎民，亦曰殆哉（这种人，绝对不能保护我们的子孙和人民，实在是很危险的人物）。"

曾子在引用了《秦誓》原文以后，便加以发挥说："唯仁人，放流之，迸诸四夷，不与同中国。"这是他根据《秦誓》的最后七句话，说到那些当道的人，既没有容人之量，反而妒忌有贤德的人才，那就应该流放他们到四夷去，不和他同居中国。这好像是曾子完全学了孔夫子的办法，一上手就先处理了少正卯再说嘛！其实，并非如此。这几句话，是曾子理解到秦缪公作《秦誓》的时候，有关百里奚和蹇叔的出身故事，我们在后面再说清楚，就可明白他评论的要点了。因此，他的后文就说：

此谓唯仁人，为能爱人，能恶人。见贤而不能举（纵然看到好的贤人，但不推荐提拔），举而不能先（虽然推荐提拔了，但太迟了，已失去他发挥才能的时机），命也（那是命应该如此，无话可说）。见不善而不能退，退而不能远（明知道他的不对，但不能辞退他，或者辞退了，还不能真和他疏远），过也（这就是本身的罪过）。好人之所恶，恶人之所好，是谓拂人之性，菑（灾）必逮夫身（总之，为政治国之道，假如只是凭自我的主观，师心自用，或刚愎成性，自己真正所爱好的方向和目的，是一般人们所厌恶的；自己所讨厌的方向和目的，正是一般人们所喜爱的。如果是这样的话，那就是违背了人性。那么，倒楣的灾难，一定会临到他自己的本身了）。是故君子有大道，必忠信以得之，骄泰以失之。

最后一句是曾子的结论：所以说，真是一个仁人君子，必然会遵循一个千古不易的大道，那就是言行忠信，必然可以得到一切好的结果。如果是自满、自慢、自傲，而且自以为是，一点也不悔改，那就必定会失去了一切。

秦缪公重用百里奚

公元前659年左右，就是周惠王的时代（也正当齐桓公伐山戎，兵临孤竹的那个时期）。在西陲的秦国，就由秦缪公（名任好）继位，他所迎娶的夫人（妻子），就是晋太子申生的姊姊。这个时期，晋国的诸侯献公故意与虞国（山西平陆县地区）交好，向它借路出兵，要攻打虢国（山西平陆县北部），这就是历史上有名的"假途灭虢"之计的阴谋故事。因为晋国出兵灭了虢国以后，班师回来，又途经虞国，就顺手牵羊把虞国也一起灭了，同时俘虏了虞国的君主和他的大夫百里奚。

晋献公得胜回国之后，正好把女儿出嫁给秦缪公做夫人，就把百里奚分配为陪嫁的男仆。百里奚就设法逃亡到了宛地（河南的南阳）。但很不幸，又被楚国边境的老百姓抓住了。秦缪公听说百里奚是一个很有才能的贤者，便派人到楚国去，说自己秦国有一个陪嫁过来的仆人，逃亡在你们楚国，我们愿意出五张黑色的上等羊皮作代价，把他赎回秦国。楚国边地的老百姓一听有这样高的代价，就把百里奚交还给秦国。这个时候，百里奚也已七十多岁了。

秦缪公得到百里奚，首先就亲自解去他的刑具，向他请教治国的大事。百里奚就说："臣亡国之臣，何足问？"秦缪公就说："虞君不用子，故亡。非子罪也。"秦缪公再三耐心地请教，百里奚就对他长谈了三天。秦缪公高兴极了，就把治国的政权交给他，号"五羖大夫"。百里奚又谦虚地说：我实在赶不上我的好朋友蹇叔，他才是一个真正贤能的人才，但可惜世人都不知道他。我以前曾经游历到齐国，流落他乡，穷困到在沛县讨饭，蹇叔因此而收留了我。我想出来替齐君"无知"作事，蹇叔阻止了我，而使我躲过了齐国一场政变中的灾难。以后，我又到了周朝的国都，周王子穨喜欢玩牛，我就以养牛的专长技术和他接近，周王子穨也有意想用我，蹇叔又叫我不要干，所以我就离开了周地。跟着，周王子穨也在一次政变中被杀了，我总算又免了一次灾难。后来又替虞君做事，蹇叔还是阻止我不要干，可是我明知虞君不会听我的建议和计划，但是我贪图虞君给我的高官厚禄，待遇太好了，我就干下去了，因此终成为亡国的俘虏。我前两次听他的话，使我得免于难，就是这一次我不听他的，所以卷入了虞国的大难之中。由于我和他个人交往的事例，便可知道蹇叔是一个真正贤能的人才。秦缪公听了，就马上派人以重金作礼物，迎接蹇叔到了秦国，请他担任上大夫的职务。所以蹇叔和百里奚两人成为秦国一代的贤臣，使秦国一跃而威震西戎，他两人最后成为秦国的大老。

在春秋时代，诸侯国际间的变化很大，正在秦晋修好的五六年之间，晋国宫廷发生内乱，因此也影响秦晋之间许多事故。恰巧又碰到晋国大旱，便向秦国求助借粮。秦缪公本来不想援助晋国，但百里奚就说，晋国的新君"夷吾得罪于君，其百姓何罪？"秦缪公认为有理，就用舟车等运输工具，由陕西运粮救济山西的晋国。过了三年，秦国也因天灾而闹饥荒，就向晋国去借粮。可是晋国的新君晋惠公夷吾反而听信谗言，乘人之危，就出兵攻秦。秦缪公只好发兵亲自主持反攻，就和晋惠公夷吾在韩地（陕西地界）会战，晋夷吾看到战场的形势有机可乘，便亲自带了少数人马冲锋陷阵，不幸马失前蹄，陷于泥淖。秦缪公就和麾下人马想赶来活捉晋夷吾。结果，不但没有抓住他，秦缪公自己反被晋军包围了，而且还受了伤。正在这个危急的时候，忽然来了一支岐山下三百人组成的义勇军，冲进重围，不但解脱了秦缪公的危难，而且还俘虏了晋惠公夷吾。

其实这支岐山脚下的农村游民临时组成的三百义勇军，秦缪公事先一点也不知情。这是在几年以前，秦缪公丢了一匹平常最喜爱的名马，它跑到了岐山下面，就被山下农村的游民们抓住，当场杀了吃掉。参加吃马肉的共有三百人。当秦缪公派出去寻找马匹的官吏们来了一看，国君的马正被他们放进嘴里去，那还得了，一面派人报告秦缪公，一边想调兵来抓人抵罪。谁知秦缪公听了报告，便说："君子不以畜产害人（君子不可以为了畜生而伤害了别人）。吾闻食善马肉不饮酒，伤人（我听说吃良马肉不喝酒，会生病的）。"就派人专程送酒去给他们喝，而且声明赦他们统统无罪。所以这三百人牢记秦缪公的不杀之恩，总想找个机会报答。现在听说秦缪公正和晋国交战，而且战况不利，他们就自动组成义勇军赶来了。每个人都争先冲进晋军的重围，真是歪打正着，恰恰解救了秦缪公的危机，还使他打了一次很大的胜仗，俘虏了晋惠公夷吾。这好像正是秦缪公量大福大的报应似的。这件事，如果摆到两千多年后的今天，被国际上保护动物的人知道了，一定会控告秦缪公和吃马肉的三百个人，共同犯了侵犯"马权"的杀害罪。然后扯到"马权"和"人权"之争，就好大做文章，大家有事可做了。

秦缪公这次受到晋夷吾的刺激太大了，便宣布要活活地杀了他,祭拜上帝。可是那时各国诸侯的宗主周天子听到了这件事,便派人对秦缪公说:"晋我同姓,为请晋君(晋国是我周天子的同宗,我要求你放了他)。"同时秦缪公的夫人正是夷吾的姊姊,当然受不了这种事的发生。她就穿了孝服,光着脚不穿鞋子,来见秦缪公说:"妾兄弟不能相救,以辱君命(我兄弟犯了大错误,但我救不了他,我也只好对不起你,也不想活了)。"秦缪公一看情势,便对他的夫人说:"我得晋君以为功,今天子为请,夫人是忧。"算了吧!我就放他一马,叫夷吾来签约,送他的太子圉来做人质,献上河西的地盘。当然晋夷吾都一一照办了,就放他出来,请他住在国宾馆,用最上等的饮食款待,再送他回国。秦国的国界,从此扩展到龙门河的边境,直逼晋国的疆界了。

"蹇叔哭师"的故事

晋公子圉在秦国配秦女为妻,过了几年逃回晋国,继位为晋怀公。这件事,又使秦国上下非常不满,便把居留在楚国的晋公子重耳迎接到秦国来。过了两年,秦缪公就设法送重耳回晋国,立为晋文公。秦缪公开始帮助他建立了霸业,成为春秋时代继齐桓公之后第二位霸主。但过了八年,晋文公就死了,他的太子继位,称晋襄公。因秦缪公受了郑国一个卖国贼的怂恿,便派百里奚的儿子孟明(视)、蹇叔的儿子西乞(术),和白乙丙三个人为将,出兵侵袭郑国。事先也问过百里奚、蹇叔二老的意见,二老都力加反对,但秦缪公坚决不听。因此二老就来阵前为儿子送行,大哭一场,断定此行必败,你们将死在殽地(河南三殽山)的山谷里。这就是《左传》上一篇名文"蹇叔哭师"的故事。

秦国这次出兵侵郑,是师出无名的偷袭。有人卖国,也有人爱国,恰好郑国有一位商人弦高,正在晋国的边境滑地(河南偃师县境）做买卖，买了十二头牛要赶到周邦去卖。知道了秦军已到达此地，为了自己的国家，就把这十二头牛赶到秦军的司令部去，自己说是郑国派来的代表，并且说："郑国知道你们大国要打来了，已经做好准备，现在先使我送牛来劳军。"秦国所派的三位将领一听，认为消息已经走漏，便会议商量，如偷袭无功，去也没有用，不如顺手把晋国的边境滑地占领了再说。

这个时候晋文公刚死，葬事还未办完，继位的太子晋襄公一听到这个消息，就赫然震怒，穿着丧服，亲自领兵来反击，大破秦军，"无一人得脱者"。百里奚的儿子孟明领头的三位将领，也当然全被俘虏了。不过晋文公的夫人是秦国人，她就对晋襄公说：秦缪公现在对这三个无用的将领恨入骨髓，希望你把他们三个人交还给秦国，由他自己去处理。晋襄公也就照办了。等到孟明等三个败兵之将回到了秦国，秦缪公穿了便服，亲自到郊外来欢迎他们，并且拉着他三人大哭说："孤以不用百里奚、蹇叔之言，以辱三子，三子何罪乎？子其悉心雪耻，毋怠。"换言之，秦缪公坦然承认自己在战略上已基本犯了错误，并不责怪三个败将在战术上的过错。

四年以后，秦缪公更加厚待孟明等三位将领，使将兵伐晋，大败晋人，占领了王官（山西闻喜县）及鄌（郊区），为上次在殽地打败仗而雪耻。而且秦缪公亲自由茅津（山西平陆大阳渡）渡河到了殽地，在上次打败仗的阵地上封检士兵遗骨，亲为发丧，哭了三天。"乃誓于军曰：嗟士卒，听无哗，余誓告汝：古之人谋黄发蹯蹯（和年纪老大的商量）则无所过（才没有过错）。以申思不用蹇叔、百里奚之谋，故作此誓，余后世以记余过。"这个誓言是记载在《史记·秦本纪》的原文，也许是秦缪公专对军中自白的讲话。至于曾子所引用的《秦誓》，可能是从前方回来再对国内的全面讲话，这样的"誓言"，等于是自白的忏悔文告吧！因此我觉得需要了解秦缪公的前后史料，才能体会曾子引用《秦誓》以后所说"唯后仁人，放流之，迸诸四夷，不与同中国"这几句话的意义。并非写到这里，又忽然插入《尧典》中"窜三苗于三危"的用意。

因为中国的传统文化，从孔子的"删诗书""订礼乐"开始，特别推崇"周公"对于中国文化初期汇集大成的功劳。从此便奠定了孔子以次的儒家，对于上古以来流放四境边疆的东夷、西戎、南蛮、北狄，以及"华夷之辨"的界限，只在于是否具有受过"华夏"文化的熏陶，或是完全属于原始的粗野无文状态的界说而已。

明白了这个主要观念以后，便可知道在周朝后期开始，初封于西陲戎、狄之间的秦国，还没有"华夏"文化熏陶的深厚基础，跟介于上古"迸诸四夷，不与同中国"的戎、狄差不多。但自从秦缪公的崛起，他一切的所作所为，大体上比之当时所谓中国的各国诸侯，不但并无逊色，而且几乎是有过之而无不及。因此曾子便有了上文的四句说明，再有下文的"此谓唯仁人，为能爱人，能恶人"，乃至"见贤而不能举，举而不能先，命也。见不善而不能退，退而不能远，过也。恶人之所好，好人之所恶，菑（灾）必逮夫身"的结论。如果你了解了秦缪公和百里奚历史故事以后，就可恍然明白，他写在《秦誓》以后这一段话的内义了。至于"唯仁人，为能爱人，能恶人"的由来，可能曾子也是从秦缪公历史故事的引申而来。如史载秦缪公在百里奚以后，"戎王使由余于秦"的事，便可明白它的内义了！

由余论文化与文明之辨

由于秦缪公的崛起，威望日隆，雄踞西北边疆，就使当时还

在过原始游牧生活的西戎等部落大为震撼,因此戎王便派了一位重要的人物由余做代表,东来秦国观察。史载:

> 由余,其先晋人也。亡入戎,能晋言。闻缪公贤,故使由余观秦。

由余的上代本来就是晋国的人,因为对晋国内政有意见,就由上辈带领出走晋国,流亡居留在西戎。但他仍然会说晋国的语言,了解中原的文化。

"秦缪公示以宫室、积聚。"秦缪公为了接待由余,特别请他参观秦国宫廷殿堂的雄伟建筑,以及展示国家财货储备的富有。

由余看过以后,便说:"这些伟大的建筑和繁华,如果是役使鬼神来造的,那也未免太劳神了!假如是使人来造的,恐怕使人民们太过劳苦了吧!"

> 缪公怪之,问曰(秦缪公听了他的评语,觉得非常惊奇!便问他说):"中国以诗、书、礼、乐、法度为政,然尚时乱。今戎夷无此,何以为治,不亦难乎?"

这是秦缪公质问由余的问题。他说:"中国的文化,以诗、书、礼、乐、法度(治)作为政治领导的中心思想,但还随时会发生变乱,不能长治久安。现在你们僻处边疆的戎夷,没有固定的文化思想,那用什么来作为政治领导的中心?岂不是很困难的事吗?"

> 由余笑曰:"此乃中国所以乱也。夫上圣黄帝,作为

礼、乐、法度（治），身以先之，仅以小治。及其后世，日以骄淫，阻法度之威，以督责于下。下罢极，则以仁义怨望于上，上下交争怨而相篡弑，至于灭宗，皆此类也。"

这是由余对答秦缪公的问题。他笑着说："你所讲的正是中国的乱源所在。从中国的上辈圣人轩辕黄帝开始，创制了礼、乐、法度（治）等人文文化，并且从他本身开始实行，也只能得到小小'治平'的成果。到了后世，社会承平成为习惯，逐渐养成骄奢淫佚的风气。人们设法阻挡了上有法度的尊严，只以法治的威力，督责下面来遵守。因此，致使下层人民疲敝不堪；反过来，便由下面怨望在上位的，认为作为上层的领导者，都不合于仁义道德的政治标准。所以形成了上下交争，互相埋怨的现象。从此为了争权夺利，乃至造成上下篡位，弑杀夺权的行为，终至于灭宗亡国。这些历史事实，都是由于自认为有文化思想的差异所造成的结果啊！"

夫戎夷则不然！上含淳德以遇其下，下怀忠信以事其上。一国之政，犹一身之治。不知所以治，此真圣人之治也。

这是说，至于僻处在边疆的少数民族戎夷嘛，从表面看来，他们虽然没有什么特别的文化思想。但他们在上位的，只是内含着原始浑厚德性的纯朴作风，诚实地对待下属的人民。而在下面的人民，也只知道恪守忠信来奉事上面。所以一个国家的政治，犹如一个人的身体一样（没有什么头脑和肢体的分别感受），自己也不知道什么原因，便能自自然然地治理好国家了，这样，才是真正的合于圣人之道的"无为而治"的大原理呢！

怎样对待邻国的圣人

> 于是，缪公退而问内史廖曰："孤闻邻国有圣人，敌国之忧也。今由余贤，寡人之害，将奈之何？"

这是说秦缪公和由余对话以后，回到内宫，就对他的亲信重臣廖说："我知道古人说的，邻国的境内有了圣贤的人物，那才是敌国真正值得忧虑的重点。现在看来西戎的由余，的确是一个贤才的人，对我们秦国关系太大，那才是秦国的隐忧，你看怎么办？"

> 内史廖曰："戎王处辟匿，未闻中国之声，君试遗其女乐，以夺其志。为由余请，以疏其间。留而莫遣，以失其期。戎王怪之，必疑由余，君臣有间，乃可虏也。且戎王好乐，必怠于政。"
>
> 缪公曰："善。"

这是秦国的内史廖向秦缪公提议的谋略，也就是现代人所说的"大政策"和"大战略"。他说：戎王还僻处在中国的西北境的边地，过去还没有接触过中原的华夏文明教育。你现在试着先派遣一班擅长文艺康乐工作的青年女战士，能歌善舞的，送给他，先使他的意志沉醉在享受声色的迷惑之中。并且特别提出推荐由余，要戎王再提升他的权位，使戎王对由余产生怀疑，离间他和戎王之间的信任。而且故意挽留由余在秦国多住一段时间，不要马上使他回国，拖延了他原有规定的任务时间。因此，戎王一定会责怪由余，怀疑他有二心。这样，便使他们君臣之间互相猜忌而不信任,你就顺势把由余虏归己用了。而且戎王沈湎在声色歌舞之中,对于国内政务,必定会荒疏懈怠,那就有机会可图了。秦缪公听了廖的建议,便立刻说:"好啊!"照办。

  因与由余曲席而坐,传器而食,问其地形与其兵势,尽詧(察)。而后令内史廖以女乐二八遣戎王,戎王受而说(悦)之,终年不还。

这是说:秦缪公便留住由余,坐在一起的时候,便和他相隔不远,有时候还故意要他靠近自己,同坐一排。吃饭的时候,还把自己吃的好菜送到他的面前去请他吃。顺便就问问他西戎的地理形势和军事布置的情形,因此全面了解了西戎的一切。同时,使内史廖选了一班年龄不大,受过严格训练的文艺康乐队,先送去西戎演出。戎王接受了后,非常欣赏迷醉,过了一年,还不肯送她们回来。

  于是,秦乃归由余。由余数谏不听。缪公又数使人间要由余,由余遂去降秦。缪公以客礼礼之,问伐戎之形。

这是说,到了这个时候,秦缪公才放还由余回到西戎。由余看到了戎王已经非常堕落,上了秦王谋略的大当,便几次劝谏戎王,要重新振作自强。但戎王再也不肯听信由余的劝谏了。并且在这个阶段,秦缪公又特别派遣人员到西戎去慰问由余,邀请他再到秦国来。由余终于衡量形势,知道西戎必然会失败,不可久居,就来投降了秦国。秦缪公始终以上宾的客礼待他(等于请他当顾问),问他征伐西戎的战略。因此,不超过一年,"秦用由余谋,伐戎王,益国十二,开地千里,遂霸西戎"。

了解了秦缪公这段历史故事以后，对于曾子所说"唯仁人，为能爱人，能恶人"以及"是故君子有大道，必忠信以得之，骄泰以失之"等所涵的内义，就可以迎刃而解，完全明白他是从引用《秦誓》以后，"以史证经"的章法了。

从三方面来看秦缪公

但是，我们既然讲到历史，尤其对于秦缪公这一段事迹，还有三个问题需要加以说明。但也可说是"读兵书而流泪，为古人担忧"的余事而已。

一、由历史的经历来看秦缪公，他的器度格局的确非凡，何以在当时春秋的初期，却不能完成对中原的霸业，而只能雄霸西陲呢？答：对于这个问题，便有两个关键：一是春秋的初期，秦缪公正生当齐桓公和晋文公的两雄之间，犹如后世历史上东汉末年，时代的机运，只能形成曹、刘、孙的三国局面一样。秦缪公果然器度不凡，但仍然缺乏问鼎中原的基础。二是秦缪公当国只有三十九年，在他雄霸西戎以后的第二年就死了，假如他能再活十多年或二十年，齐桓公、晋文公都成过去，那么当时的天下局面会变成什么样子，那就很难说了。

二、秦缪公的一生，果然是雄才大略，光明磊落。但生在那个时代，风俗习惯仍然还没有脱离神鬼迷信的鬼道。最遗憾的，是历史上记载他死后殉葬的人，达到一百七十七人之多。史载：

> 秦之良人子舆氏三人，名曰奄息、仲行、鍼虎，亦在从死之中。秦人哀之，为作歌《黄鸟》之诗云："苍苍者天，歼我良人。如可赎兮，人百其身。"

因此，司马迁也说：

> 君子曰："秦缪公广地益国，东服强晋，西霸戎夷。然不为诸侯盟主，亦宜哉！死而弃民，收其良臣而从死。且先王崩，尚犹遗德垂法，况夺人之良臣，百姓所哀者乎！是以知秦之不能复东征也。"

其实，殉葬是古代社会最残酷不过的"鬼道"迷信。不过，也可能是在继位之间权力斗争、铲除异己的最好借口，稍有理性的古代人君，并不采用。如果以秦缪公的一生器度，居然在死亡之际仍会有这种举动，实在有大大违反其平生的所为之疑点。就此一举，便可以抹杀他一辈子的作为，都是不值一顾的戏剧性而已。但如多去了解历史的故事，也许可以为他辩护说，这种残酷的作法，并非是秦缪公生前的本意。

例如从前印度的名王阿育王（约公元前304年—前232年，秦始皇的时代），威重一时，在他晚年临危的时候，他还想做一次"供僧"的布施。可是马上要准备继位的太子和财政大臣们阳奉阴违，并不听命照办。阿育王自己也心里明白，当他最后正在口啃一个梨子时，便问太子和权臣们说："现在的世界上，哪一个人的权力威望最大？"太子和大臣们都马上很恭敬地说："除了大王你以外，更无别人了。"阿育王听了，便说："你们不要再阿谀（拍马屁）骗我了。我明白，我现在的权力威望，只能达到这半个梨子，其他是一无所有，一无所能了。希望你们能遵守诺言，把这半个梨子，为我送到我师优波鞠多尊者的寺院里，去供养僧众吧！"说完了，也就闭目而逝了。

由于这个历史的故事，大家便可真正了解到人生，无论你生前是有如何的权力和威望，或者是多么的富有和荣耀，到了真的一口气不来的时候，你所有的美德和才华、功名和富贵，都如昙花泡影，毫无用处。甚至在你活着的时候，暂时属于自己的几十斤肉骨头，也只好随便由人摆布，了无是处了。所以说，以秦缪公一生的英明，死后要人殉葬的事，或者未必是出于他的本意，也未可知。所以贤如曾子，也便不理秦缪公身后的史实，只采用他生前"文告"的名言，作为参考。

三、在中国的历史上，后世的英雄帝王们，有的受秦缪公作为的影响，甚至想把他做榜样的也很有人。但是，一个人生成的器度到底各有不同，学习榜样，往往变成"画虎不成反类犬"了！例如在三国的时候，所谓"治世之能臣，乱世之奸雄"的曹操，便做过一件事情，很像学秦缪公的举动，而到底限于器局，便成为完全相反的结果。

这事是在曹操北征乌桓以后，威震北方，因此匈奴就派了一位使臣来到内地，侦察汉朝的虚实，当然主要是看看曹丞相到底是个什么样的人物。曹操本来是一个白面书生，并不像后世戏剧里把他丑化，扮成那个"鬼脸"。他怕自己不够威武，压不住匈奴派来使臣的气势，便在部下中挑选了一个面貌身材很有气魄的，来扮作"曹丞相"，他自己却打扮成丞相身边的一个卫士，手里把握着大刀，站在丞相所坐的座椅旁边（那时候，座椅也叫胡床，是初由西域传过来的家具）。他是用这样一个图案画面来接见了匈奴的使臣。事后，曹操便派人和匈奴的使臣周旋，侦察他的观感意见。派去的那一个人，在谈话中便故意问那个匈奴的使臣说："你看，我们的曹丞相是哪一种人物呢？"那个匈奴的使臣便说："很奇怪，久闻曹丞相的英名，但看来只是一个很有福气的平庸之辈。倒是丞相身边那个'床头捉刀人'，大有英雄的气概，将来恐怕并不简单。"那个派去侦察的人，便回来据实报告。曹操一听，大为震惊，马上就意识到："邻国有贤才，敌国之忧也。"此人不可久留，就暗地派人，在匈奴使臣回归塞北的路上把他杀了。

这个历史故事，充分说明曹操之所以为曹操，并不能如秦缪公，所以生前不能完成霸业。他当然也读过秦缪公渴求由余来归的历史，但在作为上就大不如秦缪公的器度，"唯仁人，为能爱人，能恶人"的行为了！

五一、义利之辨的财经学说

民富即国富,国富则民强

注重财政的名相、名臣

曾子处义利之间的故事

如果孔门弟子少了子贡,行吗

《货殖列传》的妙论卓见

我们为了讨论《秦誓》的一段话，引申了历史上所载秦缪公的事迹，作为说明。现在再回转来继续讨论《大学》后段"治国平天下"之道的结论。但要重新提起大家的注意，"治平"一段的内涵，我们把它划分为六个要点。

第一，首先肯定以"孝道治天下"作为大经大法，这是他禀承儒家传统文化的不变信守。由此推广，以"敬老尊贤"为"治平"的重点，因此而和顺上下左右，终归于"絜矩之道"，为政治道德的准绳。有关"絜矩之道"的意义，我们曾经在上面讲过，就是至公至正的"持平"之道，或者也可说是公正的"平衡"作用。但在古文的用词，就叫作"秉国之钧"的均衡作用。

所以第二，就引用周朝中期卫武公"秉国"时期的政绩，说明怎样才能做到如"民之父母"，得到为人民所公推拥戴的荣耀。接着第三，说明既有人民群众和封疆"国土"，就须明白"财货"的分配运用，它与国家的权位和民心向背之间息息相关。因此，第四、五两节，特别提出天命无常"惟（天）命不于常"的关键所在。国家是人民公有的国家，天下是人人的天下。它毕竟不是永远属于某一姓某一家之所有，唯"有德者居之"。所以必须"选贤与能"，以治其国，才是真正的"治国"之要。总之，无论为治国平天下，或者为个人私家保有财富，必须要彻底了解"忠信以得之,骄泰以失之"的必然性。最后,第六,再重申政治伦理道德和财货分配运用的重心,只在于"义利之辨"。

"大学之道"就是这样的一篇大论。这是曾子禀承"孔门之学"的"明德"外用的极则。但在最后一段结语,也是说明了自三代以下"家天下"的诸侯邦国政治体制,需要怎样均衡"财货"和"经济"关系的"治国平天下"之道的一贯思想。从秦汉以后,便一直为中国儒家学者们"经世治平""死守善道"的信条。

民富即国富,国富则民强

讲到这里,使我又习惯性地想起两句常用的古文感言:"其然乎!其不然乎!"这样感叹,也就是表示问题并不简单,正值得切实研究。不过,在研究讨论这一段结语,首先需要简单解释一下《大学》的原文。如说:

> 生财有大道,生之者众,食之者寡(这是对古代农业社会的农业生产与人口消费来说)。为之者疾,用之者舒,则财恒足矣(这也是对古代农业社会经济,以及兼带手工业的生产情况来说)。

这确是千古不易的名言。无论是十八世纪的亚当·斯密(Adam Smith)的《国富论》,十九世纪马克思(Heinrich Karl Marx)的《资本论》,二十世纪凯恩斯(John Maynard Keynes)的经济理论,都不能否定他的卓见。

其次,原文便说:

仁者以财发身（这是讲，能知仁道的人，因善于运用财富，便可以发展一身的功名事业）。不仁者，以身发财（倘使是不知仁道的人，便只想以他本身的一生的能力来拼命搏斗，求取发财）。未有上好仁，而下不好义者；未有好义，其事不终者也（这又是说到当家治国的领导作风，以及领导社会的风气的重要性）。

　　上好仁，下必好义。但在古文中的"义"字，它的内涵究竟是什么？那可又是碰到一个麻烦的问题了！

　　儒家所讲的"义"，是"人人为我，我为人人"，人我之间都得安详，所以古人解释"义"（繁体为"義"）字造形的内涵，是从"羊"（吉祥）、从"我"，两个字义的综合，是属于"六书"中的"会意"字的范围，等于说是"为善最乐"的意思。但自曾子以后，孟子特别注重"义"字，主张以"义"为先。因此古人便如此注解：义者，宜也。这也等于说是没有哪一点不合适、不相宜的才是"义"。至于从墨子学说以后，墨家思想的"义"字，就有偏重于人我之间，富于同情心和相爱心的"侠义"之"义"了。我们知道古文对于这个"义"字和"仁"字一样，都具有广泛的涵义，可以说只能"心领神会"，不可局限于文字言语的形式。因此，曾子所说"未有好义，其事不终者也"，是有"人人为我，我为人人"的意思，个个好义，当然就有了美善的好结果。

　　因此，他的原文便有"未有府库财，非其财者也"。这是说明治国者应当不起私财之心。"藏富于国"，"藏富于民"，民富即国富，国富则民强，当然就可以达到一个完全"均富"的境界了。

　　原文讲到这里，他又引用了"孟献子曰：畜马乘，不察于鸡豚；伐冰之家，不畜牛羊；百乘之家，不畜聚敛之臣；与其有聚敛之臣，宁有盗臣。"孟献子是春秋后期鲁国有名的贤臣，史称其"为卿不骄，礼贤下士，士以是归之"。他是极力反对在位的权臣们以权谋私、以官图利的贤臣。古代四匹马同拉一车叫"一乘"，等于现代人有一部名牌的汽车。"百乘之家"，是古代表示当国者的诸侯们的财富气势。"伐冰之家"是古代有权位富贵的人家，派出人手，在冬天下雪结冰的时候斫伐冰块，藏在地下室保存食物，到了夏天也可以享受，等于现代人的大冰柜。所以孟献子就说这样的人家，他既然养得起马车和驾车的马匹，当然就不会太注意家里还要养小鸡生蛋，或养小猪来长大卖钱。这种人家，既然能有"藏冰"的财力，就不会太注意养牛羊来做买卖了。由此上推，有百乘之家的诸侯们，就不会培养专为他们一家"以权谋私"的图利聚敛之臣了。如果是百乘之家，与其还要培养专门为他"以权谋私"的聚敛之臣，还不如直接培养一些夺权"盗国"的谋士呢！

曾子在引用了孟献子一段话以后，便说：

此谓国不以利为利，以义为利也。长国家而务财用者，必自小人矣。彼为善之。小人之使为国家，菑（灾）害并至，虽有善者，亦无如之何矣。此谓国不以利为利，以义为利也。

这是曾子著《大学》大论最后结尾的一段话，看来他是针对当时鲁国内政以及春秋末期诸侯各国所说的。因为这些诸侯国家，都是胡乱增加赋税，搜刮民间社会的财富，归于诸侯私家公室，以充实权位与富贵。同时他也看到当时诸侯各国以及鲁国内政争权夺利的结果，的确是"灾害并至"，大多都成为不可收拾的败亡局面，因此有感而发，坦率提出他的"危（正）言危（正）行"，作为警世晨钟的名言。

但很可惜的，由于他最后的几句结语"长国家而务财用者，必自小人矣。彼为善之。小人之使为国家，菑（灾）害并至，虽有善者，亦无如之何矣"，却被秦汉以后历来读儒书出身的学者们，硬要用来学做"圣贤"金科玉律的教规，对于"钱""财"二字，视为毒害。甚至平时多谈这两个字，就会变成"俗物"。可是，不随流俗，特立独行的学问修养，毕竟不易做到。因此，一般的读书学"儒"的知识分子，大多成为"既要清高又怕穷"的矛盾心理状态。一旦考取功名，跻身政要以后，既不懂经济财政，更不懂在国家社会人民之间如何理财致富，而达到富国强兵的妙用。好像都是误解了曾子著《大学》最后的几句话，变成了孙悟空头上的金箍咒一样，一听就要头痛打滚，非常可笑。所以中国有两三千年丰富记录的历史资料，所谓"二十五史"或"二十六史"，好像都是一部人事经历的资料档案。对于财政、经济、生产、消费之间社会的财经变化态势，和人事史料来对比，简直少得可怜。

注重财政的名相、名臣

在中国的历史上，特别注重经济发展，先行富有财政而建国的人，在秦汉以上突出的只有两个半人物。第一是姜太公吕尚的治齐，开发渔盐之利，建立了当时滨海落后的齐国，后来的子孙才得以富国强兵，称霸中原，经春秋战国直到秦汉时期，约七八百年而不衰。第二是管仲的治齐，也是先由发展经济着手，然后才能做到"一匡天下，九合诸侯"的霸主局面。另外半个，就是范蠡师法"计然子"的一部分学术，帮助越王勾践复仇雪耻，然后自己飘然隐遁，变更姓名为"陶朱公"，三聚三散，用致富来"玩世不恭"。

至于读儒书而搞财经失败的，倒有东汉时期的王莽和北宋时期的王安石。首先著作与经济、财政、赋税有关的专论，只有汉宣帝时代桓宽的一部《盐铁论》。但仍然是根据"六经"，不外以儒术为民请命的要旨，并非专就盐铁之利来加以发挥。又有后魏贾思勰著《齐民要术》。至于如汉武帝时代的桑弘羊、车千秋辈，以商人出身参与财政经济政策的，历来就不为读书出身的儒家学者所重视，甚至还鄙薄之而不值一谈。其他，如唐代的财经名臣刘晏，也是不齿于"儒林"，实在有欠公允。史载：

> 晏有精力，多机智。当安史之乱，户口什亡八九，州县多为藩镇所据，朝廷府库耗竭，皆倚办于晏。其用人，必择通敏精悍廉勤之士。出纳钱谷，必委之士类。吏惟书符牒，不得轻出一言。凡兴举一事，必须预计使任事者私用无窘，而后责其成功。又以户口滋多，赋税自广，故其理财以爱民为先，为后来言利者所不及。

但终亦以功高，而蒙冤构陷赐死。无论帝王专制时代或民主时代，古今一例，"谤随名高"，名臣毕竟难为，这也是人群社会必然性的矛盾啊！

现在我们为了研究曾子《大学》大论的结语，牵涉到"治国平天下"之道的经济发展，和财政调配的义利之辨，顺便约略提出历史上的一些相关资料，用来作为"义利之辨"的反面感慨之谈而已。因为实在没有时间为儒家学说和财经思想做专题讨论，只好到此打住。回转来再讲曾子本身，他一生的言行如一，确实做到了"义利之辨"，毕生清高廉洁自守，不愧于平生学问修养"择善固执"的风范。

曾子处义利之间的故事

我们为了浓缩时间,就同时列举孔门高弟如曾子、原宪,以及兼带牵涉到子贡的三个故事,作为大家自己去寻思研究的参考资料。《韩诗外传》记载:

> 曾子仕于莒(开始出来做鲁国莒邑的地方官),得粟三秉(得到发实物的薪俸有粟十六斛。古代以十斗为一斛,十六斛为一秉)。方是之时,曾子重其禄而轻其身(在这个时期,曾子是只注重待遇的收入,而轻视自己本身的得失)。亲没之后,齐迎以相(当他父亲死了以后,齐国欢迎他去做宰相),楚迎以令尹(楚国也欢迎他去做宰相,楚称宰相为令尹),晋迎以上卿(晋国也欢迎他去做宰相,晋称宰相为上卿。但他都推辞了,不肯出去做官)。方是之时,曾子重其身而轻其禄(在这个时期,曾子是专心重视他自己本身的学养与出处动机的该和不该,因为已经没有必须孝养父母的负担了,所以他就不重视俸禄的待遇丰薄,和官职地位的高低等问题了)。怀其宝而迷其国者,不可与语仁(如果本身怀有学养的高尚至宝,但却不肯出来挽救自己国家的危乱,那就没有资格谈什么仁心仁术了);窘其身而约其亲者,不可与语孝(如果故意自命清高而死守穷困,也不顾父母生活困难的痛苦,那还谈得上什么孝道呢);任重道远者,不择地而息(一个人本身挑着重担,前途又很遥远,为了完成责任,就不会挑选什么地点,都可以随地休息,保持精力达到任务);家贫亲老者,不择官而仕(家里

既然贫穷，父母又年老体衰，为了孝养父母，就不需要挑选官位大小，只要收入足够赡养父母，便去做了）。故君子桥褐趋时，当务为急（所以说，是真君子的人，穿着旧鞋和破棉袄，急急忙忙地向前赶去，只是为了当时实在有迫切的需要）。《传》云："不逢时而仕，任事而敦其虑，为之使而不入其谋，贫焉故也（所以《韩诗外传》的作者韩婴，为他所传的《诗经》作这样的解说：一个人生不逢时，但不得已还是需要出来做官做事。既然担任了职务，就必须尽量尽心做好。可是只肯听命去达成任务，而不愿参与他的内部计谋。那是为了什么原因呢？因为他只是为了解决一时的贫困，并不是他要完成学养思想的真正目的啊）！"《诗》曰："凤夜在公，实命不同（所以《诗经》上说：我虽然昼夜都在忙着做公家的事，但是我对生命意义的看法，自有不同的观点。只是一时命运的安排，现在只好这样做而已）。"

我们现在引用了《韩诗外传》，首先提出曾子为家贫亲老而仕的一节故事和评论，可以作为说明曾子在《大学》结语所说，对于当时诸侯之国的为财货与政治道德之间的"义利之辨"的观点，他是身体力行其道而自做榜样，是真实"儒行"的风格。同时，由此了解《大学》结语所说的道理，并不是专对治国平天下的经济、财政的专论。但也并非说它对于"治平"之道的财经作用上，就可忽略"义利之辨"的重要。从"治平"之道来讲，计较的是为"国家天下"全民的大利大义的"义利之辨"，并非专指一身的小节了。至少，我所见的是如此，且待诸公自己去研究吧！

如果孔门弟子少了子贡，行吗？

至于孔门高弟，在春秋末代的时期里，除了子贡一人别有他的胸襟怀抱以外，其他如颜渊、曾子、原宪等，所谓七十二贤人之中，大多是属于对时代的反动，有"不同意"主张的清流人士，与后世宋儒的"儒林"、道学大有不同。其中突出对比的两人，便是原宪和子贡的故事。《韩诗外传》记载：

> 原宪，字子思。宋（国）人也。读书怀独行君子之德义，不苟合当世（不和当时社会的风气同流合污），当世亦笑之（所以当时社会上人，也觉得他很可笑。这是司马迁的记载）。其为人也，清静守节，贫而乐道。居环堵之室，蓬户瓮牖，桷桑无枢，匡坐而鼓歌。子贡肥马轻裘往见之，宪正冠则缨绝，捉襟则肘见，纳履则踵决。子贡曰："嘻！先生何病也？"曰："无财之谓贫，学不能行之谓病。宪贫也，非病也。若希世而行，比周而友，学以为人，而徒有车马之饰，衣裘之丽，宪不忍为也。"于是曳杖拖履，行歌商颂而反，声满天地，如出金石。子贡耻之。

所谓"子贡耻之"一句，是说子贡等于被原宪的举动羞辱了一顿。当然，子贡不但会经商致富，而且还善于运用谋略的学术而代孔子出马，安定了鲁国受侵略的危机。这个有名的历史故事，可以自取《越绝书》来读，就可明白其中的道理。孔子死后，在曲阜的墓地，也是子贡一手所经营的，而且他还在夫子坟上守墓六年才离去。如果孔门高弟都如颜渊、原宪一样，遁世无闷，甘于清贫，孤芳自赏，行吗？

但我们既然讲到"齐家、治国、平天下"之道，必须先要了解群众、资财、权力三者之间，犹如三根木杆捆在一起的三脚架，缺少一杆就站不起来了。尤其对一个国家的"治国"之道，没有良好的经济财政，必然就没有一个完整美好的政权，那是古今中外千古不易的大原则。你只要看看每一朝每一代的兴亡史迹，最后促使衰败的，必定是先由财政、经济上产生必然的崩溃。但在中国文化中一贯的传统观念，尤其是以儒家道家为主流的学术思想中，认为要解决经济、货财的问题，使"国家天下"得到"治平"的境界，只要从政治上做好，便可达到"物阜民丰"，国家和人民就都可以"安居乐业"了。

如再扩而充之来看，不但只有中国，其他如印度、埃及，甚至所有东方各国文化中的先圣先贤们，差不多也都有这样的观念。当然，西方文化好像也并不例外。可是，到了十八世纪以后，尤其是从英国发生"工业革命"（实业革命）开始，西方文化中渐渐形成对经济学的专注。到了十九世纪开始，在西方文化的思潮中，便形成了以经济为主导来解决政治问题的思想主义等的兴起。因此，直到现在东西双方，乃至全人类的文化思想中，对于这个问题，仍然还在含混不清，思辨难定。究竟是财富的资本影响了政治？或是政治影响了资本的财富？这也等于是哲学上的主题：究竟是蛋生鸡？或是鸡生蛋呢？且待人类慢慢摸索，再去求证吧！

《货殖列传》的妙论卓见

但在中国两千年前的周秦文化时期，比孔子早生一百多年的管仲（？—前645年），却首先提出了"仓廪实而知礼节，衣食足而知荣辱"，以经济为主导的政治方针。后人也有变易这两句原文,说为:"衣食足而知荣辱,仓廪实而礼义兴。"这样的意思,是说明有了经济、财货的繁荣社会,才有文化文明的昌盛。"其固然乎?其不然乎?"姑且不论,而在汉武帝时代的历史哲学家司马迁(前145年或135年—前86年),在他所著的《史记》中,特别创作一篇《货殖列传》,意在说明工商业经济的重要性,看来他是在有意无意之间,与历来的儒家学者们唱反调似的。其实,司马迁的思想主要是来自道家老子学说。但在《货殖列传》的论述中,也只好搁置"无为之治"的上古高远理想,随着时代社会的趋势,与管仲"经济政治"的观念先后互相唱和,确实具有启发性的卓见,应该算是不可不读的名文,大有助于"内圣外王"之学的慧知啊!现在我们摘引他原文开始的三段重点,作为研究的参考。

(一)太史公曰:夫神农以前,吾不知已。至若《诗》、《书》所述虞、夏以来(从虞舜、夏禹时代开始),耳目欲极声色之好(人们的耳目已经习惯了美声丽色)口欲穷刍豢之味(嘴巴已经吃惯了好吃的米面和畜牲的肉味),身安逸乐(身体已经习惯安逸快乐的享受),而心夸矜势能之荣(而且在心理意识上,已经习惯浮夸、骄傲,羡慕权位和势力的荣耀),使俗之渐民久矣(这些风俗习惯,是由上古以来渐渐地逐步所养成,后来的人们便认为是自然地当然如此了)。虽户说以眇论,终不能化(你想挽回人心,恢复到如上古时代的淳朴自然,虽然你挨家挨户去劝导,也是枉然,始终不会达到"化民成俗"的崇高理想)。故善者因之(所以善于运用的人,便只好用"因势利导"的办法),其次利道之(次一点的办法,就用利字当头,诱导他上轨道),其次教诲之(再其次的,只好取用严格规范的管教方法来教导他们了），其次整齐之（管教也达不到目的，就只好订立法律规章来整齐划一地统治），最下者与之争（最下等的办法，就是和他们恃强争胜地斗争）。

（二）《周书》曰："农不出则乏其食，工不出则乏其事，商不出则三宝绝，虞（农林畜牧）不出则财匮少。"财匮少则山泽不辟矣（没有土地、山林、畜牧、海洋的资源，就没有办法发展经济的开放了），（至于农工商和山泽的资源）此四者，民所衣食之原也。原大则饶（资源多就富有），原少则鲜（资源少的就很贫困了）。上则富国，下则富家。贫富之道，莫之夺予（贫穷与富有，是不可以靠抢夺过来，或是施舍给人的），而巧者有余，拙者不足（这都需要人的聪明智慧去设法取得的，所以灵巧勤劳的人，就富裕有余，愚笨懒惰的人，就始终不够用了）。

（三）故曰："仓廪实而知礼节。衣食足而知荣辱。"礼生于有而废于无（礼义文明是产生在富有的社会和家庭。贫穷的家庭和社会，什么文化文明，也都变成浪费了）。故君子富，好行其德；小人富，以适其力。渊深而鱼生之，山深而兽往之，人富而仁义附焉。富者得势益彰（富有的人有权势的支持，就更辉煌），失势则客无所之（失势的人，宾客朋友就不会来了），以而不乐。夷狄益甚（夷狄中的势利观念更加明显）。谚曰："千金之子，不死于市。"此非空言也。故曰："天下熙熙，皆为利来。天下壤壤，皆为利往。"夫千乘之王，万家之侯，百室之君，尚犹患贫，而况匹夫编户之民乎！

在司马迁《货殖列传》这篇文章里，他讲到子贡，便说：

既学于仲尼,退而仕于卫。废著鬻财于曹鲁之间（废著,古人解为储蓄和卖出。我认为应该解释为得空顺便的时候。鬻财,就是做买卖）。七十子之徒,赐（子贡）最为饶益（富有）。原宪不厌糟糠,匿于穷巷。子贡结驷连骑,束帛之币以聘享诸侯（一捆捆地带着通货的帛币,和诸侯们做交际往来上的礼物）。所至,国君无不分庭与之抗礼（他到哪一国,哪一国的君王们都要待他犹如国宾一样的对等礼遇）。夫使孔子名布扬于天下者,子贡先后之也。此所谓得势而益彰者乎!

司马迁写这篇《货殖列传》的文章,夹叙夹议,妙论卓见很多,大有深意存焉!你们自己去研究吧!他的最后结论,便说:

　　由是观之,富无经业（发财,没有一定要某种事业才可以的）,财货无常主（财货也不固定是属于哪一个主人的）,能者辐辏,不肖者瓦解（能干的就愈来愈多,不行的就破败不堪了）。千金之家比一都之君,巨万者乃与王者同乐,岂所谓素封者耶（难道都是靠上辈素来有封爵的遗产而得来的吗）?非也（不是的,都是靠自己的智力勤劳而成功的）。

我们为什么在讲《大学》"治国平天下"的结语,硬要拉扯到《货殖列传》来做讨论呢?因为我读历史,每每发现古人被《大学》最后结语"长国家而务财用者,必自小人矣。彼为善之。小人之使为国家,菑（灾）害并至,虽有善者,亦无如之何矣。此谓国不以利为利,以义为利也"的一段话镇住了,并未好学深思它的真义所在。因此,不惜眉毛拖地,特别点出其中的关键所在。既可还了曾子著《大学》的本来面目,又免得后儒们盲目追随两宋以来的理学儒家们所误解的蛊惑。讲到这里,同时我又想起雪窦禅师的一首偈子说:

　　一兔横身当古路　　苍鹰瞥见便生擒
　　可怜猎犬无灵性　　空向枯桩境里寻

　　读书求学,自当有顶门上一只眼,取其精华,舍其糟粕,不可妄自菲薄,盲目随人说长话短,死死啃住古人的遗骨、唾余啊!

　　至于补充《大学》结语,有关《大学》的"明德之用"和"义利之辨"的"至言",我现在便为大家引用《易经·系传》上的话,作为总结。只是原文照抄,就不另加说明了!如说:

　　"显诸仁。藏诸用。""富有之谓大业。日新之谓盛德。"(系传上)

　　"天地之大德曰生。圣人之大宝曰位。何以守位曰仁。何以聚人曰财。理财、正辞。禁民为非曰义。""子曰:小人不耻不仁。不畏不义。不见利不劝。不威不惩。小惩而大诫,此小人之福也。"(系传下)

第八篇 儒学演化与国家发展

五二、宋儒程明道《定性书》的料拣

从佛教传入到理学的兴起

康熙善学《定性书》

中国文化从秦汉以后，学术思想的主流，从表面上看，虽然都一概归到儒家，但实际上是以阴阳、儒、墨、道、法各家杂用，而又不太有明确的界别。汉末、魏晋开始，便有道家的神仙"丹道"学派兴盛，他们的修为基础，都是以"守静"为中心。那是根据老子的"夫物芸芸，各复归其根。归根曰静，是谓复命"的说法而来。

从佛教传入到理学的兴起

但自汉末到两晋时期，由印度传入的佛家，它的修行实证的方法，是以"戒、定、慧"三学中的小乘禅观和"四禅八定"的定学为中心，由戒行的严密自律而得定，由定而生慧，由定慧而得解脱，完成"解脱知见"而进到"涅槃"寂静的境界，证得"阿罗汉"果位为最高的成就。

因此以定、静为修成仙佛之道共通的根基，就成为中国文化学养中的普遍意识。况且静态必须由不动的定境而生，定境必然由静态而成，这两者是一而二，二而一，互为因果，不可或分的效应。

尤其在隋唐的初期，由天台山的智𫖮大师，开创了中国佛教特色的天台宗，以修止观而得"中观正见"为目标。于是，从打坐修行，修止修观的禅修法门便大行其道。因此，影响了中国各阶层社会，朝野上下，都知道定静为修养的必要工夫，已成普遍的知识。

印度佛法中禅宗大师达摩祖师东来，早在萧梁政权的初期，已经在中土以传授"直指人心，见性成佛"的法门为标榜。到了初唐开始，历中唐、晚唐，禅宗的"无门为法门"，已普及中国，成为中国文化的中心明点。尤其在残唐五代时期，禅宗的五家宗派鼎盛，几乎涵盖了儒道，乃至神仙丹道和佛教诸大派系的修证内容，当然也掩盖了天台止观禅修的声光。但禅宗虽然以"直指见性"为标榜，而在实际的修为实证上，仍然也离不开以禅定为基本入门的功夫。至于"参禅"的名词，是从宋元以后所兴起，那已是禅宗从驰骋中原和大江南北，终将走向小径的尾声了！

了解了中古文化衍变的趋势，然后进而研究由北宋开始，当时中国的读书人知识分子，承袭五代的提倡儒家经学，吸收了自南北朝、隋唐以来佛道两家的学说修养，转而"反求诸己"，便以标榜孔孟的儒家之学为固有文化的"宗主"意识，别自成家，才形成了以祖述儒学为宗，左反神仙的道学，右反禅修的佛学，从形式和内容上就自成为新兴儒家的理学，与佛道两家互争胜场。理学的"理"，是袭取佛学华严宗的"理法界、事法界、事理无碍法界、事事无碍法界"，配合《易经·说卦传》的"和顺于道德而理于义，穷理尽性以至于命"的宗旨，采取了韩愈的《原道》主张和李翱《复性书》的理念，作为信守的主题。但又学习禅宗传习语录的方式，统用通俗的语文来传道授业，以去恶务善，达到圣贤的地位。要学问修养到"人欲净尽，天理流行"的境界。须便从《大学》"知止而后有定，定而后能静"等的"慎独"功夫起步，与《中庸》的"诚""敬"会同，由此而完成"明德"以后的"诚意、正心、修身、齐家、治国、平天下"的"外王"之道，这样，才是成圣成贤的正途。所谓道佛各家的行为学说，"遗世而独立"，都被辟为旁门左道的一偏之见而已。

但从北宋开始，被后世推为"儒宗""道学"的大儒，如周敦颐（濂溪）、张载（横渠）、程颢（明道）、程颐（伊川），并及邵雍（康节）等为五大"儒宗"。接着南宋程门再传弟子的朱熹，极力推崇师说，自以"道问学"为主导，注解四书，分为章句，因此而使孔子、孟子的儒学，都须限于朱注的章句见解范围，历八九百年之久。但如从宋儒的传道讲学，高谈"心性微言"的造诣来说，最为扼要简洁，足与佛道两家媲美的，莫过于程明道的《定性书》，亦"言中有物"，并非都是托空妄语。可是它的内容实质，又都是撮取了佛道两家的精华，融会于心而著述其"理"，批驳一般人所认为的"修定"而求"明心见性"，或妄求达到"清静无为"之道的误解。现在我们特别为它"认祖归宗"，指出它本来的出处，不必避讳它本来是借"他山之石，可以攻玉（错）"的因袭手法了。

康熙善学《定性书》

《定性书》云："所谓定者，动亦定，静亦定，无将迎，无内外。"它的开头两句，便说动静都是本来在定，不必另行起心求定。这是它心得于禅宗所尊重的《楞严经》中"观音圆通法门"中所说的"动静二相，了然不生"两句而来的。

"无将迎"一句，是袭用《庄子·应帝王》篇中的"至人用心若镜，不将不迎，应而不藏，故能胜物而不伤"。至于《庄子》所说的"将迎"，与佛学所说的"有觉有观""有寻有伺"

是同一内涵。"将"是"停心一处","迎"是从起念处观照。

"无内外"一句,也是撮取《楞严经》的心不在身的内外中间,以及龙树菩萨所作《大智度论》的"不依身,不依心,不依亦不依,是谓宴坐"而来的。这真可说他是善于读书求学,字字句句都能会之于心的实学了。

程明道《定性书》所说"修定"之学的中心要点,就是上面所讲起初"破题"的四句话。实际上,都是佛道两家的家当,但他却一借不还,概不认账。以下的文章,都是对于这四句的发挥,但内容大部分都是从《楞严经》的说"心",禅宗的谈"性"而来。可是除了首先提出这四句特别高明的警句以外,跟着而来的结语却又含混不清,并未说明所谓内和外,是指身和心或心和物。如说:"既以内外为二本,则又乌可遽语定哉?"

佛说《楞严经》是指"心物一元"的"心"。如经说:"虚空生汝心中,犹如片云点太清里";"不知色身外洎山河虚空大地,咸是妙明真心中物";"想澄成国土,知觉乃众生。"至于意识的思想、感觉、知觉,统是物理世界形成以后的作用,并非真实的存在。但凡夫之人,妄自分别身心、心物,认为有内外的界别,因此而不能证入"楞严大定"的如来境界了。

如果《定性书》也有如《楞严经》一样的交代明白,那么,他所说的"定性"之定,本无一定点之定可言,不必再假借"修持"的方便,错认禅观的"定境"或"清净无为"的"静态"为本来自性。那他就确实对于《易经·系传》所说"故神无方而易无体""易无思也,无为也。寂然不动,感而遂通天下之故",以及《中庸》引用的《诗经·大雅·文王》所谓"上天之载,无声无臭"等的奥义,就真的有其见地了!

很可惜,他在下文发挥《定性书》的道理,却又急切于有心用世,坐而论道,用来和"明德"外用的"治国平天下"之道合拍，反而又迷离惝恍，言不归宗，恰如禅师们的说法，"扇子哱跳，撞着三十三天帝释鼻孔，东海鲤鱼打一棒，雨似倾盆"，始终没有说明"定而后能静，静而后能安，安而后能虑，虑而后能得"有关定慧之间的妙用，甚为可惜。

《定性书》的最后结论，把"性"和"情"的作用，隐约作为内外的关键，提出"制怒"的修养最为重要。总算流传了四五百年以后，得到一个好学生，那就是清初的康熙，他从程明道的《定性书》中学到了唯一的要诀，就是"制怒"。他亲自书写"制怒"二字为座右铭，因此而使他年少成功，做了六十年的皇帝。

总之，程明道的《定性书》，虽然对于定学语焉不纯，但比起他的再传弟子朱熹的学养，就大有高明之处。希望你们年轻人"后生可畏，安知来者之不如今"，善于探讨，取其精华，舍其糟粕，必定有利于心性修养。照此学以致用，"虽不中，亦不远矣"！不可因噎废食，随便轻听我的话，视古人的成就都不值得一顾，那就不对了。附程明道《定性书》：

所谓定者，动亦定，静亦定；无将迎，无内外。

苟以外物为外，牵己而从之，是以己性为有内外也。且以己性为随物于外，则当其在外时，何者为在内？是有意于绝外诱，而不知性之无内外也。

既以内外为二本，则又乌可遽语定哉？

夫天地之常，以其心普万物而无心，圣人之常，以其情顺万物而无情，故君子之学，莫若廓然而大公，物来而顺应，《易》曰："贞吉悔亡，憧憧往来，朋从尔思。"苟规规于外诱之除，将见灭于东而生于西也。非惟日之不足，顾其端无穷，不可得而除也。

人之情各有所蔽，故不能适道，大率患在于自私而用智，自私则不能以有为为应迹，用智则不能以明觉为自然。今以恶外物之心，而求照无物之地，是反鉴而索照也。《易》曰："艮其背，不获其身。行其庭，不见其人。"孟氏亦曰："所恶于智者，为其凿也。"与其非外而是内，不若内外之两忘也。

两忘则澄然无事矣。无事则定，定则明，明则尚何应物之为累哉？

圣人之喜，以物之当喜，圣人之怒，以物之当怒，是圣人之喜怒不系于心，而系于物也。是则圣人岂不应于物哉？乌得以从外者为非，而更求在内者为是也。今以自私用智之喜怒，而视圣人喜怒之正为何如哉？

夫人之情，易发而难制者，唯怒为甚。第能于怒时，遽忘其怒，而观理之是非，亦可见外诱之不足恶，而于道亦思过半矣。

五三、"四书"、"五经"和中国文化

- 五经博士的开始
- 玄学和玄谈的时代
- 唐代文艺辉煌的风韵
- 儒佛道与唐代文化
- 百丈禅师与吕纯阳的深远影响
- 《原道》与《复性书》的出现

大家都知道，西洋欧美文化和精神文明的主要中心，从古至今，直到现在为止，仍然还是以基督教的《圣经》(《旧约》和《新约》)为主流。同样的，也有人认为中国文化和精神文明的主流，直到二十世纪为止，似乎还仍然以儒家"四书"、"五经"为中心。事实上，东西文化都正处于转型变态的状况中，西方信奉宗教的文化正在蜕化。东方文明，尤其以中国的文化来说，也随时代的巨轮在转变中，支离破碎。主张重"人道伦理"的儒家学说，也正处于游魂、归魂的卦变之中。现在的美国，有人正在掀起未来的世界是"文化战争"的时代，尤其指明中国的儒家文化，是与西方文化对抗的大敌。看来未免可笑，但也深为可虑。天下事往往误于肤浅粗暴的见解，因此，我们自己也应当"反求诸己"，需要"温故而知新"了！

如果说"五经"是中国上古文化传统的总汇，是比较准确的答案。"四书"呢？那是北宋时代开始，到南宋时期才渐渐盛行，取代"五经"文化的地位。四书是专属于孔孟之教的学术思想，但是被宋儒理学家朱熹所作的"章句"注解所垄断的儒学，并不足以概括中国文化的大全。

五经，就是《周易》《尚书》《礼记》《诗经》，以及孔子所作的《春秋》。而演绎阐释《春秋》内容的，有《左传》《公羊》《谷梁》等"三传"。《春秋》一书是孔子在春秋后期，即公元前480年间的绝笔之作。

这个时期，在西方的历史上，正当罗马改行共和政治，开始才有信史可征。斯巴达组织伯罗奔尼撒联盟。印度难陀王朝兴起，佛教徒第一次大结集佛经。波斯先后连续三四次远征希腊。雅典取代斯巴达为希腊霸主。西方所谓史学之祖希罗多德（Herodotus，公元前484—前424年）出生。苏格拉底（Socrates，公元前470—前399年）出生。这个时期，也正是希腊文化在西方兴盛的时期。

大家都知道孔子晚年，极一生的精力，"删诗书、订礼乐"而自著《春秋》。他是以极度客观的角度，把中国上古的历史文化，裁定从有文书资料信史可征的唐尧（甲辰年）登位时期开始，也就是公元前2357年。他避开中国远古史的时代，即从神农到黄帝（轩辕）之间的史迹（即公元前3000年以前，与埃及金字塔王朝以及巴比伦建国同期，这是东西方开始人文文化发展的初期）。他以"多闻阙疑"的态度，"存而不论"。因此，后来司马迁著《史记》，不好明说要补孔子"删书"的不足，便在《帝王本纪》上首先提出一篇《五帝本纪》，历述唐尧为黄帝之后，追溯上推中国文化的年代。到了南宋孝宗时代，学者罗泌又另著《路史》一书，采用道家等遗书的说法，再上溯高推旧史所称"三皇五帝"以上的往事，文章华丽而亦富于考证，言之成理，书名《路史》，意思是说这是中国历史文化的"大史"。从他的著作宗旨看来，也是深惜孔子"删书"断自唐尧，忽略远古史的传统。等于现代有人将中国的历史年代，由黄帝纪元开始，到今年（丁丑，公元1997年）为止，共计有四千七百三十一年的意义相似。不过，我们只是顺便一提，不是要讲中国远古和上古文化史的专题，到此为止就可以了。

总之，孔子删订"六经"，是把唐尧、虞舜以来，直到周朝开国以后的文化文明，尤其是由周公姬旦所整理过的中国上古文化，汇为总类，付予后来的人们，作为先民遗留给后代"承先启后"的无价资产。当时对学者称为"儒士"或"儒生"，并非如汉代以后的儒家，是专指治孔孟之学才称"儒者"的。

到了秦始皇灭掉六国诸侯以后，改变了周朝分封诸侯建国的政体，统一中国，划分郡县，开始创制学者的专职官称叫"博士"，但并不限于专学"诗、书、易、礼、乐、春秋"等"六经"的范围才叫"博士"。秦始皇和李斯在公元前213、212（戊子、己丑）年之间的焚书坑儒，也并没有明令坑掉"博士"。所坑的大都是"处士横议"的非"博士员"的儒生。

五经博士的开始

后来到了西汉初期汉武帝刘彻（建元五年，公元前136年）设置"五经博士"，才是以专治儒学为主的开始。那时距离秦始皇焚书坑儒，已过了将近百年的时间了。当然，在这以前，汉文帝刘恒、汉景帝刘启在政治作为上的主要文化思想，是以道家"黄（帝）老（子）"之学为主导，但也并非完全不重视儒、法等各家的学说。文景时代，认为自秦汉以前以及楚汉争战的长期战乱，社会人民残破痛苦不堪，人们所需要的便是"休养生息"，使全民得到"安居乐业"，重新建立社会人民的秩序，所以省事节约为主要。

可是传到汉武帝的时代，却是重视以董仲舒为主的儒家学说。实际上董仲舒的儒学，已掺杂用阴阳家的思想以治《春秋》，从此便形成了两汉以后谶纬（预言）之学的风气，影响中国文化的迷茫色彩很大，直到现在不衰。如果说纯粹以"五经"等为主汉儒的汉学，实在是由汉元帝刘奭时代（公元前49—前

33年）开始，才特别重视儒家。因此，使汉代的儒者注重对经学的训诂考证的学问，连续到东汉之间，约两百多年之久。古人讥谓"青春作赋，皓首穷经"的读书人，都毕生埋首在"经义"和文字学的故纸堆中。

这个时期的变动，在史学上叫作"前汉"和"后汉"，也有惯称为"西汉"与"东汉"的，它的界别，就是从王莽篡位，改朝换代，自称为"新朝"的阶段，正当公元纪元开始的第八年底，也就是耶稣出生十二年间的大事。但使汉室重光，称为"东汉之主"的光武帝刘秀，他也是从小习读《诗经》出身的农民学者。因为他的影响，使东汉以后的文章和学术风气，与西汉比较，便各有不同的风格。古人评为："西汉重功名，希世取宠，不尚清操。东汉重名节，取义成仁，至死不顾。"

玄学和玄谈的时代

两汉的经学，长期困守在训诂考证的沉闷风气的范围，所以一到汉末魏晋时期，便由何晏、王弼等青年后进学者开始，认为儒家的"六经"都是糟粕，只从事清谈，注重"三玄"之学的探讨，文化和政治也同步摆脱束缚。所谓"三玄"之学，便是从《老子》《庄子》《周易》这三部书中探讨人生和宇宙的哲学思想。因此形成魏晋以来的文人政府中的门阀子弟，和一般读书的知识分子，都倾向于逍遥解脱，不拘形迹而风流潇洒的作风。这等于是十八世纪以来，西方所说的"自由"思想和"浪漫"的情态，在上流社会的阶层中，尤其散漫放诞。跟着便是东晋南渡以后，历史的年代，转入了南北朝的阶段，佛学正好在这个时期，如云如雨一般地倾注东来，弥漫于朝野上下各阶层社会。这一个历史历程，经过四百多年之久（即公元200年间开始，到

620年之间)。是中国文化思想探究宇宙和人生的哲学辉煌时代。但从政治和社会立场来看，也是最衰败堕落的时代。

唐代文艺辉煌的风韵

到了李世民父子开国，建立唐朝的政权以后，情况才有转变。但在这个时期中，所谓自汉代以来的儒家经学，已经"此调不弹（谈）久矣"，还没有特别重视《大学》《中庸》等"四书"的风气。可是不要忘了，"五经"等学问，仍然还是中国民间和政府人士基本的文化思想，不过并不像汉儒和宋儒那样特别注重而已。唐太宗曾授命国子祭酒（等于现代唯一国立的大学校长）孔颖达撰著《五经正义》，后世称为"五经注疏"的便是此书。

在这阶段中，有关欧洲文化的情形如何呢？自第五世纪罗马帝国瓦解开始，到第十世纪阶段，新国迭相兴起，战争不止，人民生活困苦，文化低落，正处于西方历史学家所谓的"黑暗时期"。所以东方唐人的声威在那个时候就较为有声有色，鼎盛一时了。现代人所谓的西北丝绸之路和南海广东的丝绸之路畅通繁忙，日本、朝鲜、琉球等地，派人到长安留学，唐风吹遍了东西两半球。尤其在中唐时代，中国经济、贸易重镇的扬州更是不可一世，古人所谓"腰缠十万贯，骑鹤上扬州"，便是唐风的炫耀，比起二十世纪末期的香港，更加芬芳有致。

任何一代的文化，都离不开"时势造英雄，英雄造时势"的人事关系。唐代的文化，首先不能不归功于李世民的雄才大略，以及他在文治、武功上的天才成就。但绝对不可用《大学》的"格物、致知、诚意、正心、修身、齐家、治国、平天下"的八个条目来做深入的要求；同时，也不可只以《贞观政要》

一书而以偏概全，掩盖了对历史伟人的是非评价。如从他的身世背景和他天生禀赋的资质来看，他先天具有权门子第"太原公子"的家世习性，同时又兼有绿林豪侠的资质。再从另一面深入来讲，他有齐桓公（公子小白）的坏习气，同时也有曹孟德（操）的文学才思；既有汉武帝（刘彻）相似的雄才，但又有汉光武（刘秀）类同的浑厚。因此而使初唐开国在历史上的光辉，几乎超过汉代的功绩。尤其当他还在做秦王的少年阶段，在他幕府中的得力助手"智囊团"中，如刘静、虞世南、杜如晦、房玄龄等才俊之士，都是当时一代的杰出之选。起义以后用的将帅人才，大部分都是在乱世从绿林中磨炼出来的英雄好汉，而且开始还多半是他的敌对人物，如徐世勣、程咬金、李靖，当然还包括了魏徵。

李世民因为受了隋朝统一前二百年来南北朝的政制和文风的熏陶，他在文学上的成就，也大有过人之处。例如我们大家所最欣赏的唐代的诗和文章，乃至中国的书法，所有这些都是因为唐太宗（李世民）是此中高手，因此而造成了划时代的风气。他的诗，自从虞世南死后便很少写作，他说已经没有知己了。他的字，极力学习王羲之的《兰亭集序》，临死还要将它带进棺材里去。我平常总喜欢对人说，要学唐人书法，先要读看唐太宗所写的《晋祠铭并序》，然后再读柳公权、欧阳询、颜真卿、裴休等的法帖，便可稍能有会于心了。现在我们没有多余的时间来讨论唐太宗一生的是非得失，需要急转直下略说唐代的文化思想和儒家的关键所在。

儒佛道禅与唐代文化

唐朝开国之初，首先提出改革自南朝五代以来的文学风气，不许再用华丽词章来写政府公文。然后到了李世民登基以后，贞观十一年，规定以同宗祖先李老君（老子）为教主的道教位列先班（上朝的礼仪次序），佛教序列第二，但并没有什么儒教或儒学在后的意思。因为朝廷政府的全体臣工，都是从读儒书出身的儒生。虽然后来建立了以考试取士的考试制度，但根本没有要考"四书章句"出身、作八股文章的进士。到贞观二十三年唐太宗死后，由太子李治继位为唐高宗，才复以周公为先圣，孔子为先师，用以尊重儒学。

唐初在宗教信仰方面也非常自由，不但大量修建佛寺，而且准许在长安建立了大秦寺，以及基督教另一派景教的教堂。后来又有由波斯传入的祆教（拜火教）和摩尼教等寺庙，一切都让人民信仰自由，不加干涉。唐太宗贞观四年（630年），也正当伊斯兰教创始人穆罕默德征服了麦加，称霸于阿拉伯的同时。到了贞观十九年（645年），玄奘法师由印度取经回国，太宗便要他在新建的宏福寺开始译经，并派宰相房玄龄主管其事。玄奘法师不但对佛学有渊深精致的造诣，而且又兼通儒道等世俗学问。他在翻译佛经的同时，也把中国的《老子》（《道德经》）译成梵文，反馈印度，可惜后世失传，这对于古代沟通东西文化的历史作用来说，实在是一大损失！

至于唐太宗本人，因受奘师学识修养的感召，一面倾心佛理，同时又希望玄奘法师还俗，做他的宰辅，但都被奘师婉转辞谢，只好亲自动笔，为玄奘法师所译的佛经做了一篇《大唐三藏圣教序》的宏文，的确是唐文中的翘楚，果然不同凡响。因此而使初唐的中国佛教和佛学盛极一时，朝野上下普遍流行。所谓中国佛教特色的"十宗"，便从初唐开始，声光普耀，远及东亚，如日本、朝鲜等各地。尤其是在南朝梁武帝时代由印度东来的达摩祖师所传佛法心宗的禅宗，这时渐渐普及流传各个阶层社会，甚至还转而反馈了印度后期佛教新兴的秘密宗乘，和密乘的持明（真言咒语）、曼陀罗（总持坛场）、愿行等相结合。到了唐玄宗李隆基开元四年（716年），再由印度东来，专传密宗的善无畏、金刚智、不空三藏等人，世称"开元三大士"，大弘密宗的修为法门。中国佛教的"十宗"佛法，由此更加盛行于东方各地的国土。例如鉴真法师受日本的邀请而东渡弘法，日本的空海法师入唐求学等事迹，都是唐代文化和宗教史，和中日文化史上影响深远的大事。

总之，由唐朝开国以后，经唐太宗、高宗父子，以及武则天做皇帝的三朝七八十年之间，佛教和道教乃至禅宗的自由发展，使儒、佛、道三教汇成为中国文化的三大主流形势，便在这个时期中确定了地位。尤其禅宗以"不立文字""即心即佛""心佛众生，三无差别"、"非心非物"等的教法，普及于朝野上下，而且在下层民间的僧俗社会里，更被欢喜信受。所谓"南宗尚许通方便（由禅宗六祖广东慧能大师开始称南宗），何事心中更念经。好去比丘（和尚）云水畔，何山松竹不青青。"我们只要翻开初唐以后的名人诗文集来看，所有诗词的名著，几乎十之八九，都离不开和禅与道息息相关的大作，如李白、杜甫、王维、孟浩然、白居易、杜牧、柳宗元、刘禹锡等，实在不胜枚举。

百丈禅师与吕纯阳的深远影响

在唐玄宗（明皇）李隆基的中期，封杨玉环为贵妃以后（约在公元750年之间，中国所发明的造纸方法，便开始传入欧洲），禅宗的大师马祖（道一）禅师和他的弟子百丈（怀海）禅师，便在江西开创中国佛教特色的"丛林制度"，不顾原始佛教不事生产的戒律，提倡以集体修行、集体耕作、生活平等、劳逸平均的原则,制定了"百丈清规",以替代原始戒律而适合时地相宜的信守。而且百丈禅师,年过九十还以身作则,天天领众劳作,留有"一日不作,一日不食"的风范。当时百丈、马祖师徒的作风,被信守原始佛教戒律的僧众骂为"破戒比丘"。可是从此以后,禅门丛林风规便大行其道,大多数的佛教僧众寺院,都以"丛林"相标榜,而额称为"禅寺"或"禅林"的,甚为普遍,因此使佛教能在中国的土地上生根立脚,并为后世历代的社会慈善事业,有形无形地做了许多贡献。因为"丛林寺院",兼收照顾了"鳏、寡、孤、独,老无所归,幼无所养,贫无所依"的人们。百丈师徒是中国宗教革命的先驱。我在三四十年以前,便有一本讨论中国特殊社会"丛林制度"的小书,可做参考。在这个时期,欧洲方面的西方文化,也正是基督教的权威进到巅峰的时期。

讲到佛教的宗教革命,在这里,顺便提出晚唐懿宗咸通的时代(860—874年),道教出了一位特殊人物,便是相传在邯郸旅邸中"梦醒黄粱",不求功名而去修道的吕嵒(一作岩,字洞宾),号称"吕纯阳"的道士。他是融会儒、佛、道三教的神仙,也可以说是从东汉魏伯阳、晋朝葛洪(抱朴子)、梁朝陶弘景以后道教的宗教革命者。从他开始,在中国民间社会中提起道教,大家都会知道吕纯阳,但很少有人知道魏伯阳、葛洪、陶弘景等人了。

《原道》与《复性书》的出现

由于禅与道在初唐、中唐两三百年之间的风头太健,太过煊赫,所以到了唐宪宗李纯的时代,也就是吐蕃求和,法国查理大帝死去,由儿子路易即位的时期(814年),名儒韩愈(昌黎)

倡导古文艺的复兴，重视从事文学改革，而且不甘坐视唐室宫廷迷信佛教的作风，为了《谏迎佛骨表》这一道表章，就被贬到潮州去做刺史。他同时感慨道佛两家的文化太过流行，特别提出中国传统文化的正统，应该是以儒家为主，因此奋笔作了一篇《原道》的大文章，说明真正大道的道统，是以"尧、舜、禹、汤、文、武、周公、孔子、孟子"的一线传承，这才是真正的人伦大道。并且特别提出《大学》的"明明德"到"先诚其意"的一段，批驳道佛两家的出家修道，是对父母国家的不忠不孝、不仁不义。但他在引用原文中，也没有指明这是曾子所著的《大学》上的话，只说"传曰"两字，也不说"礼云"。其实，《大学》是在《礼记》中的一篇，而韩愈却不提起它的来源，只说是儒家传统的说法，但引来作为证明的说辞而已。

韩愈被贬到潮州以后，心有不安，又向禅宗的大颠禅师问道，略有心得，这在禅门中的实录另有传记。不过，他问不问禅，并不重要。只可惜他的一篇《原道》大论批驳道佛的见解，并不高明，实在还是外行。如果说是一篇批评道士、和尚们不可随便出家的文章，那就另当别论了。犹如他写的《谏迎佛骨表》，同样是不大得体的文章，所以会惹得唐宪宗发了脾气。但《原道》一文，劈头就提出"博爱之谓仁，行而宜之之谓义，由是而之焉之谓道"。然后便说"仁与义是定名，道与德是虚位"，等等，气势不小。因此，后世的儒者大多认孔子所说的"仁"，就是"博爱之谓仁"了！殊不知"博爱"是墨子主张的精义。"行而宜之之谓义"，也正是墨子的学说的精神。韩愈是对墨子之学极有研究的学者，所以《原道》一文的开头，便引墨入儒，致使后世的学者们却被他的健笔宏文轻易地瞒过去了。

对不起，我是开口没遮拦，提到韩愈韩文公的《原道》，目的是说明宋儒倡说理学的根源，是由《原道》一篇大论所启发。

同时又因韩愈的门人李翱，从药山禅师问道以后，作了一篇《复性书》的高论，因此而使宋儒理学家们凭据《大学》《中庸》而大谈其"心性微言"的性理。所以我便对《原道》一文，多讲了几句，好像是在讲国文的课一样，反而耽搁了不少时间。到此再也不敢再牵引到李翱《复性书》的原文，不然就离题更远了。因此，只是略说李翱所提出"复性"观念的来由而已。

如果说我妄加评语，李翱的《复性书》所讲的性命之说，比起他老师韩愈《原道》的立论，就深刻得太多了。那么，李翱的儒学又怎么能有"超师之见"的造诣呢？事实上，他是得力于禅门的启悟，所以便引禅入儒，果然就不同凡响了！可是他仍然同一般的儒门学者一样，不敢违背士林的现实，终于故作托辞而已。至于他的参禅故事，在我过去所讲禅学的书上已经提过，在这里不必再来画龙点睛吧！但顺便告诉大家，现代已经逝世的儒宗禅学大师马一浮先生，他也是我忘年之交，师友之间的老前辈，他所取个人自由讲学"复性书院"的名称，便是自《复性书》而来。

五四、儒家经学与李唐五代

五代是第二次南北朝的开始

李嗣源的向天祷祝

前面已经大略讲过唐代三百年来的文化，由公元618年至900年之间儒、佛、道、禅的文采风流，飘逸潇洒的风格。但是，好像都是象征了开国明君唐太宗李世民一人的外在的形象一样。至于李唐三百年来帝王宫廷的内幕，父子兄弟夫妇之间，以及"修身、齐家、治国"的"外王（用）"之道，可以说，并不见得比秦、汉、魏、晋、南北朝以来，更有什么特别高明之处。

　　总之，从李世民起义之初的动心用意，已经深深埋下了不良的前因。他在说动其父李渊起兵的布局，是设计用酒灌醉了李渊，使他在昏昧之中奸污了隋炀帝在晋阳的两个妃子，因此迫使他的父亲不得不听从他的主意而起兵。所以就由武则天的夺权做皇帝开始，使李唐一代后世的子孙帝王们，始终都在受内宫夫妇男女之间的"女祸"所困扰，甚至还要受那些不男不女的"宦官"（太监）随便摆布。因此造成晚唐时期军阀专权的藩镇之乱，终至国亡家破，以了却前因后果的一笔烂账。至于李世民在登位前后弑兄杀弟、霸占兄嫂等行为，遗祸到唐肃宗李亨以后四代之间的兄弟宗室的权位之争。如果不是介乎禅道之间的同宗名臣李泌，不避嫌疑地斡旋其间，恐怕在中晚唐的阶段早就失鹿中原，移鼎他人了！

　　因此，我在前面说过李世民的内在个性，具备了齐桓公（小白）所有的坏处，只是初唐时代的贞观政治，能够听信魏徵等意见的作为，作风比较开明，实在大有值得后代当家治国做领导的老板们效法之处。我们民族的个性，是最喜欢崇拜个人英雄人物，尤其是比较豪迈爽朗的英雄人物，纵使他们有很多的缺失，也都能曲予宽恕，只看他光明的一面，撇开他的阴暗一面不谈。中国的民情如此，中国的历史学家们也是情有独钟的多，因此在历史上李世民就成为中国帝王中的旷代一人了。

至于晚唐时期末代李家子孙的皇帝们，外受藩镇（据地拥兵的军阀）的压力，内受"宦寺"（太监）的专权蒙蔽，已是由来已久的事实。这些历代在最高领导人皇帝身边的太监们，都是被阉割，不男不女心理变态的家伙，因为生理不正常的影响，头脑思维有时更加偏仄和细密。我们读历史上的记载，只要细想在唐武宗李瀍时代一个太监头子仇士良的话，实在是古今中外，包围蒙蔽上司领导人的薪传口诀。讲到这里，好像骨鲠在喉，不得不一吐为快。我是希望一般做老板和那些做"长"的、"员"的所有人们，都应明白其中的道理，才能"好自为之""善自为之"。

唐武宗也算是一个"少有才，而未闻君子之大道"的皇帝，他继位做了皇帝以后，心里讨厌宦官们跋扈专权的坏处，想要设法疏远处置。仇士良正是当时宦官的首领，他很聪明，已经看出了苗头不对，就赶快提出辞职，告老还乡不干了。唐武宗也就马上照准。因此，在宫里一批大大小小的徒子徒孙太监们，都来为他送行，并且请示他怎样抓权"拍马屁"的锦囊妙计。仇士良便说："天子不可令闲（你要设法，使做领导的皇帝一天到晚没有空闲的时间），常宜以奢靡娱其耳目，使日新月盛，无暇更及他事，然后吾辈可以得志（当然包括现代人的吃喝玩乐等）。慎勿使之读书，亲近儒生，彼见前代兴亡，心知忧惧，则吾辈疏斥矣。"他传完了秘诀，那些徒子徒孙的太监们都明白了这种道理，所以历史上记载说："其党拜谢而去"。你看，这有多么的深刻可怕啊！小心啊，小心！

现代和将来，当然不会再有阉割了的太监，但是具有太监类型心理变态的小智小慧、小忠小勤的习气的人，并非没有。除非真能读书明理，达到《大学》"明明德"的学养才行！而且时代不同，过去要包围生在深宫内院，长在妇人女子"宦寺"们手中的"太子"，生来就是要做职业皇帝的人，便要使他忙于玩乐，不可有太多闲暇的时间，去懂得读书明理。现在民主时代的老板们，就完全不同，所以要使他们忙于应酬会客，日理万机，再也没有精力得以静思深虑。下面的人，就可推、拖、拉、扯，欺上瞒下，阳奉阴违，搞他自己胡作非为的主意，然后多开一些以自我为中心的会议，就强加在这是民意民主的形式主义上，实在是与古人有同样可怕的歪风。所以《大学》便说"自天子以至于庶人，一是皆以修身为本"是最为重要的了。

五代是第二次南北朝的开始

现在我们再看唐末五代六七十年间乱世文化的转变。这一阶段正当公元十世纪，儒家文化和"四书""五经"文化连绵续绝。然后便可再进入宋代，讨论"儒林"道学理学家们的天下。

古人有言："物必自腐，而后虫生。人必自侮，而后人侮之。"研究历史，每一朝、每一代的末期，引发政权帝室变革的情况，大体归纳来说，只用"民不聊生"四个字，便可代表了一切衰败的祸因。其实，所谓"民不聊生"的内在因素，以及时代社会演变的外界趋势，它的前因后果太过复杂，包括有政治、经济、财政，尤其是赋税和基层社会吏治（干部）的败坏等，因此而造成历史小说上的一句名言，就是"官逼民反"的结果了。人性是"重苟安而恶动乱",大至国家社会,小到个人家庭,人人所最宝贵的,就是性命。如果可以"顺时安命",人们是绝对不肯起而革命的。"革命"一词,是来自《易经》的鼎卦的象辞以及爻辞,所谓:"象曰:木上有火,鼎。君子以正位凝命。""鼎耳革,失其义也。"社会人民碰到了"木上有火",火上加油的苦难时代,就不得不起而拼命了。我们现在不是讲历史、政治哲学的课,只是略一涉及有关的问题,提起注意而已。

李唐的时代,到了唐僖宗李儇(874—888年在位),已经进入"民不聊生"的时代,因此而有王仙芝、黄巢等的起义造反。黄巢曾经攻进长安,自称"齐帝"。可是一个经历两百多年皇室集团的政权,到底还是具有"百足之虫,死而不僵"的顽固力量,在它外围"拥兵自卫"的藩镇霸权,也绝不会让既得的利益随便拱手让人的。所以黄巢的失败,也是事所必至,理所固然的结果。不过,使李唐王权统治结束,展开"五代"的一幕,是由他的部下们所开始的。到了公元890年,正当末代唐昭宗李杰的时代,此后五六十年之间,全国地方藩镇(军阀)据地称王的强霸势力,就有十三处之多。可是在历史上习惯性地称呼这个阶段的中国史,叫作"五代"。事实上,这都是古代读书人自号为圣人孔夫子传人的思想,学习夫子著《春秋》尊王的精神,把"五代"五六十年间,能够在中原(长安、洛阳一带)抢得李唐覆灭之后的王位的,才认为是"继统"的王朝,因此撇开当时全国各地的称王称帝的其他势力,只以在河洛称帝的为继统,所以就叫它为"五代"了。即使如欧阳修、朱熹他们,号称自己为公正严明的大文豪、大史笔者,也仍然难以去掉这种盲点。欧阳修的《新五代史》和朱熹的《紫阳纲目》,何尝不是如此呢!

俗话说得好,"习惯成自然",那么,我们就照这个自然的习惯,大约介绍一下"五代"王朝那些称帝称王的乱世英雄吧!

开始第一代的"后梁"太祖朱温,在唐僖宗的时代,赐名为"朱全忠",他的本名叫"朱三"。他是跟黄巢起兵造反的人。黄巢兵败,他就见风转舵,投降唐朝,结果谋杀唐昭宗,废了昭宣帝李柷,自称"梁帝"。在位六年,被儿子友珪所弑。另一个儿子友贞即位十年,史称后梁末帝,后梁至此完结。

接着,便是后唐李存勖,沙陀族人,史称为胡人。实际上,他的祖先早已是归化汉族的西北边区民族。他袭其父李克用的"晋王"爵位,号召为李唐复仇,灭了朱梁而自称皇帝,叫做"后唐庄宗"。开始很英雄,做了三年皇帝,又死在伶人(戏子)手里了事。清初的名诗人严遂成,有一首咏李克用的名诗,很少有人有此手笔:

　　英雄立马起沙陀　　奈此朱梁跋扈何
　　只手难扶唐社稷　　连城且拥晋山河
　　风云帐下奇儿(指李存勖)在　鼓角灯前老泪多
　　萧瑟三垂岗畔路　　至今人唱百年歌

李嗣源的向天祷祝

继他而起的后唐明宗李嗣源,真还不错,比较老实可敬。他是李克用的养子,也是西北边区归化汉族的代北人。因后唐的变乱,被大家所推举,立为皇帝,在位八年。在他登位的时期,北方少数民族的契丹也已经开始称王称帝了。李嗣源做皇帝,不太作怪。突出的有三件事,值得为他褒扬。

一、当他在位的第七年,命令国子监(等于国立大学)校正"九经"(《诗》《书》《易》《礼》《春秋》三传、《论语》

《孟子》），刻版印卖，时在公元 932 年。这是历史上在唐代以后，提倡儒家学术的第一次盛举。

二、他的儿子秦王（从荣）喜欢作诗，"聚浮华之士高辇等于幕府，与相唱和，颇自矜伐（经常聚集一些华而不实的浮夸子弟，如高辇等人，互相吟诗唱和，而且还自认为很高明，很了不起）"。李嗣源便对他说："吾虽不知书，然喜闻儒生讲经义，开益人智思（我虽然没有读过书，但是喜欢听那些读书儒生讲五经的道理，可以开豁人的智慧和思想）。吾见庄宗（李存勖）好为诗，将家子，文非素习，徒取人窃笑，汝勿效也（以前我看庄宗喜欢作诗。其实，我们都是将门之后的子弟，诗文素来不是专长，会被别人背后偷偷地笑话，你切不可学样啊）！"他有此见解，的确高明。可惜有些人偏要舞文弄墨，真不及李嗣源有自知之明。宋初在赵匡胤手里灭了南唐，俘虏了李后主李煜，赵匡胤便说："李煜如果把作诗词的心思用来治国，哪里会这样轻易被我俘虏呢！"

三、历史记载李嗣源在做皇帝的几年中，"每夕于宫中焚香祝天曰：某（我李嗣源）胡人，因乱为众所推（因为乱世，被大家推举，不得已做了皇帝），愿天早生圣人，为生民主。"过去历史学家相信因为他的诚心感应，所以宋太祖赵匡胤此时出生在"甲马营"中。是不是迷信，姑且不论。但是李嗣源的这种用心，就不能不说是他的"诚意、正心"之德了！不要说五代其他的英雄帝王们，没有这样的真诚和谦让之情，恐怕千古以来，能够向天祝告说出此话的，还找不出第二人呢！每读历史到此，常为他真诚的为国为民之心所感动，必然低眉敬礼，这也实在是很感人的历史故事啊！有这种存心的人，还可对他有民族歧视之见吗？但从李存勖开始称帝的后唐，经李嗣源继位，先后只有十一年的时间。李嗣源死后不到三年，后唐也就亡了。

跟着称帝的，就是历史上第一个作为契丹傀儡皇帝的石敬瑭，号称后晋，也就是割让燕云十六州地区奉献给契丹的儿皇帝。因此而开创了宋朝开国以来，自黄河以北成为辽、金、元三朝的根据地，形成中国历史第二次"南北朝"的三百年局面。但石敬瑭的后晋，也只有十二年的时间，大权就转入他的部将刘知远的手中。刘知远称帝，改国号为后汉，做了一年皇帝便死了。由他的儿子刘承祐即位称"隐帝"，也只多了三年就完了。后唐李存勖、后晋石敬瑭、后汉刘知远三代，都是沙陀人，只是氏族不同而已，所以在旧史上叫他们为"沙陀"三大族的"胡人"。

接着由后汉的部将郭威篡位称帝，改国号为"后周"，做了三年的皇帝也死了。他没有儿子，就由他的养子，也便是他妻子（皇后）的内侄柴荣接位，称为"世宗"，精明果敢，颇有英气，在位六年，在出兵伐辽的途中死亡。当时由他三岁小儿宗训继位为"恭帝"，提升赵匡胤为殿前都点检（相当于现在的陆军总司令），要他出兵征河东，刚刚出发到陈桥驿的一天晚上，就闹兵变，据说将士们把预先做好的皇帝穿的黄袍加在赵匡胤身上，然后就迫他做了宋朝开国的第一位皇帝宋太祖。周家柴氏的孤儿寡妇，也就只好拱手让位。所以后世有爱管闲事的诗人，便作了一首诗说：

忆昔陈桥兵变时　欺他寡妇与孤儿
谁知二百余年后　寡妇孤儿又被欺

最后一句是说南宋亡国以后，末代的小皇帝恭帝赵㬎和皇太后，也被元朝的大将伯颜所俘虏走了，世事的轮转回旋，犹如原版重翻，非常奇妙而可叹。不过，后周的郭威和柴荣两代并非胡族,不必老是胡说,把"五代"都说是"胡人"在作乱。

根据历史记载,五代虽为乱世,但对宋朝开国以后重兴儒家学说的关系,极为重要。我们在前面已经说过,在后唐明宗李嗣源时代,令国子监校正九经,刻版印卖,时在公元932年。这个新疆老乡李嗣源,真有现代出版商的头脑,同时也替中国文化首先做了一件大好事。但到了后周广顺三年(953年),也就是郭威为帝的末年,"九经"版才雕刻完成,先后历时二十一年。同时,在四川后蜀的孟昶,也同意四川刻版印"九经"。

史载:"初,唐明宗之世,令国子监校正九经,刻版印卖,至是版成,献之。由是虽乱世,九经传布甚广。是时,蜀毋昭裔(人名,蜀之仆射,等于辅相)亦出私财百万贯营学馆(办学校),且请刻版印九经,蜀主孟昶从之,由是蜀中文学亦盛。"可是我还记得读过一本历史的书,说五代时代的刻"九经"版,冯道也有鼓动之功,可惜临时想不起在哪本书上,又懒得去查。只是随便一提,将来你们发现了再说吧!在另一方面,我们也可以看出,如五代这样一个乱七八糟的时代,你争王,我争霸,兵荒马乱,民不聊生,但无论是汉、胡等族,以及后来的辽、金、元,对于保存中华文化的传统,大家都是一致的同心同德。这就足以说明中华民族文化和文明的特点啊!

五五、两宋守文弱主的由来

杜太后「母仪可风」
「烛影斧声」的疑案
宋真宗神道设教的愚民政策

第八篇 儒学演化与国家发展

南北宋三百年来的赵家天下,先由黄袍加身的宋太祖赵匡胤开始,根本就没有想一统中华,所以玉斧一挥,割掉中国北方的燕云十六州,就让它自己成长,形成后来的辽、金、元朝。对于南方云南迤西的大理,也无力统一。他只想暂时安定,努力俭省节用,收集财货,用金钱攻势买回北方的一统。五代七八十年的战乱,人民社会困苦不堪。但经他的提倡俭约,宋初不到十五六年之间,洛阳近郊的民间先行富有,甚至挂帘子用的装饰,就有银钩亮相了。他平常对人说:"我以四海之富,宫殿饰以金银,力亦可办。但念我为天下守财,岂可妄用。"尤其到了他的兄弟赵光义继位做了宋太宗皇帝,喜欢读书学问,并且继承他哥哥赵匡胤的政策,避免军人将领干政,更加重文轻武,起用文人来管地方军政,授以大权。从此便养成以后三百年来的赵家子孙皇帝,都会遵守一个原则,所谓"守文弱主"而已。

但话说回来,在中国的历史上,赵宋三百年的天下,"齐家、治国"比较特殊的规范约有三点,稍作补充。

第一,赵匡胤兄弟,虽自军人的子弟出身,生性也比较孝顺,尊重母教,但比起历史上的帝王宫廷来说,几乎就没有皇后或皇太后把持朝政,造成一般人所说女人为祸水的"女祸"故事。宋太祖、太宗兄弟等,都是由他们的母亲杜太后母教长成的子弟。杜太后算是一位贤母的典型,所以在北宋之世,就先后有过几位贤母型的太后，可为典范。从"齐家、治国"的原则来讲，宋代应可及格。当然首先还应归功于杜太后的母教而来。

第二，赵家兄弟自小就出生在军眷的家庭环境中，赵匡胤出生在甲马营中。他们兄弟都是将门之后，长大以后，也照例是做职业军人，并且追随周世宗南征北战，因军功而升迁到殿前都点检的位置，得来并非偶然。所以在他们的本身经历上，是极其知道战争的祸害和悲惨，同时也知道战争会给人民带来太多的痛苦。因此，厌武重文的心理也比较强烈。世界上有很多文人，最喜欢谈兵，他们实在没有当过军人打过仗，往往会把战场当作考试场一样的紧张好玩。赵匡胤最初是从战争中勇于作战而成名的，他当然了解战斗是并非好玩的事，所以他在登上皇帝的宝座以后，就要考虑是否必要以武力统一天下，或是另谋其他的方略。他所以毅然断然在"舆图"上，手把"玉斧一挥"，暂且割开"燕云十六州"和云南迤西一带的"大理"而不顾，固然不是勇者的所为，但也情有可原。而且他认为当时北鄙的契丹等胡人进攻中原，其志只在财货的掠夺，人如只要富贵，就可用金钱攻势，买回失地。这就是赵家三百年来由太祖内定的战略失策的致命伤。

第三，由兄终弟及，继赵匡胤做皇帝的宋太宗赵光义，也如他哥哥一样，跟着在军旅生活中长大，但他比哥哥还爱好读书与学问，所以历史上记载，他在"兵间二十年，手不释卷"。出兵打仗，后勤还有十几匹马，是驮着书本从征的。因此，在中国文化中有两句最有名的成语，都是由他说出来的："开卷有益"，这是他赞叹读书有好处的一句名言；"宰相须用读书人"，这也是他视学识为最重要的名言。还有一句，是和春秋时期卫国大夫蘧伯玉相同的话："吾年五十，方知四十九之非。"这也是他做了皇帝以后，更加知道实践的经验和修养知识相结合的重要，而且是心有所感的叹息。

杜太后"母仪可凤"

有关赵匡胤的家教和母教的事，结合正史和宋人其他史料笔记来说，当赵匡胤已经知道大家都已计划好了要临时兵变，"黄袍加身"，拥护他做皇帝，但不免也有"既喜且惧"的心理，成功与失败，两者都不是儿戏的事。他就悄悄回到家里，想告诉母亲一声，好向母亲请教。一进门，他的母亲和他所最敬重的姊姊正在厨房里做饭。他就正好对母亲和姊姊讲了这件事。他母亲听了还没有说话，他的姊姊就大声地说：男子汉大丈夫，要做什么大事，就要自己心里有决断，还跑到厨房里问我们做什么！一边说，一边就把手里拿的擀面棒举得高高的，把他用力地推出去。赵匡胤听了姊姊的责骂，心中踏实了，立即转身回部队去了。到了晚上就闹兵变，"黄袍加身"做了皇帝。所以他终身对这个姊姊敬畏有加，不敢怠慢。

而在正史上怎样说呢？

宋主尊其母杜氏为太后。后，定州（河北省定州县）安喜人，治家严而有法。陈桥之变，后闻之曰："吾儿素有大志，今果然矣。"又尊为皇太后，宋主拜于殿上，群臣称贺。后愀然不乐，左右进曰："臣闻母以子贵，今子为天子，胡为不乐？"后曰："吾闻为君难。天子置身兆庶（老百姓）之上，若治得其道，则此位可尊。苟失其驭，求为匹夫不可得。是吾所以忧也。"宋主再拜曰："谨受教。"

这一段话，历史学家也并没有过誉其辞，同时也是说明赵匡胤的成功的确是得力于母教。赵宋开国的老祖母，真是"母仪可风"啊！

杜太后被尊为皇太后的第二年就死了。她在临危的时候，皇帝赵匡胤随时侍候在她的身边，她就叫赵匡胤召最亲信的辅相赵普进来，并且问赵匡胤说：你知道你为什么这样容易得天下、当上皇帝的吗？赵匡胤说：那都是靠祖先的阴功积德和母亲您的教诲啊！太后说：不对。是因为柴家（周世宗）使幼儿主天下，所以你占了便宜又卖乖了。假使后周有年纪老成的后代做皇帝，你哪里有这样容易。所以我要吩咐你，你死后应该传位给弟弟光义做皇帝。光义过后，应该传位你的三弟光美。光美过后，再传位给你（赵匡胤）的儿子德昭。你要知道国家天下之大，能够有一个比较老成的人来继位做皇帝，那就是社稷之福了！赵匡胤听了，哭着说："敢不如教。"儿子不敢不听妈妈您的吩咐。这时，太后又对赵普说：你是一起听到我的吩咐，同时做好记录，将来不可以违背了我的主意。赵普听了做好记录，并且在末后一行签了字："臣普记"。然后"藏之金匮，命谨密宫人掌之"。

"烛影斧声"的疑案

赵匡胤开国称宋，只做了十六年的皇帝，在曹彬灭了南唐俘虏李后主的第二年就死了。他的死，也是宋朝开国之初一件重大的疑案，所谓"烛影斧声"，便是说他在临死之前，和弟弟光义为了传位的事是有所争执的。也有人怀疑赵匡胤在临死时，是被弟弟光义逼死或气死的。如云：

> 太祖不豫（快要死了，很难过），夜召晋王光义，嘱以后事，左右皆不得闻。但遥见烛影下晋王时或离席，若有逊

避之状。既而太祖引柱斧戳地,大声谓王曰:"好为之。"已而帝崩。

赵光义继位,史称宋太宗,做了二十二年皇帝,并没有遵照他母亲杜太后的遗嘱,把帝位传给兄弟,再传侄子,而且早就以兄弟光美和侄子德昭犯错误为借口,将他们处置了,最后还是传位给他自己的第三个儿子赵恒(宋真宗)。据说,他不遵守杜太后的遗嘱,传位给自己的儿子,也是经过和赵普商量而决定的。赵普告诉他,太祖赵匡胤听信皇太后的盼咐,已经做错了,你可不要再错。因此就传皇帝之位给自己本支的子孙,直到徽宗、钦宗被金人所俘虏,康王南渡浙江为南宋高宗以后,因为没有儿子,才找出赵匡胤一支后代七世的孙子赵眘(读"慎")过房做他的儿子而继承大统,后来因他对高宗比亲生的儿子还要孝顺,所以历史上便称他为"孝宗"(谥号)了。

我们为什么费了那么多的时间说明宋初开国这一段的历史内幕呢?因为两宋的政治中心,在表面上是尊重儒家的孔孟之教的学术思想。儒学重"圣人以孝弟治天下"。从"齐家、治国"之道立论,对于兄弟的友爱情谊,自宋太宗开始,已违背他母亲的教诲和本身的初衷,而且犯了儒家"伦常乖舛"的大忌。宋人笔记史料,还记载赵普在临死的时候,因有负杜太后的嘱咐,白日见鬼,吓得请僧道来做佛事以求忏悔,并且亲自写悔过书烧化,向杜太后祈求饶恕。不过,这是过于迷信鬼神之说,所以正史便不采录。到了清初,名儒查慎行(初白)有一首诗,专指宋初开国的这一桩公案,最为精彩:

梁宋遗墟指汴京(开封府),纷纷禅代事何轻(由五代后周等变宋的禅让)。也知光义难为弟(故事如前面所讲的便是),不及朱三尚有兄(后梁太祖全忠与宗戚饮酒酣醉,其兄全昱视帝曰:"朱三,汝本砀山一民,奈何一旦灭唐家三百年社稷!")。将帅权倾皆易姓(针对赵匡胤的事,言将帅权倾人主者,皆欲篡位也),英雄时至忽成名。千秋疑案陈桥驿,一着黄袍便罢兵。

宋真宗神道设教的愚民政策

宋太宗继位做了二十二年的皇帝,传位给真宗赵恒,赵宋自开国到此,还不到四十年的时间。但在黄河以北的契丹,国势兵力坐以强大,便在真宗继位的第七年出兵南犯,同时又派人来谈和,宋朝也派曹利用代表和谈。但契丹攻势,由河北的德清直逼冀州(真定),到达澶州(大名府开州),军书告急,一夕五至。

当时的宰相"平章事"寇准,对于边防告急的公文一概不理,"饮笑自如"。真宗知道,吓坏了。追问寇准,他便说:"欲了此事,不过五日耳",但陛下你一定要亲自到澶州的前方去一趟。真宗听了很为难,其实是真不敢去,就想回宫去了。寇准拦住他说,你一回宫,我就见不到你了,"大事去矣"。另一位宰相毕士安便极力劝真宗要采用寇准的建议。因此真宗只好召开御前会议,商量御驾亲征的事。有些大臣们听到了契丹入寇,吓死了,王钦若建议迁都南京,也有建议迁都成都的。真宗便再问寇准的意见,寇准假装不知道是哪个人的提议,便说:"谁为陛下画此策,罪可斩也。"他就详细为真宗讲明战略上的胜算,因此真宗才决定了御驾亲征。但他到了澶州以后,还是胆小不敢过河,寇准再三鼓励,而且说:"陛下惟可进尺,不可退寸。"跟在真宗旁边的殿前都指挥使高琼也极力赞成寇准的战略,就命令御林军的卫士们,快推皇帝所坐的銮驾过河。前方的战士们看到了皇帝果然亲到前方，便士气百倍，踊跃呼万岁，声闻数十里。对方的敌人契丹也被吓住了，赶紧用数千骑兵来进攻，但被宋军打败撤退。

真宗回到行宫，悄悄派人去看寇准在做什么。回报便说，寇准正和皇帝的秘书长杨亿在喝酒打牌，说笑唱歌呢！真宗听了，便说："寇准如是，吾复何忧。"但是到了最后关头，这位赵宋的皇帝真宗还是决定和谈，几次往返，仍然由曹利用做代表。甚至愿意每年出百万两银子给契丹，互称兄弟同盟。同时有人在造谣挑拨"寇准幸兵以自取重"。因此，寇准对这样一个老板，实在也无能为力。但他特别吩咐曹利用："虽有敕旨，汝所许过三十万，吾斩汝矣。"议和最后定案，每年给契丹银十万两，绢二十万匹，称宋朝为兄。契丹才引兵北去。这便是两宋两百余年来，由宋真宗开始，对辽、金、元等低首自卑，只用金钱外交的弱国政策。但宋真宗却又自作掩饰地说："数十年后，当有捍御之者。吾不忍生灵重困，姑听其和可也。"其实，他是真的吓破了胆。加上寇准的政敌王钦若的谗言，只是轻轻说他一句，"寇准好赌"。澶州之役，他是拿你皇上的生命做赌注。从此寇准富国强兵的统一思想就永无出路，而且也被免了宰相的职权，下放做地方官去了！

可是，宋初全国人心，仍然希望这个国家能够做到华夏一体的统一局面。那又怎么来对付这种政治趋势呢？因此便由王钦若出个鬼主意，假造"天书"，造成真宗皇帝领导全国军民都信奉道教，"敬事上天"，只要太平安定，就不要随便谈兵，轻举妄动。因此宋朝代代相传这个统治秘诀，用了一百多年，到了宋徽宗赵佶"道君皇帝"手上，就和他的儿子钦宗赵桓一起当了金人的俘虏，受苦受难，老死在东北的五国城了。

可是宋真宗想用宗教信仰的"愚民政策"淡化一统中国江

山的全民思想，也并不如此简单。首先需要得到政府人民所依赖的宰相王旦的意愿。因为宋朝的制度，比较历代帝王最尊重相权，而且对朝廷中的文臣也特别尊重。宰相是文臣的领袖，也是全国民意代表的象征，所以他必须先要使王旦默认这个不可公开的政策才行。但王旦对于这个措施始终不肯表态。宋真宗没有办法，只好向王旦府上多送名贵重礼。这是历史上皇帝向宰相行贿的第一次举动。王旦心里有数，天下是赵家的，政府是赵家的朝廷，皇帝已经低声下气，要求宰相同意他的办法，行也得行，不行也得行。他就把皇帝送来的礼物封存起来。"归家或不去冠带（上朝回来，有时连礼服都不脱掉），入静室独坐。"他是在打坐参禅呢？或是无言的抗议呢？他平常就是"与人寡言笑，默坐终日"，因此谁也无法窥测他的心境了。

可是到王旦临死的时候便遗命家人，不许用官服来埋葬他，只准用和尚的身份收殓。史载："旦遗令削发披缁以敛，盖悔其不谏天书之失也。诸子欲奉遗命，杨亿以为不可，乃止。"他是忏悔呢？或是遗恨呢？就不得而知了。同时也记载他对于当时用道教做愚民政策的事，也早有后悔，再想极力反对，又觉得"业已同之（已经表示同意了），欲去（辞而不干了），则上遇之厚（但皇帝对他太尊重，太好了，不忍心舍他而去）"。虽然当时担任宋真宗的枢密副使的（国防部副部长）马知节，也曾经对宋真宗说过："天下虽安，不可忘战去兵"，但他自己到底没有恳切地表示这个意见，所以临死还不心安。

宋真宗也曾经在他病危的时候问过他，假如你过世了，谁做宰相最好，他就毫不迟疑地说寇准最好，除此以外，"臣所不知也"。读《宋史》，必须先要了解宋初真宗的这一段事实的大关键处，就可知道两宋三百年来的赵家天下，为什么会成为中国历史第二个"南北朝"的由来了。清人王仲瞿在题名《汉武帝茂陵》的诗中说：

  和议终非中国计　穷兵才是帝王才
  守文弱主书生见　难与英雄靖九垓

  王仲瞿这四句话，虽然言重一点，过于偏激，但对于治国当家者，实在是值得警惕的名言啊！孔子答子贡问政，曰："足食足兵，民信之矣。"并非是必要发动战争才能解决问题啊！

五六、宋初文运和宋儒理学

文运鼎盛的前因
钱若水一番有骨气的话
范仲淹是真正的儒宗儒行
栽培宋初一代大儒
北宋后期儒林道学的现象
苏东坡对神宗的建议

第八篇　儒学演化与国家发展

我们为了说明传统文化中儒家经学在历史上的衍变，以及宋初文运的昌盛，乃至形成宋儒理学家的因由，因此花了不少时间介绍赵宋开国的重文轻武政策，恰为宋儒理学成长的助缘。由此而使《大学》《中庸》在儒学"十三经"中突出，和《论语》《孟子》共称为"四书"的经学，主导中国文化教育，配合元、明、清考试取士、读书做官的政策，千年以来牢笼天下的才智之士，使之陷于功名泥淖之中，难得自拔。但不要因为我的这一说法，便误解了儒家"四书"害了中国文明，或耽误了中国文明的发展。其实，儒家的"四书"并没有妨碍了中国，只是南宋以后的有些学者过于迂曲误解了"四书"，反而妨害了传统儒学对民族文明发展的重要。

如果从人类学的观点来说，对比东西文化的演变，而且以中国文化史的立场来讲，就像太阳运行东西两半球的一昼夜之间，西欧和东亚的中国，明暗代谢几乎似有类同，而又有大不相同的差别情况。我只是首先提出大家的注意，希望青年后生可以做多方的研究探讨。

例如西方的欧洲文化，自第五世纪罗马帝国瓦解到十世纪，战争相寻不息，新国互有兴亡，人民生活困苦不堪，文化低落，正是欧洲文化史上所谓的"黑暗时代"。这时犹如日出东方，西方正处于长夜漫漫之中。但在中国，恰是由南北朝经唐朝、五代,到宋朝开国初期的阶段。虽如旭日东升,朝阳艳丽,有时也是阴云密布,阳光黯然失色。西方文化,第九世纪开始,由黑暗时代进入基督教的经院哲学时期,长达六个世纪之久,到十五世纪才渐渐有了转变。十六世纪"文艺复兴"以后,西方文明和文化才换了一个崭新的面目。

所谓"经院哲学",就是专门研究基督教的神学,它在研究怎样认识神与实在存在的关系。思辨精密,论证迂回,烦琐曲折万分,所以后世学者又有称它是"烦琐哲学"的。但非常巧合的,中国从十世纪开始,便是宋朝建国,到十一世纪中间,宋儒的理学、道学也开始兴盛,二程(程颢、程颐)一系传承的朱子(朱熹)学派建立权威。"四书"的朱著章句之学,也迂曲范围了周公、孔子以来的儒家"经义"之学,长达八个世纪之久,到二十世纪的初期,遗风渐息。在这样一个长期的黯淡状况中,犹如在东方的日丽中天过后,阴霾四合,完全是一片"万木无声知雨来"的现象,所以才有二十世纪中苦难的中国,不得不重新革命,重新建立中华。

我们必须先要了解了前面所讲的中国文化与西方文化的对比,然后回转来探讨儒家学说的演变,就可启发大家的反思,运用"正思维"来寻求答案,然后再来重估传统儒学对人类的"人道"文明的价值了。

文运鼎盛的前因

现在要讲宋初的文运之先,必须要注意由盛唐到五代,帝王政权的兴替,与中国文化儒佛道三家之学的盛行,并无多大影响。甚至反使当时的聪明才智之士,厌恶乱世,逃避现实,去参禅学佛或修炼神仙道学。宋朝初建,禅宗的"五家宗派"正是盛极一时。道家和道教经过宋真宗的提倡，也是有声有色。例如宋真宗景德元年（1004年），就有禅僧道原首先汇集禅宗公案的《景德传灯录》著作面世，而且有当时的名臣杨亿为它作序推荐。这是后世研究禅宗第一部重要的宝典；《五灯会元》等书，都是后来居上的续成之作。在道教方面，也有张京房召集道士所集《云笈七签》大部著作的完成，为后世编集《道藏》开其先河。稍后，有张紫阳（伯端）《悟真篇》问世，融会禅佛儒行的精华，是开创道家"神仙丹诀""南宗"的宝典。

但不要忘了，前面已经说过，由五代唐明宗李嗣源开始的雕刻传统儒学"九经"出售，以及周世宗（柴荣）时代"九经"的刻版完成，和西蜀四川"九经"的流通，都是促使宋初读书士子学习儒学更加方便有利的条件，也是使儒学更为广泛传布的原因。因此，宋初文运的鼎盛，并非出于偶然，实在是有它的前因。同时也需要了解，在唐宋的阶段，中国的学术文化的重镇，大多还在关中（陕西、山西）及河洛（洛阳、开封）等黄河流域等地。唐宋的名儒学者，也是这个区域范围的人物占多数。过去所谓的"华夏文化""中原文化"，"中原人物"大多也是这一区域的人。

到了宋朝开始，由读书学儒而考取功名，渐至跃登为朝廷的政要，功显当时、名留千古的一大群人物，大多都是平民、贫民出身的寒士，正如古人所谓，"十年寒窗无人问，一举成名天下知"；或如说，"一举名登龙虎榜，十年身到凤凰池"等颂辞，便是从宋初开始，考试制度最为成功特出的现象。

但是，同时还有一些读书学儒有成的学者，淡泊名利，志行高尚的人，始终不求功名，以耕读自娱，终身以学问为重，虽然名重当时，但又隐居不出的处士也不少。所谓"处士"的意义，就是善于自处，不求闻达于当时的清高代号。这在唐代的习惯上，称为"高士"，再早一点便叫"隐士"，都是同一含义的名称。这一类人，在中国历史上关系也很重要。甚至每使历代的帝王或朝廷，隐隐约约都在注意他们的言行举动，心存顾忌。那些帝王将相生怕被他们看不起，而使自己很不安心。这也是中国历史文化上的特色人物。如果比照西方文化，从西洋的政治学说上，勉强的比类，便是属于保留"不同意"的主张或"不合作"的态度的人。不过，这种比方也很勉强，中国文化中的隐士、高士们，是属于道家一流的人物。他们绝对不肯只为自己而鸣高，有时为了国家天下人民的利益，也会婉转设法，提出很有影响力的主意，帮助社会的安定，然后即所谓"功成而弗居""没世而无闻"而已。

宋初开国的第二十四年，也就是宋太宗赵光义继位的第九年，年号"雍熙"开始，就召请当时在华山的隐士陈抟入朝，在名义上是皇帝向他请教道术。究竟他们所谈的真实内容是什么，就不得而知了。历史所载，都属于官府公告式的官话，就不必讨论了。陈抟当然不会久留朝廷，立即请辞还山归隐。但在这一年内，太宗就颁发诏令，要求民间提供遗书。所谓"遗书"，就是有些人的著作，还没有公开问世，被社会上所不知道的书稿。过了四年，改年号为"端拱"元年，就免了共同起事的布衣之交赵普的宰相职位，正式发布吕蒙正为"同平章事"（事实上，就是宋朝对宰相的官衔名称）。

钱若水一番有骨气的话

吕蒙正，我想大家大概都会知道，他是宋初最贫寒家庭出身的子弟。少年的时候，一边上山砍柴谋生，一边苦志读书，经常会在山上劳动中碰上大雨，肚子饿了，就将斗笠的雨水泡冷饭吃。他读书有成，功名得志，结果当了宋太宗的宰相。我们现在特别提出吕蒙正来，就是说明由他开始，宋初百年之间，造成文治的文人政府的朝廷中，大半都是由贫寒出身的儒学之士。尤其在吕蒙正以后三十年左右，便有从最贫苦出身的范仲淹出仕，古人歌颂他是出将入相，英雄而兼圣贤的人物，也是开创宋代文运最有贡献的大贤。我们只要翻开《宋史》，读了吕蒙正当宰相前后时期的"翰林学士"钱若水答宋太宗的对话，便可知道宋初开始形成文人政府的风格，实在大有不同于历代帝王政体的特点。史载：

> 宋太宗谓侍臣曰："学士之职，亲切贵重，非他官可比。朕常恨不得为之（他说自己也很想做翰林学士）。"又曰："士之学古入官，遭时得位，纡朱拖紫（宋朝的官服形色），足以为荣矣。得不竭诚以报国乎！"若水对曰："高尚之士，不以名位为光宠。忠正之士，不以穷达易志操。其或以爵禄位遇之故而效忠于上，中人以下者之所为也（如果只是为了做官便表示对你皇帝尽忠的，这都是那些中等以下的人所做的事，还有什么好说的呢）。"

钱若水的一番话，也代表了宋朝开始，由宋太宗到真宗、仁宗数十年间，如吕蒙正、王旦、吕端、王曾、寇准一辈儒者的正义和作风，实在足为有志从政者的针砭名言。

到了宋真宗时，又征召终南山隐士种放入朝，结果种放还是不来。又因澶州之役过后，极力提倡"神道设教"的政策，便赐封信州（江西）道士张正随号真静先生，为他建上清院及授箓院。这就是后世江西龙虎山张天师的起源。

我们先要了解宋初的文运，有关儒佛道三教鼎足并茂的情形,然后再来了解宋初开国六十多年以后,到了宋仁宗赵祯在位的四十多年之间(1023—1063年),才出现一群名儒贤相,先后相继执政的鼎盛时期。也是宋儒的儒林和道学(理学)的开始。

宋仁宗登位前十年,还由刘太后主政,仁宗只是备位而已。刘太后死后,也正是宋仁宗二十四岁的时候,才由他自己当家,才算是真有实权在手的赵家天子。但他自己亲政的第一件事,就是停止修造道观和佛寺,不用内侍(太监)罗崇勋。立即召范仲淹为"右司谏",以备咨询。这也说明由宋仁宗开始的宋朝文运,好像演电视剧一样,首先由范仲淹登场亮相,也并非是偶然的事。当宋仁宗庆历(1041—1048年)前后,宋儒理学家的兴起,大部分是受范仲淹的影响,或经他的培养推重而成名的。而且在仁宗庆历三年前后开始,名儒而兼名臣的,就有晏殊、韩琦、富弼、文彦博、欧阳修、蔡襄等人。稍后,便有司马光、苏轼(东坡)三苏父子兄弟、王安石一辈人物。

因范仲淹的关系,影响一代的大儒,如胡瑗(安定先生)、孙明复(泰山先生),以及后世称为"五大儒宗"的周敦颐(濂溪)、张载(横渠)、程颢(明道)、程颐(伊川)、邵雍(康节)等,直接或间接,都与范仲淹先后有关。我们大家都知道他的名文《岳阳楼记》中所说的名句:"先天下之忧而忧,后天下之乐而乐。"这不是他写作文字上的空言,而是他一生实践行履的守则。

范仲淹是真正的儒宗儒行

讲到范文正公范仲淹(希文),我们大家都是知道的。但是我觉得应该为将来的后起之秀提起注意,所以再来简单介绍。范仲淹出生在苏州的吴县,两岁的时候,生父便死了,家境很贫寒，他的母亲实在没有办法撑持这样一个孤儿寡妇的家庭，就带着他改嫁了一个姓朱的人。他因此也被改了姓名。可是他从幼童开始，自己就很有主张、有志气。他明白了家庭关系和母亲的苦衷，就向他妈妈痛哭一场，不愿再留在朱家。他到了南京，依靠亲戚家的微少帮助，努力读书求学。因为太穷，有时煮了一锅粥，凉了分作三块，每餐吃一块充饥。这样昼夜不息地读书求学，到了冬天，穿的衣服破了不够保暖，感觉太疲劳了，就拿冷水浇面，勉强提起精神来苦读。

有志竟成，他终于考取了进士，得到一个官位，为"广德军司理参军"，等于现在的一个军区司令部的政治部主任兼管军法。这样，他总算有了薪俸的待遇，就去接母亲回到本家，恢复本姓。后来又调为"大理寺丞"，等于现在的最高法院院长，再后又调职务，管过粮食工作。因母亲死了，就回家守丧三年，一边教授学生，他可没有一点埋怨或不满母亲的心理，完全恪守"儒行"的孝道。三年过后，经由推荐，出任过"秘阁校理"，等于现在中央办公厅的主任。跟着就出去做地方行政首长等职。

宋仁宗久闻他的人品和学问，所以在皇太后一死，自己亲政的第一年，就召他担任了"右司谏"。仁宗并不是刘太后亲生的儿子，因此很多人趁太后已死，就有许多批评太后的话发生了。范仲淹身任谏官，是可以对皇帝讲不同意见的话。因此他就对仁宗说：先帝宋真宗死后，太后调护陛下十余年，今宜掩其小故，以全其大德。仁宗听了，便说：我也很不忍心听这些闲话。就下命令宫内宫外，不准再讲皇太后垂帘听政这十多年的往事。这就是范仲淹推己及人，调和皇帝和养母之间的心结，促进宫廷政府之间的安定。他"要言不烦"，只提起皇帝的注意，你母亲养你且帮忙你那么多年了，就是有些不对，现在更不能旧事重提了。

自"五代"以来，天下学校废坏，当仁宗还未亲政，在天圣五年的时期，宰相晏殊开始提倡兴建学校，作为各州各县的标准，并且延聘范仲淹做教师。范仲淹教授学生的作风，首先是重视养成一个人的品格，所谓"敦尚风节"，最为主要。同时要关心天下事，不能只为自己着想。晏殊对他的教育方针和他本身的行为非常器重，而且认为范仲淹的将来，一定会成为国家社会的"大器"。晏殊是宋初才子型的宰相，人们最喜欢的名词如：

　　一曲新词酒一杯　去年天气旧亭台　夕阳西下几时回
无可奈何花落去　似曾相识燕归来　小园香径独徘徊（浣溪沙）

　　这便是他的流传千古的名作。文化最基本的影响力，就是文学，也叫文艺。你只要翻开《宋词》，首当第一位的，便是他的《珠玉词》。至于他的文集有二百四十余卷之多，就很少有人去摸它了。古人所谓"但得留传不在多""文章千古事，得失寸心知"，就是这个道理。权势地位，只可以煊赫一时，并不能镇服后人的爱憎。它和领导政治的成果一样，好坏永在人心。

　　晏殊对范仲淹的人品学问非常赞赏，同时也很欣赏范仲淹的文学才华。学问人品的基本，固然有关于天然的禀赋，但也是由道德修养而来。文学辞章就不同了，几乎百分之七十由于天才。虽然勤力学习，如没有生有的才情，始终难得有文艺上的绝妙境界。所以清人赵翼论诗，便有"到老方知非力取，三分人事七分天"的感慨了。尤其身兼文武韬略，出将入相的人物，大多富于才华，富于情感。古今的名将，具有军事天才的人，也是如此。只是一般人没有真正置身军旅，并不明白其中的道理。换言之，军事上的战略、战术和战斗，统是战争的艺术，也是智力和情操的结晶。兵法即艺术，艺术即兵法，只是普通人不了解真正的武学，看到军人就怕，认为统是老粗，实在非常遗憾。

范仲淹奉命防御西夏，镇守边疆，号令严明，爱抚士卒。甚至敌人所属少数民族的羌兵，就互相警告，"大范老子，胸中有数十万甲兵"，不可轻触其锋，因此相率投降来归的很多。宋仁宗的时期，因他而得边疆安靖，所以欧阳修便有"万马无声听号令，八方无事谏书稀"之作，就是这个时期的写照。欧阳修极力奏请要用范仲淹做宰相，但范仲淹恳辞不干。可是范仲淹在前线的心情又是如何呢？且看他的两首词：

塞下秋来风景异　衡阳雁去无留意　四面边声连角起　千嶂里　长烟落日孤城闭
浊酒一杯家万里　燕然未勒归无计　羌管悠悠霜满地　人不寐　将军白发征夫泪（渔家傲）

碧云天　黄叶地　秋色连波　波上寒烟翠　山映斜阳天接水　芳草无情　更在斜阳外
黯乡魂　追旅思　夜夜除非好梦留人睡　明月楼高休独倚　酒入愁肠　化作相思泪（苏幕遮）

这两首词，都是他在防御西北边疆前线上的作品，眼泪是真的眼泪，为国家民族的心也是真的耿耿忠心，情感和理智，并无什么矛盾的冲突，他是分得很清楚的。至于他的名文，如《岳阳楼记》等等，大家都知道，不必多说了。

栽培宋初一代大儒

现在要讲的,是范仲淹在有官位、权力在手的时候,仍然念念不忘文化教育的大业,极力鼓励后生青年,首先要立志学问。我们大略讲两三则有关他的小故事,也都是影响宋朝文运的大事。

前面讲到晏殊对他的赞赏和信任。有一天,宰相晏殊想为自己的女儿选择一个好女婿,就来问范仲淹,在他所教的学生中,有哪个人最好。他就推荐了富弼。晏殊终于选择富弼做女婿。后来富弼果然不负所望,成为宋代的名臣名相,同时也是一位最了不起的外交官,年八十而卒。"守口如瓶,防意如城"的名句,就是他自己写在屏风上的一生守则。当富弼还在做学生的时候,考试没有通过,就要回家去了。范仲淹知道了还有一次考试的机会,就亲自去追他回来,因此富弼"遂举茂才异等",犹如现代国家特别考试录取的人选。这就是范仲淹爱护后进子弟,极力造就有为青年的行谊。

至于宋初一代儒宗的胡瑗(安定先生)、孙明复(泰山先生)、张载(横渠先生),也都是他所培养出来的大儒。

如史料所载:胡瑗,字翼之。十三(岁)即通"五经"。家贫,无以自给,往泰山,与孙明复、石介同学。攻苦食淡,终夜不寝,一坐十年不归。范仲淹爱而敬之,聘为苏州教授,诸子从学。后来又推荐先生以白衣(没有功名的普通人)对崇政殿(和皇帝对话),授试秘书省校书郎。后又屡迁,擢为太子中允、天章阁侍讲,专管太学,卒年六十七。出其门者不下数千人,从政者也不少,影响宋初文人政府的风范很大。他便是由范仲淹首先推荐的第一人。所以清初黄梨洲比照禅宗公案汇书《景德传灯录》等的办法,初编《宋元学案》,便以"安定学案"和"泰山学案"开始,标明都是高平讲友。所谓"高平学案"就是范仲淹本身一系的学案。

孙明复,晋州平阳人(山西),四举开封府籍,进士不第(没有考取进士),退居泰山。后来因石介(徂徕先生)的推荐,经范仲淹、富弼的进言,才名显朝廷,擢为国子监直讲,年六十六卒,学者尊称为"泰山先生"。但他和范仲淹本来就有关系,而范文正公却早已置之度外,并不知道后来学养成名,以师道自居的"泰山先生",就是当年他所培植的人!因为范仲淹当初在睢阳(河南境内)掌管讲学职务的时候,有一个孙秀才要求游学他方的费用,范仲淹便自己送他一千文。明年又来了,又送他一千文。范仲淹就问他,为什么要到处游学,奔波于道路呢?孙秀才就很痛苦地说:"母老,无以为养,若日得百钱,甘旨足矣(孝养母亲的生活费就够了)。"范仲淹便说:"吾观子辞气,非乞客也。两年仆仆(风尘),所得几何?而废学多矣!吾今补子学职(给你一个学生的名额),月可得三千以供养,子能安于学乎?"孙生大喜。于是授以《春秋》,而孙生笃学不舍昼夜。第二年,范仲淹离开了睢阳,孙生也就辞别他去了。十年以后,范仲淹闻泰山有"孙明复先生",以《春秋》教授学者,道德高迈。他就和富弼协助石介,共同向皇帝推荐。想不到在朝廷上见面的"泰山先生",就是当年向他要游学费用的孙秀才。这就是范仲淹推己及人,以及他爱才的度量和德行,能够大公无私地鼓励培养出一个学者宗师的盛德。

至于范仲淹和张横渠先生的故事,就又不同了。"张载,字子厚,世居大梁(河南开封)。父迪,仕仁宗朝殿中丞,知涪州(四川涪陵),卒官(他父亲在任上死了)。诸孤皆幼,不克归(同胞兄弟姊妹们都很小,没有能力回到故乡开封)。以侨寓凤翔郡横渠镇（陕西眉县东）。"但他虽然是个孤儿，可是很自立，志气不群，尤其喜欢谈兵。当康定（仁宗年号）用兵时，年十八，慨然以功名自许，欲结客（联合一批志愿军）取洮西（甘肃境内）之地。因此，上书谒范文正公。范仲淹接见他，知道他是大器，责之曰："儒者自有名教名乐，何事于兵？"便顺手拿了一本《中庸》给他。他总算一点就透，听了范文正公的话，就不投军，立刻回去返求"六经"。又与二程夫子交往，后来考取进士，仕于朝廷，与王安石政见不合。但他的学养却开启关中的风气，成为一代宗师。尤其是他平常所讲的"为天地立心，为生民立命，为往圣继绝学，为万世开太平"的四句名言，与范文正公的"先天下之忧而忧，后天下之乐而乐"，都成为北宋以后中华文化学者立志的典范，长垂不朽，永为后生所景仰。

总之，如果由周公、孔子以后看传统文化中"儒者之学"，究竟是什么样的内涵和定义？你只要仔细一读《礼记》的《学记》和《儒行》两篇大文章，就可明白秦汉以前所谓"儒者"的规模了。"五经"是中华传统文化储藏库，要想完全通达颇不容易。"四书"是儒学实习经验，也可以说犹如《学记》和《儒行》的续编。宋初从仁宗开始，儒学昌盛，但在"五大儒"之先，足以代表真正的儒宗儒行者，应当是范仲淹。他对儒学的造诣，是《易经》和《春秋》，志存经世致用，绝少如后起的"五大儒"中的二程夫子（程颢、程颐）等人，自称为"出入佛老"，反求"六经"，而道在是矣；然后再来高谈心性之学的微言，以自标榜为继孔孟的绝学。范仲淹只以实事求是的作风，力行所知所学，为人民、为社会、为国家"诚意""正心"做实事，但求尽其在我，无负初心而已，这才是真儒实学的标准。他的一生，"内刚外和，泛爱众而亲仁，乐善好施（博爱他人，爱做好事，肯布施），置义庄里中，以赡族人（为故乡地方族人买田，首先创办社会慈善福利的产业)"。但在他死后，家里没有太多积蓄，仍然保持两袖清风，书生本色。他的四个儿子，也都学有所成，而且智勇俱备，公正廉明，犹如其父。古今学者，能才兼文武、德行纯粹如范文正公仲淹者，便可以无愧于"儒行"了。

北宋后期儒林道学的现象

北宋的政权，由宋仁宗亲政，在公元1033年开始，接着就是英宗赵曙、神宗赵顼、哲宗赵煦三朝，前后六十年之间，可以算是文运鼎盛，名儒辈出，也是中国历史上最尊重相权，最尊重文人学者的时代。但由神宗到哲宗的三十年间，也是学者大臣各自固执我见，因意识主张的异同，互相争执，互相对立，终于形成宋朝的"党祸"和真伪道学之辨的悲剧。

神宗时代，由"拗相公"王安石执政的时期，想要恢复王道的井田制度，实行管仲治齐的军政管理，建立"保甲"等制度，整顿经济财政的田赋税收，便大力推行新政，不惜排除平时文章意气相投的名儒大臣们的反对意见。渐渐演变，就明显成为派系斗争。到了最激烈的时候，就认定以司马光为首的为"洛党"，以苏东坡兄弟为首的为"蜀党"，极力加以打击。因此使文名最盛、才华毕露的苏轼先后被放逐两三次。使他与广东、琼州（海南岛）等地，在文化历史上结了不解之缘。同在这个时期，如自相标榜为继孔孟绝学，高谈心性微言的二程兄弟，程颢（明道）、程颐（伊川），在王安石和苏轼（东坡）两大高明之间，因彼此观点的不同，视为"伪道学"，那也是理所必然的结果。因为苏东坡和王安石两人不但以儒为宗，对于禅与道的见地，似乎比二程等人尤有胜处。程明道和王安石的学术意见和政见不合。程伊川和苏东坡的政见意见也不合。欧阳修是明白表示反对佛老。司马光则保留态度,在他修编的《资治通鉴》,但取《魏书·释老志》以供学者的参考,比较少加意见。

如果专以宋神宗先后时期来说,比较学行纯朴,足以为"五大儒"之首的,当以周敦颐(濂溪)为胜。尤其由他所制的"太极图说",综合儒、道、阴阳的理念,常被后世道、儒各家所引用,作为依据。二程兄弟早岁曾经从他求学,只是后来自相标榜,并不承认是学出"濂溪"之门。张载(横渠)是二程世谊后辈,而且曾经从二程问学,但也自成一格。

唯一不同的便是邵雍(尧夫),世称"康节先生"。他毕生阐扬易学,而且对于象数之学别有师承。不但为宋代"儒宗"所推崇,由他开始,经元、明、清千年以来,易学的术数、方伎等等杂学,大多都以邵康节的象数方法为标榜,有形无形地影响民间社会的风俗。二程兄弟平常很想向他探问易学象数的隐秘,但终因自视太高,不能明白他的精微。但在邵康节临死之前,程伊川问他:"从此永诀,更有见告乎?"他但举两只手一比做答案。伊川不懂,再问他,这是什么道理?他就说:"前面路径须令宽,窄则自无着身处,能使人行乎!"换言之,邵康节深切知道程氏兄弟的学养,尤其对程伊川过于师心自用的个性更清楚,因此便告诉他前面的路道要留宽一点,太窄了,会使自己没有站的地方,怎么好叫别人走得过去呢!

苏东坡对神宗的建议

我们现在非常简单粗浅地介绍了北宋后期,由学术思想和政见的异同所引发的"党祸"的可悲,以及对后世最有影响力的"五大儒",和二程兄弟一系所标榜的"出入佛老,而反求六经",才悟到孔孟的心法,认为"道在是矣"的宋儒性理微言的大概情形。在中国文化史上,以宋儒二程一系的理学,和南宋以后继承"程门"心法的朱熹(朱子)儒学,便接替了上古历代先圣和孔子的心印,实在是一件不可思议的大误会。这正如禅宗大师洛浦所说"一片白云横谷口,几多归鸟夜迷巢"的感叹是相同的。

可是从元、明、清以来,都奉朱熹的"四书"章句为标准课本,教导后生小子千年之久,比起西方文化中的"黑暗时期"和"经院哲学时期"的沉没还要长久。因此,二十世纪初期的"五四"运动,不得不起来打倒"孔家店"了!其实,这是先师孔子枉受牵连,应当为之平反才好。但不料数十年后,觉得还打得不够彻底,再由"四人帮"来演一次"文化大革命"的悲剧。事实上,在宋神宗的时候,苏东坡已经提出过纠正的呼吁,如说:

> 性命之说,自子贡不得闻(性命之学,孔子没有明讲,就如子贡的高明,也没有听过夫子讲性命之说)。而今学者,耻不言性命(但是现在的学者,不讲一点孔门的性命之学,好像是很可耻似的)。读其文,浩然无常而不可穷。观其貌,超然无著而不可把。此岂真能然哉(其实,他们哪里是真能达到见性知命的造诣呢)!盖中人之性,安于放而乐于诞耳!陛下亦安用之(这些人,都是中等人的资质,放任自己,高兴随便胡吹,皇帝你听他们的高谈学理,有什么用处呢)!

神宗看了他的建议,如有所悟地说:"吾固疑之,得轼(东坡)议,意释然矣!"再问他说:"何以助朕?"苏东坡就说:

"陛下求治太急，听言太广，进人太锐，镇以安静。"意思是说，第一，你想要改变政治体制，快点达到治国平天下的心太急了。第二，你听了许多不同的意见，反而难以判断谁是谁非了。第三，你为了要达到理想的目的，进用人才提升得太快了。最好，皇帝你自己先要镇静下来才好。

苏东坡虽然说得对，但在历史上称"神宗"的谥号所谓的"神"，统如汉灵帝和明神宗等的谥号一样，称之为"灵"为"神"的皇帝，都是历史平议，含蓄批评他们本身，生来就具有神经质的禀赋，思想情绪不太正常，当然无法求其"知止而后有定，定而后能静，静而后能安，安而后能虑，虑而后能得"的高明智境啊！

北宋王朝，由宋神宗到哲宗这三十年（1068—1100年），学术思想的异同，和主张政治改革的新政意识，互相冲突，互相争议，可是没有因此而随便处死一个大臣或学者。看来有相当的主张自由、言论自由的味道。但毕竟是"乱哄哄，你方唱罢我登场"的"文戏"；实际上，对当时南北对峙的局势，富国强兵的作用，并无什么好处。但我们须要知道，在北宋这一时期，何以能有这么多"儒林"学者产生？原因不外三个：第一，我们在前面说过，因有五代雕刻"九经"的流通关系。第二，因在宋仁宗庆历时期，公元1048年之间，有毕升用胶泥刻字，排比成活字印书版的发明，从此而使书本更为流通，古书得以保存留传。而且还很快辗转流传到西洋，知道采用活版印书。第三，公立学校和独家讲学的"书院"兴起，因此使文化教育较为发达。

古人说北宋五大儒的出世，是天命攸关。事实上，人间事还是人事所造成的，岂能推托于虚无缥缈的天命。可是在这个时期，在西方的欧洲，也还沉没在"经院哲学"的神学洪流中，大致也并无多大的动静。只在1095年间，有克勒芒的教士会议决定，派遣第一次十字军东征，四年之间，即1099年，十字军取得耶路撒冷，建立了耶路撒冷王国。这是西方历史上的大事，好像东西方的命运，又有一点相似之处。

在东方的中国方面，也正是由宋徽宗赵佶继承北宋的帝位，对于前期的学术思想上的论争和政体变革等演变，都已渐渐淡化。但因受上代以来文学文化的影响，宋徽宗也如五代时南唐李后主一样，都是名士风流的才子皇帝。他擅长书法，又会作画，因此而爱玩天然的奇石。他讲究宫廷的建筑，在皇宫的东北角动工新建花园式的宫殿，以堆叠劳民伤财所搜括来的奇石。同时又相信道士林灵素等的蛊惑，笃信道教符咒神力可以安邦定国，会打退金兵。所以便放心大胆去玩弄当时的名妓李师师。他也算很有福气吧！就凭这样一个败家子弟的样子，做了二十五年的皇帝。不料天兵天将抵不住金兵的进攻，就急急忙忙把皇位交给儿子赵桓继承，称为钦宗。不到一年，父子二人和后妃太子宗戚三千人，都被金人所俘虏，最后，被囚死在东北的"五国城"。

北宋的王朝，就是这样地划分了历史上的界限。接着就是康王赵构南渡，终于又在浙江杭州重新建立起一个朝廷，号称"南宋高宗"。这完全和晋朝的情况一样，前晋亡于北汉，历史划分它叫"西晋"，南渡以后继起的王朝，便叫"东晋"。而在南北宋的时代，北方辽、金民族先后更替兴亡所建立的王国，也并不是从境外入侵中国的外族，事实上，他们都是早由上代已经归化居住在北方的少数民族。在文化教育上，仍然是以中国文化的儒家为主，佛道两家为辅的"华夏"文明。大家只要多留意对辽史、金史的研究，就可明白北宋一百多年来有这样的结局，完全由于宋太祖赵匡胤和宋太宗赵光义两兄弟，在开国之初战略决策上犯了最严重的错误，因循自误，没有一鼓作气，收复燕云十六州，进而统一全国的江山。

"三代"以上,是以德化民成俗,用文治而平天下。"三代"以下,是以"止戈为武"的武功平天下,然后再事治国。"功德并用""恩威并济",才是传统儒道文化的最大原则。而赵宋天下在建国之初,但用"黄袍加身""陈桥兵变"的巧取豪夺政策而取天下,并非以正义之师来统一中国。从此便"偃武修文",使用金钱财货的外交和议政策,媚敌自保,因此养成后来继位的赵家子孙的职业皇帝们,统统成为"守文弱主"的结果,岂不是"事有必至""理所固然"吗?

五七、南宋王朝和四书章句

宋高宗两道互相矛盾的诏书

评朱子所谓「帝王之学」

主张学以致用的名儒

南宋高宗赵构，也和钦宗一样，都是徽宗的儿子。当徽、钦二宗父子被金人俘虏北去，金兵曾经一度进攻到南京和临安（杭州），但被韩世忠和岳飞等所击败，立即撤退北归。可是金人曾两次利用宋臣张邦昌，立作"楚帝"，跟着又立刘豫作"齐帝"。他想用傀儡的政权，作为缓和民族之间的抵抗情绪。宋高宗就在这种胜负不定的战况下，不听抗金名将宗泽的建议，就从他最初被封为"康王"的封地相州（河南汤阴，今称安阳县），撤退到扬州。后来又一路逃亡到浙江的宁波、温州而到杭州。正当宋室朝廷进退无主的情况下，他被臣工们拥护，在杭州继承帝位，是为"南宋高宗"。

但高宗在即位以后的战略政策，既不想中兴，更不敢想统一。他所想的只是偏安一隅，苟延残喘而已，所以仍然学祖先的办法，以金钱财货的"和议"作为上策。因此罢李纲、韩世忠，以秦桧杀岳飞，表示"偃武修文"，以促成和议的成功。至于国破家亡，父兄被俘虏，在他做皇帝的三十六年，以及后来让位给太子孝宗的二十五年，前后一共活到八十一岁之间，从来没有表现过激昂慷慨的情绪，真是到达一切都不动心的景况，看来也算是历史上一个稀奇的皇帝。另据宋人史料所载，当宋高宗出生的时候，他的父皇宋徽宗，忽然梦见"五代"末期和赵匡胤同一时代的吴越王钱镠进宫，他就出生了。这个史料虽然是古人迷信的传说，但看来也非常有趣。钱镠一变而做宋高宗，便把杭州做汴州（开封），大概正如白居易的诗所说，"未能抛得杭州去，大半勾留是此湖"吧！

宋高宗所作所为，明显的权术不少，例如他使秦桧杀了岳飞以后，便把岳飞的故宅来办"太学"，这是要人怀念岳飞呢？还是教人只要读书，不要学岳飞以武力抗金呢？这就不得而知了。其实，他的心事敌国的金人都很明白，只是不说穿，才好要挟而已。例如在绍兴二十一年的春天，他总算要表示一番，就派了一个专使叫巫伋的，到金国去做"祈请使"。这个职责的名称很奇怪，"祈"是"祈求"，"请"是"请安"。所以巫伋到了金国，首先提出要迎请靖安帝（钦宗）归国。金主就说："不知归后何处顿收？"换言之，你们要钦宗回到南宋以后，不知道你们拿什么地位来安顿他啊！做皇帝吗？高宗肯让位吗？不做皇帝，他回去又做什么呢？岳飞口口声声要"直捣黄龙，迎回二帝"，所以就不能不被杀了。巫伋听了金主的问话，就无话可对，只好唯唯而退了。

宋高宗两道互相矛盾的诏书

我们暂且不管历史上的是非，再回转来讨论南宋开始的文运和宋儒程朱理学的兴起，使《大学》《中庸》大行其道，作为帝王领导学和帝王师之学的由来。

前面已经讲过，北宋末期五大儒和二程兄弟自称"出入佛老，反求六经"而悟道，突然继承孔孟的绝学，点燃千古心灯的经过。现在我们看来，只如浮光掠影，白纸上有一些黑字而已。而在南北宋之间，这可不是小事，它是足以震撼千古的奇迹，使当时的天下学者低首向"程门"的，实在不在少数。

宋高宗既然不顾宋室的国耻，决心以和议为上策。但他也知道，全国的人心是不甘于三分天下二分亡的局面，主战和主和派的冲突，也很难调和。因此，他也要学祖先宋真宗那样的办法，怎样可使人民的心理安于偏安才好。武的不行，只有文的最好。因此先须收服一般读书知识分子的舆论情绪，就在他仓促登位的第四年，也就是改年号为"绍兴"的元年，"诏（追）赠程颐直龙图阁大学士"。他下的这一道命令便叫"制词"，大略如说：

周衰，圣人之道不得其传。世之学者，其欲闻仁义道德之说，孰从而求之？亦孰从而听之？尔（你）颐（程颐）潜心大业，高明自得之学，可信不疑。而浮伪之徒，自知学问文采，不足表见于世；乃窃借名以自售，外示恬默，中实奔竞；使天下之士，闻其名而疾之，是重不幸焉！朕所以振耀褒显之者，以明上之所与，在此不在彼也。

他这道"制命"，褒扬程颐（伊川）是继千古以来周公、孔子绝学的第一人。只有程伊川是真儒真学者，其他的人都是假道学，自己叫卖虚名而已。所以我要追封程伊川为大学士，希望大家都要如他一样。不过，这篇"制命"的大文，不知道是高宗自己的手笔，或是大臣所代写的，看了它最后两句，真的很有意思，也很可笑，是绝妙好辞。他说："我所以现在要褒扬程颐，是要使大家明白皇帝给予他的荣耀，真正的意思，只是为了这个，不是为了那个。"你们不信，再读一读原文最后的三句试试看。他当时还是初登帝位，还在坐立不安的局势之下，就先来捧出北宋王朝时代的一位新圣人干什么？根据他原文最后一句自做的答案，是"在此不在彼也"，岂非明白告诉大家谜底了吗？

但在他下达尊崇程颐的诏令五年以后，便有儒臣陈公辅上书，要求禁止"程学"，高宗又照准了。陈公辅的奏疏内容，大略是说：

> 今世取程颐之说，谓之伊川之学，相率从之，倡为大言：谓尧舜文武之道，传之仲尼，仲尼传之孟轲，孟轲传之（程）颐，颐死遂无传焉。狂言怪语，淫说鄙论，曰此伊川之文也。幅巾大袖，高视阔步，曰此伊川之行也。师伊川之文，行伊川之行，则为贤士大夫，舍此皆非也。乞禁止之。

因此，高宗就另下一道诏书说："士大夫之学，宜以孔孟为师，庶几言行相称，可济时用。"可是当时与"程门"有关的学者，也是开初推荐秦桧的名臣胡安国，又上疏为"程学"辩护说，"孔孟之道，不传久矣，因（程）颐兄弟始发明之，然后知其可学而至。今使学者师孔孟，而禁从颐学，是入室而不由户也"等语，当然又引起另一些儒学大臣的反驳，反而弄巧成拙。

评朱子所谓"帝王之学"

南宋高宗初期用儒学相号召的文化教育政策，就在这样的争辩不定中过了三十多年。但二程之学的门人弟子，高谈心性微言的学风，已经大行其道，在年号"绍兴"的三十二年间，有"程门"的再传弟子朱熹，自己主动"上封事"（当时的密奏名称），首先提出："帝王之学，必先格物致知，以极夫事物之变，使义理所存，纤细必照，则自然心诚意正，而可以应天下之务。"接着第二点，提出安内攘夷的理论。第三点，提出政府官吏的管理治权的根本，还需朝廷的正确决策，等等。朱熹的这篇奏疏，除了他首先提出《大学》开头的"格物致知"为帝王学的根本以外，其余所论国家天下为政之道的见解，不但现在看来平凡，在当时看来想必也很平凡。而且朱熹当时的官职，只是一个"监南岳庙"的"监官"，等于现在湖南衡山的宗教局长，虽然学术上已有"程门"传人的名声，但到底还是官卑位小，人微言轻，当然是起不了多大的作用。但在后世推崇朱子学说的人看来，便认为是无上的高见，因为他首先提出《大学》的"格物致知"为帝王之学，是为儒学出身的学者引起足以自豪的心态了。

其实《大学》的本文，只说"自天子以至于庶人，一是皆以修身为本"，并非说《大学》就是做天子的帝王学啊！它是说做国家第一领导人的皇帝也好，做一个普通的老百姓也好，不管做什么，必须先要学好做人，以修身为本才对。至于由修身而外发为治国平天下之学，是做学问一贯的道理。并不是说，必须要出来做官，做事业发财，甚至要做国家的第一领导人，当上皇帝才是"明德"的学问啊！否则，著作《大学》的曾子，他自己为什么不出去做皇帝，而且也不肯随便去做官，做事业发财呢？

总之，学问修养是一件事，做皇帝或做官或发财，是另一件事。有学问修养的去做皇帝或做官做事业发财，当然是好事。但没有学问修养而能做个好皇帝或好官，那也就是真学问真修养。有学问修养，不得其时而行，就不出去做官做事，自守善道，做个规规矩矩的人，或者以"师道"自居，随缘教化后生而"止于至善"，这也正是"大学之道"的一个典型，曾子就是这样一个人啊！

话说朱熹，他在宋高宗的时期并没有得行其道，高宗死后，由孝宗赵昚继位，有恢复中原之志，准备讲武，设置武举十科，并以朱熹为"武学博士"。因为他对高宗"上封事"的书中，也讲过有关恢复的事，所以便给他这个官衔。但还没有开始讲武，宋朝又与金人修好谈和，而且朱熹又和当时的宰相及大臣们议论不合。史载："熹登第五十年，仕于外仅九考，立朝才四十六日，进讲者七，知无不言"，然因与韩侂胄等意见不合而罢官。当宋光宗赵惇的最后一年，才再召朱熹为侍讲。跟着就是宁宗赵扩继位，韩侂胄当权，宋室朝廷也正闹严禁"伊洛之学"，视之为"伪学"。因此，又罢免了朱熹的侍讲和修撰的官职，再过九年，朱熹以七十一岁的高龄过世了。

总之，朱熹生当南宋新朝的初期，经高宗到宁宗四代半壁江山的皇朝，主战与主和的战略纷乱，忠奸邪正的政党相争。他抱有以圣学匡正时弊的目的，处于无可奈何的局势之中，但仍然坚守二程"伊洛"之学的师承，自以"主敬"的修养，主张"道问学"以达贤圣的宗旨，始终不变，实在也足为后世学者的楷模之一。他的一生对儒家经学的著作不少，但最用心得力的应该算是《大学》《中庸》的章句。换言之，他把原本《大学》《中庸》另加分章编排，自作注解，但他自己并没有说，只有我朱熹所编注的《大学》《中庸》，才是空前绝后的孔门正宗心法，后世必须以此为准。岂知他编注的《大学》《中庸》，却变为后世元明清六七百年来的御用范本，用它来牢笼天下学者进取功名的思想，成为不可另有其他见解的意识形态。应该说这并不是朱熹的本心，这是元明清三代那些不学无术治国当家皇帝们的过错，尤其是明朝朱元璋一手造成的罪过。

主张学以致用的名儒

事实上，当南宋初期四代帝王的八九十年之间，和朱熹一样，同为当代的名儒学者，同样具有以正学救时的用心，同时也在讲学传道授业者，并不在少数。

例如在中国文化史上，或是儒家理学史上最有名的陆九渊（象山），便和朱熹有正好相反的治学观点，他是主张学问修养之道以"尊德性"为主，但得其本，就不愁其末了。朱熹主张的"道问学"，是由集成学识，加以理性的精思推理而到达"形而上"道的境地，是从舍本逐末入手，恐怕终生不得要领。"尊德性"是先行证入"明德"的"自证分"，自然可以贯而通之，达到一切学问的本际。因此，才有在历史上著名的朱熹与陆象山在江西的一场"鹅湖之会"，互相对话，辨证真理的学术会谈。结果是各有胜论，难定一是。朱陆异同的"鹅湖会辩"，可以说是南宋初期儒家理学家们"理性主义"在逻辑上的论辩，是为后世学者所称道的盛事。但从西方欧洲的文化史来说，这时还正在经院哲学探究神学的阶段。从陆象山、朱熹死去的二十年后，西方的哲学家培根才出生（培根生于1214年，正当宋宁宗嘉定七年）。看来也很有意思。

其实，在南宋初期，除了朱熹、陆象山代表理学家的注重心性微言以外，其他的名儒学者也不少。尤其是调和朱陆之间的吕祖谦（东莱），后来列为浙东"金华学派"的代表人物。另如"永康学派"的陈亮（同甫），以"功到成处便是德，事于济处是有理"的事功主张，与朱陆异同之争更为突出。如其自说"研穷义理之精微，辨析古今之异同，原心于秒忽，较理于分寸，以积累为工，以涵养为主，睟面盎背，则于诸儒诚有愧焉。至于堂堂之阵，正正之旗，风雨云雷交发而并至，龙蛇虎豹变见而出没，推倒一世之智勇，开拓万古之心胸，自谓差有一日之长"等语，这些话很像孔门弟子子路的豪情壮语。因为他有志急切于事功，曾与当时退居浙南的军事学家兼诗人的辛稼轩往返，纵论国是。辛稼轩在他走后，用自己的经历作了一首《破阵子》的壮词寄给他，可以说不是赞许的意思，还是劝勉他

"知止而后定静"的成分居多。原词是:

> 醉里挑灯看剑　梦回吹角连营　八百里分麾下炙　五十弦翻塞外声　沙场秋点兵
> 马作的卢飞快　弓如霹雳弦惊　了却君王天下事　赢得生前身后名　可怜白发生

另如吕东莱、陈同甫之间的"永嘉学派"的代表人物叶适(水心),大致都主张学以致用,不大同意高谈心性,无补时艰的空言义理。其他还有"闽中学派""宁波学派"等等,也各有所长,各有专著行世。有人说:"哲学家和文学家,都出生在乱世和衰世的时代。"如以这个观点来看南北宋的文运,似乎觉得哲学和文学又太多了一点。但到了南宋建都杭州百年以后,十三世纪的后期,中国文化儒释道三家的主流,也都如"强弩之末,势不能穿鲁缟"了!由于理学的兴起,传统儒学的"五经"正义的经世致用之学,也已渐形没落。禅宗从临安大慧宗杲禅师以后,也已进入"说理者多,行证者少"的情况。道家有与朱熹同在福建武夷山的白玉蟾,被后人推尊为继南宗张紫阳真人的正脉以后,也就转入元朝初期王重阳和长春真人邱处机所创的"龙门派"的道教了!

可是宋儒的道学,从出入禅道的樊篱,以《大学》《中庸》为主导的"性理微言",犹如异军突起,势不可遏。其中尤以朱熹所尊奉"伊洛学说",并自创立以"道问学"为主导的性理学风,更为一般后起学者所欢迎。自朱熹以后,有真德秀和魏了翁二人,皆宗奉朱子的学派,最为杰出。但宋室的政权已在风雨飘摇,摇摇欲坠的情势之中,被历史认为促使宋朝灭亡的先后三大名相,如韩侂胄、史弥远、贾似道,也都是忠奸莫辨的人物。其实,是因为他们复兴无功,建国无能,又在学术思想和政治作为上矛盾冲突,就弄得灰头土脸,遗臭万年。不管南宋的朝政如何紊乱,但在宋理宗时期,真德秀仍以儒家理学可以救时的用心,作了一部名著《大学衍义》,极力推崇"大学之道",便是千古不易的"帝王之学"。以"格物致知、诚意正心、修身、齐家"为四大纲领,引证经训,大旨在端正领导人皇帝的"君心",严肃宫廷的齐家之道,排弃幸进者的当权执政等三个要点,都是针对宋室末代衰乱的情形而立论,所以更被当权者所忌惮。史称其"立朝十年,奏疏数十万言,皆切中要务",但是终亦不免遭受排挤出局的必然结果。

五八、蒙古西征与西方人的误解

成吉思汗为何西征

藏密为主下的儒家

我们姑且大略介绍，南宋宁宗庆元六年，朱熹死了，韩侂胄当权的阶段开始。正当公元1200年后的七八十年之间，北方的金国亡于蒙古。南宋末代的宰相贾似道求和于蒙古，反而促使南宋早亡于元的后果。这些历史往事，都是发生在十三世纪的阶段。在东西方文化历史上造成一个偏见论点的，也是此时发生，那便是成吉思汗的西征，造成西方人至今误解东方人为"黄祸"的论点，以及附会基督教《圣经》上所说的魔鬼，与东方中国龙的图腾连在一起，谬论连绵，形成畏惧和仇恨东方人和中国人的偏见心态。

西方的历史学家或历史哲学家，因为不大明白中国历史，从来没有人做详细的研究，理出公平的理念。中国本土的学者，也往往随便跟随西方学者的观点，认为凡是中国人便统称蒙古族，也不仔细研究分析中国各民族，尤其是汉族，它和印第安族与蒙古族祖先的血缘传统关系，等等。希望将来的学者能正视这些问题，不要忽略过去，造成人类之间的大误会。如因此而使世界上有些人借此挑起种族主义或有色人种的战争，那就更加罪过了！

现在我们简单地了解十三世纪这一阶段的西方历史故事：1203年，十字军攻陷君士坦丁堡，三年后，即1206年，蒙古族的铁木真统一蒙古诸部，自称"成吉思汗"。同年，东罗马帝国建希腊帝国于尼西亚。1209年，法兰西斯派修道士会成立。

1212年，西班牙十字军兴。1215年，英王公布大宪章，世界才有宪法。1219年，成吉思汗西征。1222年，蒙古灭回回国（花剌子模），成吉思汗西征军逼近印度。1224年，蒙古降伏南俄罗斯诸侯。1227年，成吉思汗死亡。1237年，蒙古人进入俄罗斯。1238年，西大食建格拉纳达王国。1240年，蒙古将领拔都征服俄罗斯，三年后建钦察汗国。1241年，蒙古大破欧洲诸国联军。1245年，教皇英诺森第四派蒲郎卡皮泥东来。1250年，埃及马木路克朝兴起，是为历史上著名的埃及奴隶王朝。同年，法王路易第九派罗伯鲁克到蒙古和林。1254年，第六次十字军终结，德国大空位时代开始。1258年，蒙古灭大食阿拔斯朝，开建为依儿汗国。1264年（甲子），忽必烈下诏燕京改名中都（今北京），准备建都，改年号为至元。1265年，英国创立国会，是为世界上国会之始。意大利诗人但丁出生。1269年，元朝才由帝师藏僧八思巴根据藏文创作蒙古字。1270年，法王路易第九发起第八次十字军，到1272年终结。1273年，德国哈布斯堡家族开始。路德福第一被选为德帝（德国的大空位时代结束）。三年以后，即1276年，南宋灭于元朝。1295年，马可·波罗来到中国，仕于元朝，后返抵威尼斯。我们大略看了这些对比的东西方历史文化，既很奇怪也很有趣，好像十三世纪是成吉思汗的世纪，也是中国传统文化到此划分界限，成为黯然失色，其后大不如前的转折时代。

成吉思汗为何西征

　　研究中华民族上古氏族社会的渊源和分化，问题很大，也很复杂，暂且不说。如果只从中国北疆的蒙古、满洲，以及汉代所称的"西南夷"与苗瑶等各个少数民族的血缘渊源来讲，古人也早有说明,认为原在远古,是与我们同为一体血脉相承的共祖。清朝初期的雍正,曾经为了满汉民族意识的争端,便亲自写过一部《大义觉迷录》。他的论点,虽然一直没有被汉人学者所承认,但也不能一概抹杀,从中华民族史学的观点来讲,应该算也是富有创意的论文。至于大元帝师八思巴对蒙古民族祖先的来源,用了印度小乘佛学上的观点,另行"高推圣境",那是针对元初开国的恭维话,老实说,是凭空捉影,在中国民族学上实在无所根据,不必再加讨论了。

我现在首先提出几个观点,以供诸位及将来学者研究做参考。

一、蒙古这个名词的来源,很可能是从西汉初期"冒顿"这个名词的变音而来。等于现在西方人称中国为China,是从秦的变音而来。冒顿,就是汉高祖亲征时,把他围困于白登的那个匈奴族单于。

二、自汉以后,匈奴、乌桓等族,喜欢尊称他们所敬服的君长叫"汗"。事实上,是从仰慕汉朝的用意而来的。"汗"就是"汉"的同音语,只是为了区别,中国的历史上便采用"汗"字,而表示刘氏王朝所建国的"汉"字,是华夏民族文化的正统。匈奴、突厥因景仰汉室的威风,也自己尊称为汉,是要降格以从,所以便用一个同音的"汗"字来替代了。换言之,"汉"字也好,"汗"字也好,反正都是自认同样是一个"大汉"的民族。所以到了唐代,因唐太宗李世民和李靖在武功上的威望,突厥便全体降服,尊称唐太宗为"天可汗"。这个尊称的含义,就是把中原皇帝称"天子"的"天"字,加在"汗"字前面,便成为"天可汗"了。换言之,就是推崇唐太宗为皇帝的皇帝。因此,十三世纪初,铁木真崛起蒙古,便自称为成吉思汗,也正由这种传统观念而来,并不是从"汗马功劳"的"汗"字取名的。

三、在中外的历史上，凡是原先居住在北方地区的民族，如果崛起南征，大多数必定会占领南方，统一全国的。中国的历史，是有很多次的先例。欧洲各国的历史也是如此。甚至十七世纪新兴的美国，也不例外。孔子也曾经说过北方之强与南方之强的异同，那是从地球物理与地区民族性的科学观点上立论，理由太多，一时说不完，而且不是本书的正题，就不多说了。

但在中国三千年的历史上，无论是从地缘政治或战争史实上来看，从北征南，江山一统的次数多，如汉、唐、宋、元、清。从南伐北，除了明代一次算是例外，几乎都是失败的结局。其中的道理太多，牵涉太广，也只提到为止。

四、成吉思汗在蒙古的崛起，包括他的子孙，在几十年间之所以西征东讨，南征北伐，无往不利，并非天助，也不是蒙古军别有好勇善战的武功。实事求是来说，那是因为蒙古军在当时拥有了世界上强大兵种的关系，这也就是佛学上说轮王须有七宝中之一的"马宝"。十三世纪的东西各国，虽然也早已知道使用骑兵，但使战马蕃殖群生，加以严格训练骑射等武功，而成为集团作战的骑兵，却以蒙古军最为成功。这等于是二十世纪初期，用拥有大量机械化的坦克车部队，以压倒性的攻势歼灭地面上的陆军，当然势如破竹，所向披靡了。但也不要忘了，能够崛起而领导人群的人物，胸怀大志，腹有良谋，加以宽大坦诚的作风，有德才有威的形象，最为主要。成吉思汗便是这样的一代之雄，才能培养发展出史无前例的骑兵威力。

五、成吉思汗崛起后，为什么不先行南征，打垮金国，直下江南而统一南宋的天下，却偏更远征西域而打到欧洲呢？这个问题，大家似乎都忽略过去。尤其是西方的学者，过去素来不了解东方和中国的历史背景，所以只以"黄祸"这一个观念，用来概括蒙古或东方,甚至是所有中国人的野蛮了。

如果熟悉中国史,不要说上古或西周,只要从秦汉开始,展开中国历代的历史记录,几乎不论哪一朝、哪一代,百年内外或几十年之间,所谓匈奴、突厥等从西陲、北疆进入的侵略战争,都不一而足。中国历史上所谓的"胡人",就是指由西陲和北疆所有侵略中原的各个民族的统称,而且历代的胡人,大多数早已是胡汉交流的混血种族。不管如何,凡是从西陲北疆入侵的胡人,以畜牧为生,牛马羊及骆驼的蕃畜,首先便需要占领西北和北疆的蒙古草原,才能立足。而草原在中国西北的边境,根本就无法严格划界。因此,西胡、北胡的入侵,首当其冲的便是蒙古各族。铁木真(成吉思汗)从幼小孤苦的心灵中,深受他族侵凌之害,而且也明白西胡的祸害特别深,所以一旦崛起,趁着屡战屡胜的余威,就长驱西向。所以他对被征服的各国说:"因为你们犯有滔天大罪,我乃奉天命来惩罚你们的。"这便是他西征的原因所在。

至于他当时对于南方的金国和更南方的宋朝,还没有可以南征的认识,一直到他死后,他的儿子们南进,攻下金国所属的潼关,才知道中原故国也不过如此而已。因此才敢奢望华夏,但仍要先派人和南宋联合,灭了金国。再到宋理宗景定时期,公元1260年,由忽必烈在东北的开平建都开始,才入主中国,统一海内。忽必烈在位三十五年,以后经历六个皇帝,或三年,或四年,或十三年,一共加起来,不到三十七年,只有最后亡于明朝的元顺帝,也和忽必烈一样,在位三十五年。

藏密为主下的儒家

总之,元朝建国,先后只有九十余年(1271—1368年),但对中国传统文化的伤残就非常的大。

一、元朝当时的蒙古民族,因为久处在中国极北边疆的草原,历来都受西胡、北胡的侵扰,所以防御和战斗便是平常的生活,也就缺乏文化的基础了。不像辽、金两个民族,早已受华夏文化的熏陶。因此,自忽必烈首先进兵西藏,便受西藏密教喇嘛文化的感染,非常信仰。尤其他更惊奇十五岁的少年藏僧八思巴的学识和神奇,就尊为国师,请他制作蒙古文字。到了统一中国以后,便和西藏的喇嘛共治中国,把大小的喇嘛分布全国各地,主导各省、州、县的教化。当时喇嘛还是以原始西藏密教的"红教"为主,大都从事男女合参的"双身法"。因此,使这些戒行有亏的番僧得以仗势奸淫妇女,侵占贪污,不一而足,民怨沸腾。至于传统的禅、道、儒、佛文化,受到密教的摧毁,几乎已一落千丈,从此欲振无力了。

二、蒙古在元朝的时期,本身种族人口并不太多。而且西征到欧洲,北伐到俄罗斯,南征到中国全国,要分派各地统治的人才,非常缺乏。因此,就把原先西征途中早期投降过来的人,都派出到中国各地,充当统治的官吏,例如马可·波罗就是其中之一。所以从元朝开始,政府下达民间的公文,就有"各色人等",或"色目"人等的文句。所谓"色目",就是蓝眼睛的人。"各色人等",就是包括黄种、白种、棕色及黑色各种民族。中国的历史,在元朝这个阶段,也可以说已经有过人种血统大混合的经历了。

三、在元朝初期忽必烈统治的时代,好在还有一个金国的遗贤耶律楚材担任中书令的相职。同时还有一个和尚出身的汉人刘秉忠,都是受忽必烈所信任的人。耶律楚材是当时金国的禅宗正统大师万松秀禅师的弟子,而且对儒家、阴阳家、杂家等学说都有深造。他和元遗山一样,都是金国末代具有中国传统文化深厚修养的学者。当成吉思汗兵临印度边境时，因为接受他的劝谏，才没有进攻印度。刘秉忠也是兼通儒、佛和阴阳家之学的特殊人物。因此而使元朝初期渐渐受到儒家学说熏习，才较能保存元气。但元朝以来的儒家学说的理念，大部分仍是宋儒的传统，尤其是以朱熹的传承为主。

四、元朝的蒙古族入主中原以后，除了崇信西藏密教的佛法，和藏僧喇嘛共治中国以外，渐渐也开始认识孔孟之道的儒家文化，而且受到一般儒家学者臣工们的影响。忽必烈死后，由他的第三个儿子继位，史称为"元成宗"的铁木耳，封孔子为"大成至圣文宣王"。而且这篇封号的文章"制诰"，实在胜过历代敕封孔子的"诏书"，不知出于哪位儒臣的大手笔。如云：

制曰：先孔子而圣者，非孔子无以明。后孔子而圣者，非孔子无以法。所谓祖述尧舜，宪章文武，仪范百王，师表万世者也。可加大成至圣文宣王。遣使阙里，祀以太牢。於戏！父子之亲，君臣之义，永为圣教之遵。天地之大，日月之明，奚罄名言之妙。尚资神化，祚我皇元。

并赐诸王《孝经》。到了"爱育黎拔力八达"继位，史称"元仁宗"的第二年，又诏以"周敦颐、程颢、程颐、张载、邵雍、司马光、朱熹、张栻、吕祖谦、许衡，并从祀孔子庙廷"。但元朝宫廷内外的重要大臣及其族众，始终是信奉喇嘛的密教为主；尊重儒家，但为俯顺士大夫们的习惯而已。古人所谓："善于泳者溺于水""上有好者，下必甚焉"。因此，到了元顺帝的时期，便有韩山童等以"白莲会"烧香惑众起义，宣传天下大乱，"弥勒佛"下生人间救世。跟着便有方国珍、张士诚、陈友谅，乃至朱元璋等乘时而起，促使其亡。元亡于明的这个阶段，已经到了十四世纪,即是公元 1333 年至 1367 年。西方的欧洲,正当意大利人文主义开始发达,商业都市勃兴。英法百年战役的兴起,也正在这一阶段。德国的帝位,正由诸侯选举所产生。日本也正在分为南北朝的时代。西欧的文化,仍处在基督教神学昌盛的阶段。从 1378 年开始,罗马教会大分裂,直到十五世纪中叶的 1417 年为止。

五九、明清的科举与宋儒的理学

为朱元璋做个心理分析
科举取士的利弊
阳明学说的兴起
总结明朝的政治文化

第八篇　儒学演化与国家发展

东方古老中国的文化,经过元朝百年以来的摧折,由平民起义的各路英雄,基本上都不如汉唐开国的规模。明太祖朱元璋更不例外,既没有汉高祖刘邦的豁达大度,更没有唐太宗李世民的雄才大略。虽然朱明一代与汉、唐、元都是一统山河的帝制政权,但前追唐朝,后观清代,无论文治武功,都是黯然失色的。有人说:汉朝四百年,是刘家与外戚宦寺(太监)共有天下。唐朝三百余年,是李家与女后藩镇共有天下。明朝三百年,是朱家与宦官(太监)共有天下。清朝两百余年,是爱新觉罗与绍兴师爷共有天下。这样的史论,虽然过于侻侗草率,但也蛮有道理的。

为朱元璋做个心理分析

我们在前面已约略地提过,在整个的历史上,反观任何一朝一代的政风,都和开国之君创业立国的学养见解有牢不可分的关系。这正是《大学》所讲"意诚、心正、身修、家齐、国治,而后天下平"的原则要点所在。

明朝三百年来的帝室政权,之所以如此的阴暗,完全由于朱元璋本身的前因而来。他出生在元朝末代乱世的贫民家庭,在童年孤苦零丁的生活中,早已埋下了看人世社会都是一片悲惨残忍

531

的心理因素。后来生活无着，为了糊口，只好到皇觉寺去做和尚。宋元以来的汉僧寺院，仍然具有丛林制度的严格清规，俨然一个政治体制的组织。对于长上和各个职司，既要坚守戒律，又要集体劳务，所谓"敬"和"肃"的遵守，是它基本的精神所在。他做和尚的日子不算太久，对于佛教的慈悲和忍让的内养修持工夫，虽然也有所了解，但毕竟并未深入。况且皇觉寺的和尚，也避不开时艰年荒、流离失所的遭遇，他只好被迫出去化缘，仍然也混不到饭吃，因此才去投军，参加平民起义的行列。

如果从心理学立场的观点来分析，以朱元璋从小到长大的遭遇情况来说，假如事业有所成就，这种人就会变成三种个性的典型：

一是对社会人群，始终充满仇恨和不信任的个性，变成刻薄寡恩的作风。

二是对社会人群，反而具有同感痛苦的同情心，处处推己及人，愿意反馈社会，尽量做好事，成为一个大善人。

三是变成双重人格，既充满仇恨与刻薄，又很悲观而具有同情心。但有时仁慈，有时残忍，很难自制。

我们只要多读《明史》，仔细研究朱元璋，你就可以了解到孟子所说孤臣孽子的心境了。如孟子曰："人之有德慧术知者，恒存乎疢疾。独孤臣孽子，其操心也危，其虑患也深，故达。"可惜他所遭遇的是时势造英雄，做了皇帝，却不达观。如果以他的聪明慧知，做一个中唐时代的和尚，一定会成为一代宗师，称佛做祖。但他的根本学识习性，仍然没有脱离少年时代为僧时的僧院知识，因此在他所创建的明朝政治体制中，有关官职的名称，有些仍然采用"丛林寺院"僧职的名位，如"都察院""都检"，乃至称僧职叫"总统""统领"等名词，都是与"禅林寺院"职司的名号相同。

可是在他称"吴王"开始,到登位称帝以后,的确勤奋读书,努力学习。但很可惜,没有得到良师益友的辅导。如宋濂、刘基,他都是以臣工视之,并非尊为师友。如史载他对两人的评语说:"宋濂文人,刘基峻隘。"所以对于他们,始终是有距离,用而不亲,影响不大。在他心理上最大的缺点,就是始终有挥之不去的自卑感。古今中外的人性心理,凡是过分傲慢的人,都是由心理上自卑感在作祟。他自小由环境所造成严肃忮刻的生活习惯,很难兼容并蓄,更谈不到有"格物致知"的容人容物之量。

但他在登位称帝以后,正如唐宋开国的皇帝一样,总想找出一个显赫有名的祖宗,作为自己的背景。李唐皇帝找到老子李耳,有道教教主的"李老君"做背景,是够神气的。赵宋也用道教的帝君来陪衬自己。朱元璋找谁呢?开始他是想用朱大夫子朱熹的关系。当他还正在疑难不决的时候,刚好碰到一个理发的司务(相当于今天所称的师傅)也姓朱。他便问他,你是否也是朱熹的后人?谁知那个理发匠却答说,我姓朱,是另有祖先的,朱熹和我没有关系,我为什么要认他做祖先啊!这几句话,使他感觉到很惭愧,因此就决心不认朱熹做祖先了。(这个典故,不是凭空捏造的,是记在明人一部史料笔记中,我一时记不起书名来了,你们查对,一定会发现的。)

科举取士的利弊

但从明朝开国,创建科举取士的考试体制,规定用朱熹的《四书章句》为标准,推崇《大学衍义》等传统,实在出自朱元璋的创制规定,以后一直沿用到由明朝乃至清朝约六百年不变,并非事出无因。另如以宋儒理学家的严峻规范思想,制定对妇女的节操观念,限制重重,也是由他手里所开始的。大家不可以把这些过错，随便归到儒家的礼教和孔子、孟子的罪名上去，那是很不公平的。

现在为了缩短讲课的时间，我们只引用明初朱皇帝有关这一方面的史料，大家看了就可明白。

元顺帝至正二十六年，即公元 1366 年，朱元璋正在称吴王的第三年，即诏求遗书，如史载：

> 上谓侍臣詹同等曰：三皇五帝之书，不尽传于世，故后世鲜知其行事。汉武帝购求遗书，而六经始出。唐虞三代之治，始可得而见。武帝雄才大略，后世罕及。至表章六经，开阐圣贤之学，又有功于后世。吾每于宫中无事，辄取孔子之言观之，如"节用而爱人，使民以时"，真治国之良规。孔子之言，诚万世之师也。
>
> 又命侍臣书《大学衍义》于两庑壁间，曰："前代宫室，多施绘画。予书此，以备朝夕观览，岂不愈于丹青乎！"

第二年，开始第一次创制文武科取士之法。如云：

> 然此二者，必三年有成，有司预为劝谕，民间秀士及智勇之人，以时勉学。俟开举之岁，充贡京师。其科目等第，各出身有差。

洪武元年，公元 1368 年。

谓学士朱升等曰："治天下者，修身为本，正家为先。观历代宫闱，政由内出，鲜有不为祸乱者也。卿等纂修

《女诫》,及贤妃之事可为法者,使后世子孙知所持守。"

洪武三年,第二次

诏设科取士,定科举法。初场,各经义一道。四书义一道。二场,论一道。诏、诰、表、笺、内科一道。三场,策一道。中式者,后十日,以骑、射、书、策、律五事试之。

洪武十七年,第三次

颁行科举成式。凡三年大比,乡试,试三场。

八月初九日,试四书义三,经义四。四书义,主朱子集注。经义:诗,主朱子集传;易,主程朱义(程传与朱子本义);书,主蔡氏(沈)传及古注疏。春秋;主左氏、公羊、谷梁、胡氏、张洽传;礼记,主古注疏。

十二日,试论一,判语五。诏、诰、章、表、内科一。

十五日,试经史策五。

礼部会试。以二月,与乡试同。其举人,则国子学生,府州县学生,暨儒士未仕、官之未入流者应之。其学校训导,专主生徒。罢闲官吏,倡优之家,与居父母丧者,俱不许入试。

同时,另有一件故事,从现代人的观点来看,一定觉得他很愚蠢,不懂得科学技术,因此而限制了科技的发明和应用,非常可惜。事实上,科技的发展给人类带来无比的方便,而且大有好处,那是事实。但科技的发展,给人类带来精神文明上的堕落和痛苦,那也确是有相等的负面损失,这也是事实。所以在中国历史上，类似有朱元璋这种想法和做法的事，还不止他一桩而已。这件事，便是史载："洪武元年冬十月，钦天监（管天文台的台长）进元（元代）所置水晶刻漏（最早发明的自鸣钟），备极机巧。中设二木偶人，能按时自击钲（铃声）鼓。上（朱元璋）览之，谓侍臣曰：废万机之务，用心于此，所谓作无益害有益也。命碎之。"这样一来，由元朝时期从西洋引进的一些最初的科技知识，就很少有人再敢制作和发明了，实在可惜。假如当时一反过去历史上压制"奇技淫巧"的政策，加以提倡奖励，恐怕中国的科技就早早领先世界各国了。

由朱元璋开始，制定科举考试取士的程式以后，朱明王朝历代子孙的职业皇帝们，便严守成规，奉为定例。但当时的知识分子，也有人认为把儒学局限在宋儒和程朱一派的思想见解上，是很不恰当的。所以到了朱棣赶走他侄子建文帝允炆以后自称皇帝，改元"永乐"的第二年，便有江西饶州鄱阳儒士朱友季，"诣阙（自到北京皇宫大门外）献所著书，专毁濂（周敦颐）洛（二程兄弟）关（张载）闽（朱熹）之说。"永乐看了，便说："此儒者之贼也。"遣行人押还饶州，会司府县官，声其罪杖之，悉焚其书。并在永乐十二年命儒臣纂修五经四书《性理大全》，开馆于东华门外。书成，永乐亲自写序。从此便使朱明一代的儒学，偏向专注于性理的探讨，推极崇高而不博大了。

过了四十年后，在明宪宗朱见深成化二十三年，有礼部右侍郎邱浚进所著《大学衍义补》一书。他认为真西山的《大学衍义》虽是帝王学的中心思想，但缺乏治国平天下的事迹可供参考。因此，他采集经传子史有关治国平天下的事迹，分类汇集，加上自己的意见，以备帝王们学习治国平天下的学识。宪宗特别赏识，赐给金币以外，又进封他做礼部尚书，并命将此书刊行流布。邱浚是琼州（海南岛）人，少年时便有神童之誉，是一个才气纵横的人物。如他咏海南岛五指山的诗,便有"疑是巨灵伸一臂,遥从海外数中原"之句,大有岭南学派人物的豪情壮志,目空一切的气概。

阳明学说的兴起

从此以后,到了明武宗朱厚照的时代,已经是公元十六世纪的初叶,在中国文化史或哲学史上产生了一位名人王阳明,他本名王守仁,儒家学者称之为"阳明先生"。他在明代历史上的事功,是以平定江西宁王"宸濠之乱"而出名。但在文化哲学史上,他是以"知行合一"的学说,影响当时和后世。最为突出的,就是东方的日本在十九世纪到二十世纪之间明治维新的成功,便是接受阳明学说的成果。因明治维新的影响,当清末民初,中国一般留学日本的学生,回国以后重新捡起阳明之学,作为革命救国的张本。并提倡研读王阳明的《传习录》,乃至阳明的治兵语录和曾国藩的家书等做典范,俨然日本在明治维新前期的作风,用来抗衡由西方输入的各种文化思想潮流,形成一代的悲剧,为现代历史增添了太大的不幸。

王阳明学说的由来,他开始也和南北宋时期一般儒家的理学家们相同,也是为了追求形而上道和入世致用之学相结合,先是由道家和佛家的一般学理入手,而且努力参禅静坐,曾经发生有遇事先知的功能。但他却能自知,神通妙用的特异功能还不是道,因此退而反求儒家的经学,别有深入之处。恰好碰着在仕途上和当权的宦官刘瑾结怨,被贬到贵州的龙场驿,以后更有进益。总之,他后来心性学养的成就,如照朱熹所主张的道问学和陆象山所主张的尊德性来讲,他也是以尊德性为本。而且更有与朱、陆不同之处,他在尊德性入道的同时,又特别强调以事功的实践，与即知即行的良知良能相契合。实际上，王阳明的学问造诣是由禅入儒、引儒入禅相结合，比宋儒朱熹的见地实在别有胜处。他是极力反对朱熹的四书章句之说，认为朱注的章句其祸害尤甚于洪水猛兽。因此，与当时宗奉朱熹学说、崇拜程朱学派的人，俨然对立。好在他有平宁王之乱的一段事功，震撼朝野，所以他在当时程朱学派的天下中还能立足，这也是并非偶然的事。

如果把明武宗时期和王阳明倡导知行合一儒家理学的时期，与西方欧洲历史文化作一对照，那也正是公元1517年到1561年之间，德国人马丁·路德开始从事宗教革命的同一时代。除此之外，这一时期（十六世纪）也正是西方在历史文化上开始转运的阶段。如文艺复兴运动的发生；波兰天文学家哥白尼倡太阳中心及地动学说；维斯浦奇发现南美洲东岸；哥伦布发现中美洲；麦哲伦船队远航周游世界一周成功；葡萄牙人到了广东，租澳门为通商地，为近世欧洲人到中国的开始；葡萄牙人又到日本的种子岛，首先掌握了东洋的贸易权；西班牙人征服了墨西哥；英国女王玛利登位，禁信耶稣教，接着是女王伊丽莎白即位，厉行新教；德国开宗教会议，重许信教自由，新旧教之争结束；法国新旧教开始战争。西方的欧洲，在这个时期所发生的这些事故，和我们虽然还远隔重洋，说是没有关系，却是很有关系，所以也在此顺便提起大家的注意。

至于明朝在武宗时期，王阳明的学说出现以后，同时也影响了道家和佛家出家的和尚、道士，也有向王阳明参禅学道的出家人。王阳明虽然不像宋儒那样，左批佛，右批道，但对佛道两方多少也有微言。不过，他和宋儒理学家相同，对性命之理，人生的生命之学，仍有存疑。他在晚年又研究道家的外丹，或者为证长生，结果因为服食信石（砒霜）中毒而殁。

我们对阳明学说的是非暂不评论。总之，在明朝三百年来，特别注重以朱注"四书"为主的儒学,影响所及,到了晚明时期,如对宫廷具有影响力的佛教大师憨山德清,便以儒佛道三教一致观点,著有《中庸直指》以及《老子道德经解》《庄子内七篇注》等。稍后,他的再传弟子蕅益法师,又有《四书蕅益解》等著作。这些种种事实,都是说明由初唐公元627年起,到明末清初公元1644年间,有关儒佛道三家学说,却已经历纷争了千余年之久,由各自殊途而归趋于一致,共同成为中国文化的主流,才得汇流而集成。但也正如道家老子、庄子的观点,"成者毁也"。由于西方的欧洲正从物质文明之中逐渐发展,促使唯物哲学思想的光芒正从地平线西面升起,在十六世纪以后,渐已东来了。

总结明朝的政治文化

我们现在不必读历史而流泪,为古人担忧。只对朱明三百年来的政治文化,作一简单的结论:

一、明朝的文运,由朱元璋(洪武)和朱棣(永乐)父子,制定以宋儒程朱理学为主导的儒学以后,既不尊重相权,又更轻视文臣学者。朱家子孙十五个职业皇帝,除了被太监宫女们玩弄在股掌之间以外,几乎找不出一个对历史社会有很好贡献的君主。其中两三个稍有特别天才的,如英宗朱祁镇,如果不做皇帝,专学天文,应该可以成为名家。神宗朱翊钧,不做皇帝,专业经营,或从山西票号做学徒,以他爱钱如命的个性,一定可以经商致富。熹宗朱由校,不做皇帝,专学建筑设计或土木工程,也应该大有成就。但很可惜,他们都不幸而生在帝王家,当了职业皇帝,反而在历史上留下许多劣迹,真是不幸。

二、朱元璋从佛门和尚出身,做了皇帝以后,除了本身太过严厉，杀戮太过，留给后代以刻薄寡恩的榜样以外，其他功过善恶，很难定评。最大的缺憾就是"不学无术"。但"佛门一粒米，大如须弥山；今生不了道，披毛戴角还"，所以他的子孙仍然必要出家为僧，偿还这个因果。起初是他的孙子建文帝朱允炆，被永乐所逼而出家。最后仍由崇祯的断臂公主出家为尼，了却佛门一代公案。

三、明朝三百年来的文运，规守在宋儒理学的范围以内，使传统的诸子百家之学更无发挥的余地。在《明史》上的儒学文臣，如于谦、海瑞、王阳明、张居正等少数特殊之士以外，其余大多不得展其所长。因此，在代表一个时代的文学方面，也没有格外的特点。如唐诗、宋词、元曲之外，唯一可以代表明代的文艺，就是小说。如《三国演义》《水浒传》《西游记》《封神演义》《金瓶梅》等等，便是明代的作品。这些著作，也代表了明朝一般知识分子的心声，生在一个无可奈何时代的反感和悲鸣。所以在神宗嘉靖时期，就早有李贽（李卓吾）一类愤世嫉俗的学者出现。李卓吾明说当时的道学先生们为"鄙儒、俗儒、腐儒"，又说他们是"言不顾行，行不顾言，阳为道学，阴为富贵，被服儒雅，行若狗彘"的人。但他不只反对道学，自称"不信道，不信仙释"，甚至讨厌见任何人，既讨厌和尚，更讨厌道学先生，贬斥六经，认为不能专以孔子之是非为是非，因此而"得罪名教，遭劾系狱，自刎而死"。古人所谓的"名教"一词，就是指儒家孔孟之教的意识形态。单是一个"名"字，有时便代表论理的逻辑观念。"遭劾"就是被当时在朝廷的儒臣们所弹劾，认为他犯了意识形态上的大反动，所以就入狱坐牢了。事实上，他最初是从王阳明的学说中脱颖而出，因对时代社会的不满，太过偏激，形成狂态。另如神宗万历时期的袁宏道（中郎）、袁宗道、袁中道三兄弟，都有才名，当时人称"三袁"。

尤其以袁中郎的声名更盛,但他也是对时代不满,早年就辞官不做,专以诗文名世,不与世俗相争了。

明代的文运,诸如此类,所以到了万历后期,就形成以太监头子魏忠贤为首,指顾宪成、高攀龙等两百多名学者为东林党,兴起党狱,随便定罪杀戮儒臣学者。一直到了李闯王的民兵入京,崇祯朱由检自杀,清兵入关,才结束了从皇觉寺开始,到东林书院而变为东林党的党争的历史,使朱明与太监共天下的三百年王朝了结完案。因此而刺激了明末清初的大儒遗老,如顾亭林、李二曲、傅青主、王船山等,扬弃理学专讲性理的义理的弊病,转而重视实用和考据之学,才使中国文化在清朝开始归于义理(哲学)、考据、词章三大类的学问。对于猎取功名科第的科举八股文章,都是余事而已。

六十、外示儒学内用佛老的清朝

清取天下几异数

勤于治学的康熙

中国之患重在边防

接着明代已尽的气数，满族爱新觉罗的入关，便是中国近代史到现代史的关键所在。当满人入关称帝以后，在过去两百多年的时间，始终存在满、汉民族意识情绪的斗争。但从满族的立场来说，因为明末时期明朝的政权已经物腐而后虫生，自己不能收拾，所以才请我们入关来澄清宇内。大家都是炎黄子孙，天下本是天下人的天下，有德者居之，这有什么不对。雍正《大义觉迷录》的立论，就是由这个观点出发。

事实上，从中华民族发展史来讲，暂且不说魏晋南北朝的阶段，但从唐末五代到南北宋和辽、金、元这个时期，大约三百年之久，表面上是政权上称王称帝和民族性的争夺。但在华夏文化的立场来讲，无论辽、金、宋、元、明、清，实际上仍然都在儒、佛、道混合的文化基础上发展演变。只在空间区域上有南北之分，在时间的轨道上有朝代之别，从中华民族整体的统一文化来讲，始终都是一致的。尤其满族与辽、金在氏族的血统系统上，关系更为密切，这又是历史上的一个专题，暂且不论。

满族在明神宗万历十六年（1588年），从努尔哈赤统一建州卫（吉林省），首先修建第一座佛寺及玉皇观等寺庙。正值万历二十七年（1599年）开始，仿造蒙古文字的方法，创造满文，但那也只是从言语读音的区别上，创立了文字的符号系统。而在人文生活的文化上，包括政治体制，仍然都是学习华夏文化的传统,并无另有满洲的文明。万历四十四年(1616年),清太祖努尔哈赤称"汗",建元天命,自称国号为"后金",这很明显的便自认为是金人的后裔。

再到明熹宗七年(1627年),努尔哈赤卒,由皇太极(清太宗)继位,改元天聪以后,政治体制也更加汉化。尤其在天聪三年即设立"文馆",并将以往由征明所俘虏的儒生三百人,分别考试优劣,逐渐录用。天聪四年,议定官制,设立吏、户、礼、兵、刑、工六部,统学明朝体制,并令满族子弟皆须读书。当时初建的文馆,后来再加改制,到了入关以后,在顺治、康熙王朝,便正式扩充成为"内阁"了。所以入关之初的儒臣如范文程、顾八代(文起)等人,都是镶黄旗的明儒汉人后代。

皇太极在天聪五年开始,为什么命令旗人子弟皆须读书呢?如史料所载:

> 上(皇太极)谕诸贝勒曰:我国诸贝勒大臣之子,令其读书,闻有溺爱不从者,不过谓虽不读书,亦未尝误事。不知昔我兵之弃滦州(河北地区)四城,皆由永平(河北卢龙)驻守贝勒失于救援,遂至永平、遵化、迁安等城相继而弃,岂非未尝学问,不通义理之故。今我兵围(明朝)大凌河(辽宁),越四月,人相食,竟以死守。虽援兵已败,凌河已降,而锦州、松杏(皆在辽宁)犹未下,岂非读书明理,为(明)朝廷尽忠之故乎?凡子弟十五岁以下,八岁以上,皆令读书。

这就是皇太极在当时已经体会到读书明理,与忠贞爱国的情操,确实具有重要关系,所以他要旗人子弟读书。后来再发展到要求武将也必须读书。但在当时所读的书,基本上就是孔孟之道的"四书"最为重要。

从开建文馆，录用明朝遗留在东北各地的儒生，归入旗下以后，不到两三年，他们果然成为为大清出谋划策、文韬武略的中坚分子。如宁完我首先上疏言事，建议厚待汉人。接着便有贝勒岳托提出优待汉人赐婚等等的办法。然后，就有朱延庆、张文衡等先后上书，请即征明的建议，他们当然都是出身文馆的明儒后裔儒生。但皇太极的头脑并不简单，不失为具有雄才大略的领导人，他对征明会议的讲话，就大有可观之处。如说：

> 进言者皆欲朕速出师，以成大业。朕岂不愿出此！但今察哈尔新归附，降众未及抚绥，城郭未及修治，何可轻于出师！朕于旧人新人，皆不惜财帛以养之（如明之降将孔有德、耿仲明、尚可喜等），欲使人心倾服耳。若人心未和，虽兴师动众，焉能必胜。朕反复思维，我国既定，大兵一举，彼明主若弃北京而走，追之乎？抑不追而攻京城乎？抑围而守之乎？若欲请和，宜许之乎？抑拒之乎？若北京被围，逼迫求和，更当何以处之？倘蒙天佑，克取北京，其人应作如何安辑？我国贝勒及诸姑格格等，皆以贪得为心，宜作何禁止？尔高鸿中（时为刑部承政）、鲍承先（时为文信榜式）、宁完我、范文程（沈阳汉族旗人）等，其酌议以闻。

同时，又谕文馆诸臣择史有关紧要者，据实汇译成书，用备学习。如说：

> 朕观汉文史书，殊多饰词，虽全览无益也。今宜于辽、宋、元、金四史，择其紧要者：如勤于求治而国祚昌，或所

行悖道而统绪坠,与其用兵行师之方略,及佐理之忠良,乱国之奸佞,汇译成书,用备观览。又见汉人称其君者,无论有道无道,概曰天子,安知其即为天之子耶?盖天下者,非一人之天下,惟有德者能居之,亦惟有德者乃可称天子。今朕蒙天佑,为国之主,岂敢遽以为天之子,为天所亲乎?

接着就以归降汉官为各部承政,并遣大学士范文程祭先师孔子。

清取天下几异数

事实上,在这个阶段,曾经有两三次致书明朝请和,而明廷都没有理会,更没有正式回应。因此便在计策万全以后,才一步一步派满蒙部队侵近山海关,但仍然不敢有公然征明的大举。直到皇太极逝世,由第九个儿子,年方六岁的福临继位,多尔衮摄政,李闯王民兵攻入北京,朱明末代皇帝崇祯自杀,吊死煤山,才有吴三桂向清朝乞师,使清廷正当孤儿寡妇当政的危机中趁势乘时而驾,由吴三桂为前驱,名正言顺地入关进京,登上皇帝的宝座,成为大清朝入主中国的第一代皇帝,年号顺治。从中国几千年的历史上来说,取得天下如此容易侥幸,真可算是最稀奇特别的一代,如照古文精简的说法,便叫作"异数",也就是说有特别的好运气,不是人力所能勉强做到的。

清兵入关,福临在北京登位称帝,改年号为顺治元年,已经是十七世纪的中叶,即公元1644年。这个时期,除了帝都北京以外,中国的各省州县,并未完全被大清朝所统一。除李闯王、张献忠等遣散的民兵势力还未平定以外,在南方还有"南明"等临时政权存在。而且各地的抗清武力,皆未削平。所以当顺治在位十八年的时间里，全国还在兵荒马乱的战争状态，清室的皇权也还处在安危未定的局势。

如从军事武力来讲，入关前后的清朝八旗子弟，全数亦不过三万多人。加上在皇太极时代收编内外喀喇沁蒙古的丁壮一万六千九百十三人，另行分编为十一旗（属于蒙古族），总数加起来还不到五万人。至于当时蒙古的人口，大约在四十多万内外，但并未完全归服满族，何况扣除老弱妇孺，能征调动员的兵力也非常有限。何以他们能以十来万人的武力（这是比较宽松的估算）入关，统治当时上亿人的中国呢？如果要了解这个问题，首先就要明白在人类世界的战争史上，最先能够运用"代理战争"的战略，可以说便是满人。他们在东北初起，由皇太极时代开始，略地攻城，夺取明朝在东北的要塞阶段，已经运用收编了蒙古的旗兵参战。入关以后，南征北讨，也都是以蒙古旗兵参合互用，而从一般汉人来说，无论是满旗、蒙旗，统称之为清朝的旗人或旗兵。而且后来平定南方，统一全国，又是运用汉人汉兵作为代理战争的先驱。如用洪承畴及吴三桂、尚可喜、孔有德、耿仲明等藩镇四王，便是最明显的成例。

所以当郑成功在台湾率水师十七万北上，入长江，克镇江，围南京的战役，防守北方的旗兵还不足万人，而且大多是老弱残兵。顺治和皇太后表面镇定，内心已准备在不得已的情况下就出关回避。结果郑军因气象变化，天时不利，加上郑成功方面没有准确的侦查情报，而且反攻郑军部队的，也正是汉兵。因此，郑军只好迅速退走，反成败局，虽曰人事，岂非天命哉！

但在北京"顺治"皇朝的十八年间，除了还需随时警惕在中国各地用兵的统一战争，更大的主要内忧，还在爱新觉罗内廷的齐家问题。所以研究清史上的第一疑案，就是顺治生母皇太后是否下嫁多尔衮？以及顺治的早年逝世是否别有原因？甚至民间相传，都相信顺治因受刺激而到五台山出家当和尚去了，这些故事，并不是空穴来风的谣传而已。正如清代绍兴师爷办案的老调一样，唯事出有因，查无实据而已。

但顺治成长以后，嗜好禅宗佛法，确是事实。他曾经召请当时深负时名的禅师如憨璞性聪、玉琳通琇、木陈道忞等大和尚进宫参学，而且自号为"痴道人"，或称"弟子福临"，情如世俗子弟。至于顺治出家的诗篇，两百多年来流传在中国佛教的寺庙中，也并未遭到文字狱的取缔，而且还可任意张贴流通，岂非怪事。如果照那些浅近畅晓的词句来看，正如皇太极等初学汉文的笔法，如云："天下丛林饭似山，钵盂到处任君餐。""朕（我）本西方一衲子，如何落在帝王家？""只因当初一念差，黄袍换却紫袈裟。""未生之前谁是我，既生之后我是谁？"等等，这和他的孙子雍正还未登位以前所辑录的《悦心集》等文句，几乎都是很可爱的白话韵语。

依史论史，清朝康熙、雍正、乾隆三代的统治中国，除了满汉民族性争议的缺失以外，从版图的一统、政治的清明，乃至文治武功的成就，不但无愧汉唐，甚至可说是超过汉唐。如历代王朝的女祸、外戚、太监、藩镇等弊害，几乎绝无仅有。这些良好根基的建立，是从康熙时代所底定。唯一可惜的，如果在入关之初舍弃满族初期偏仄的习性，不改中国传统的明代衣冠，不下令全国剃发编辫子，那在统一江山的工作上必然会事半功倍，顺利得多了。我们研究历史文化，需要特别注意一个国家、一个民族"衣冠文物"四个字，它所代表生活文化的重要性。例如清兵入关之初，并未遭遇太大的反抗。但自下令剃发，改易服制以来，就使当时的全民引起反感，抗拒投降的意识就突然增强了。这种有关生活文化习性的群众心理问题，看来只是一件小事，但恰恰是为政治国的大关键所在，可惜一般人见不及此，英明如康熙、雍正两代，纵使心里明白，但也不敢违背祖制，所以就增加历史政治上许多不必要的麻烦了。

以我本身亲眼看到的一个事实，告诉大家值得参考的一个笑料。当我还在幼小的童年，清朝已被推翻，民国也已经十几年了，可是在我家乡的亲戚故旧中，还有前清遗老，有秀才、举人功名的两、三人，始终不肯剪掉辫子。后来被现实环境所影响剪掉了，却马上换穿道士衣冠，表示仍然不愿投降民国，以此自居为前清的遗老。我的父亲对我说，他老人家却忘了道士衣冠，正是明朝士绅的便服啊！既然要做前清遗老，为什么还要穿明代的衣冠呢！可见衣冠文物，对于民情心理来讲，在无形中，就具有不可思议的精神作用啊！

勤于治学的康熙

康熙只有八岁，就由他的祖母扶持即位，但清廷的局势，还在内忧外患，岌岌可危之中。从他逐渐成长以后，内去权臣鳌拜，外平台湾及三藩之乱，安抚蒙藏，绥靖全国，先后做了六十一年的创业皇帝，实在真不容易。而且他对学识修养也特别勤学，如对天文、数学等外来学识，也特别注意。对于中国传统的儒家和理学也很用心，尤其对宋儒程朱的《大学》《中庸》所说的修养，也很有心得。如果从帝王的统治学术来讲，他是真的高明。现在只从文治的角度约略来讲，例如：

康熙九年，以宋儒后裔袭五经博士职。并且扩充顺治时代的乡约，令各地方官责成乡约人等，每月朔望聚集公所宣讲。自颁训谕十六条，作为全国人民生活教育的指标。（一、敦孝弟以重人伦。二、笃宗族以昭雍穆。三、和乡党以息争讼。四、重农桑以足衣食。五、尚节俭以惜财用。六、隆学校以端士习。七、黜异端以崇正学。八、讲法律以儆愚顽。九、明礼义以厚风俗。十、务本业以定民志。一一、训子弟以禁非为。一二、息诬告以全良善。一三、诫窝逃以免株连。一四、完钱粮以省催科。一五、联保甲以弭盗贼。一六、解仇忿以重身命。）

十七年，诏修《明史》。

十八年，开博学鸿儒科，网罗前明遗老及全国所有不肯投降的知识分子。

二十三年冬，南巡，到南京谒明太祖（朱元璋）陵，并亲自拜奠。

二十四年，授宋儒周敦颐后裔五经博士职。并命勒德洪、王熙等修《政治典训》。又颁"四书"、《易》《尚书》讲义于白鹿洞书院。

二十五年，诏增孔林地十一顷有奇，并免其税粮。诏访求遗书。诏令武职官员应阅览书籍，讲明大义。

二十六年，授宋儒张载后裔五经博士职。

二十八年，由杭州南巡回銮，经南京，再祭明太祖（朱元璋）陵。

二十一年，谕大学士等云："前者，进呈明史诸卷，命熊赐履校雠，赐履写签呈奏，于洪武、宣德本纪，訾议甚多。朕思洪武系明开基之祖，功德隆盛。宣德乃守成贤辟。朕自反厥躬，于古圣君，亦不能逮，何敢轻议前代令主。若表扬洪宣，朕尚可指示词臣，撰文称美。倘深求刻论，朕不惟本无此德，本无此才，亦非意所忍为也。至开创诸臣，若撰文臣事实优于武臣，则议论失平，难为信史，尔等当知之。"

五十一年，升宋儒朱熹配享孔庙，位于大成殿十哲之次。

五十四年，以宋儒范仲淹从祀孔庙。

康熙这些举动，都是尊重传统文化，针对以儒学为政治思想中心的作用。事实上,康熙非常了解真儒实学,必须内(圣)养与外(王)用的实践事功相配合,正如孔子所谓:"我欲载之空言,不如见之于行事之深切著明也。"他曾经问过文华殿大学士张玉书说:"理学之名,始于宋否?"张玉书对说:"道理自在人心,宋儒讲辩加详耳!"康熙就说:"日用常行,无非此理。自有理学名目,彼此辩论,而言行不符者甚多。若不居讲学名,而行事允合,此即真理学也。"由此可知,他对于孔孟之道和宋儒理学的明辨,早已了然于心,他只是为了化民成俗,顺应民情而已。

中国之患重在边防

讲到这里,我们必须提起大家的注意,中国几千年来的祸患,都是由边疆问题所引起。从秦汉以来的边祸,如南北朝、五代、辽、金、元等时代,祸患常起于西北、东北及北疆,到了明清时代,几经战伐的混一,已连线为由西藏高原到新疆、蒙古而直达黑龙江畔到沿边入海,至于朝鲜。自清朝中叶以后,海运开放,新来的边患便由西南到东北幅员万里的海疆。但如二十世纪三十年代初日本的侵华战祸,他们仍然是利用满蒙做起点。过去如此,将来未必不然。所以有志谋国的人,不能不先须留意中国的边疆政治问题。中国古人的成语所说"天塌西北,地陷东南",实在很值得深思也!

我们在前面大约讲到清初康熙对统一大清江山的内政和儒家文化的关系。但在满蒙之间,还是各怀二心,并非一致。而且蒙藏又是宗教一家,情有别钟,应付起来并不容易。可是由努尔哈赤到皇太极,早已心中有数,知道安服蒙藏的最高战略,就是佛教,而且是佛教里突出的喇嘛密教。在过去的历史上,如南北朝的北魏等，以及南北宋时期的辽、金、元等，虽然都是归向于儒、佛、道三家的文化基础上，但北方的各个民族，注重佛、道的情绪尤过于儒家。这是历史的惯例，也是由西北到东北各民族的习性。问题研究起来，并不简单。有关密宗喇嘛教的发展来源，又属于专门的问题，在这里也姑且不说。

康熙对于这个问题，当然非常清楚。他在平定南方，统一中国以后，就回转来要确实整理蒙藏了。所以他在康熙三十五年便亲征噶尔丹，先要示之以武。以后便用尊重喇嘛教来作为长治久安的政策。因此，他在多伦召集蒙古各族王公会盟，便对明朝永乐时期宗喀巴所创黄教一系在蒙古的章嘉二世阿旺洛桑却丹，封为国师。使章嘉和在前藏的达赖、在后藏的班禅等，为安服边疆，协调蒙藏各族等的矛盾工作。这样一来，就可省却军政的劳役和经费。至于在蒙古第一世的章嘉胡图克图，名章嘉扎巴俄巴，是青海红崖子沟张家村人，原称他是"张家活佛"。当康熙亲征噶尔丹时，认为张家活佛名号不雅，便从第二代起改名为"章嘉"，从封为"国师"的尊号以后，就经常出入皇宫，奔走塞外，深得康熙的信任。事实上，第二代的章嘉喇嘛也确是有道的高僧。

西藏第五世的达赖喇嘛罗卜藏嘉穆错，对佛法的修持和世法的见解，都有特别的造诣，章嘉二世早年也曾从他求学。五世达赖在皇太极的时期，已经派人到盛京（辽宁沈阳）献书进贡。顺治九年，五世达赖亲自到北京朝见。顺治待以上宾之礼，住在宫内的太和殿，又特别建一所西黄寺给他住持，封为"西天自在大善佛"。到了康熙三十四年，达赖左右的权臣第巴，秘密和噶尔丹等勾结，假借达赖名义，遣使向清廷奏请撤回西藏、青海等处所置戍兵。康熙心知内情，严斥第巴，不准所请，跟着便有御驾亲征噶尔丹之役。五世达赖身故后，第巴把持前藏，造成转世的六代达赖有真假双包案，也就是西藏历代流传第六代达赖文学名著情歌故事的一代。闹到康熙四十九年，再经议政大臣等会议，认为拉藏及班禅呼图克图与西藏诸寺喇嘛等，会同管理西藏事务一案。"今经侍郎赫寿奏请，波克塔胡必尔汗，前因年幼，奉旨俟数年后授封。今既熟谙经典，为青海诸众所重，应如所请，给以册印，封为第六世达赖喇嘛。"从此以后历代的达赖喇嘛，几乎都有故事。直到乾隆五十七年发给金瓶抽签，才定下了以人定胜天的解决办法。至于这个乾隆时代所颁发的金瓶，到现在还照旧应用。据《注释清鉴辑览》所载史料如下（括弧内为原书之注释，并供参考）：

乾隆五十七年十一月，定呼毕尔罕嗣续掣签例：
廓尔喀既平，帝欲乘用兵余威以革藏中积弊，故留兵戍藏，使驻藏大臣之权与达赖、班禅相埒，以控制之。先是宗喀巴倡黄教，禁娶妻，倡言教王乃世世转生，不必以肉身世袭。其大弟子有二：一曰达赖喇嘛，一曰班禅喇嘛，并居拉萨（前藏之都会），嗣宗喀巴法，为黄教徒宗主。宗喀巴圆寂之时，遗嘱达赖、班禅，世世"呼毕纳罕"转生，演大乘教，以济度众生。"呼毕纳罕"者，华言化身也（初，番高僧八思巴为帝师大宝法王，领藏地，后嗣世袭其号，西藏始为释教宗主，其所奉皆红教。迨及后嗣，渐流侈情，纲纪废弛，尽失佛教本旨。时宗喀巴学经于札什伦布之萨迦庙，既深观时数，当改立教，乃入大雪山，修苦行。道既成，为番众所敬信，因别立一宗，排幻术，禁娶妻，自服黄衣黄冠以示别，谓之黄教，而名旧教喇嘛曰红教）。

达赖一世曰敦根珠巴，故吐蕃王室之裔，世为藏王，自是黄教徒之势益张。传至第五世曰罗卜藏嘉穆错，及辛，有第巴专国事（达赖、班禅，惟总理宗教之事，不屑问世事，故二世根敦坚错者，始置第巴等官以摄理政事），唆准噶尔使入寇，藏中大乱。后第巴为拉藏汗所诛，而藏中所立之第六世达赖喇嘛，诸蒙古不复敬信，而别奉里塘之噶尔藏嘉穆错为真达赖，与藏中所立，互相是非。盖宗喀巴有一花五叶之谶，故自六世以后，登座者无复真观密谛，只凭垂仲神指示。垂仲者，犹内地巫师也（达赖喇嘛之化身第一世、第二世出于后藏；第三世出于前藏；第四世出于蒙古；第五世出于前藏，皆非限于一族一地而出者。至是，积久弊生，兄弟子侄，往往继登法座，等于世袭，而达赖、班禅亲族，或相率夤缘据要津，罔权利焉）。

帝久悉其弊，欲革之而未有会也。至是特创掣签法，颁金奔巴瓶一，供于西藏大昭寺，遇有"呼毕纳罕"出世，互报差异者，纳签瓶中，诵经降神。大臣会同达赖、班禅于宗喀巴前掣之（法先使垂仲四人，演其降神之法，一旦达赖示寂时，则垂仲即将"呼毕尔罕"之姓名、生年、月、日，各书一签，藏于金瓶内。喇嘛诵经七日后，招集各"胡图克图"于佛前，驻藏大臣临席而后掣签，若四人所指之"呼毕勒罕"同为一人时，则置空签一枝于瓶内，若掣出空签，则以为无佛佑，更别为掣签云）。而各札萨克所奉"胡图胡克"其"毕呼勒罕"将出世，亦报名理藩院与住京之章嘉"胡图克图"掣之，瓶供雍和宫。

蒙藏两地，从元明以来都是坚信藏传的喇嘛教为无上密法，对于内地的佛教各宗，除禅宗以外，都轻视排斥。康熙既能善于处置蒙藏两地胡图克图（意为无上大师，俗称活佛），各有差别待遇的办法。以他的日常作风来说，决不肯强不知以为知，他当然对佛学也需要进一步深入的了解，平常只是绝口不谈而已。他最喜欢亲自题赐各佛寺的匾额，尤其在他的一生中，曾经三上五台山，实为以往帝王少见的举动。第一次在康熙二十二年，也正是他三十岁的年代，平定台湾及三藩之乱以后，就上五台山，住了一个月左右。因此后世的人们就拿他做文章，说他是去亲见出家的父亲顺治皇帝。第二次，康熙三十七年正月，是平噶尔丹以后的第二年，又上五台山。第三次，在康熙四十一年，春正月，再去五台山住了十多天。

五台山是中国佛教四大名山之一，佛教徒们依据佛经的叙说，认为五台山是大智文殊师利菩萨的道场，四川峨眉山是大行普贤菩萨的道场，浙江普陀山是大悲观世音菩萨的道场，安徽九华山是大愿地藏菩萨的道场。文殊师利又是蒙藏两地喇嘛密教最为尊崇的宗祖。五台山上的佛寺，过去以密宗的喇嘛庙为主，只有少数如内地的禅寺。康熙的钟情五台，与其说他是去见出家了的父皇，毋宁说他是借机澄心静虑，亲自体认"内圣外王"之道，治内地，须用儒家，治满、蒙、藏地，须用佛教吧！不过，这是说明康熙时代的外示儒学，内用佛老作用的要点而已。

六一、从雍正说到乾隆

昼夜勤劳『办事定』
雍正如何『平天下』
大禅师整顿佛教
定鼎守成一奇才
十全老人的乾隆

由于康熙自十五岁亲政,长期处于内忧外患的情况中,他从实践中所得的经验,影响了他的第四个儿子雍正,自小就重视学问,尤其醉心于禅宗的佛法,这是顺理成章的因缘成就。不然,雍正早年还身为皇子的时候,居然潜心佛典,后来被封为亲王以后,更加认真,公然在王府中领导少数臣工,自称学佛参禅,甚至还杂有出家和尚们的参预,岂非怪事。"知子莫若父",如以康熙的英明,对儿子们这些作为,绝对不会毫不知情而忽略过去。事实上,他对雍正的参禅学佛,根本就不置可否,也从来没有告诫过。这不能不说他是有意培养,至少也是并不反对。

可是一般写清初历史小说的人,大多都把雍正的参禅学佛,写作为夺嫡争权的手段,认为是以退为进的权术。其实,在康熙的时代,根本就没有把储位的密旨先行写好,放在"正大光明"匾额后的办法。这个办法是雍正本人所开创的。因为他有鉴于历史上对储位之争的故事,如唐太宗李世民,也为了立太子的事气得发昏。现在又亲自看到本身父兄之间立储和废太子的事,又加众多兄弟之间明争暗斗的惨痛内情,所以他在登位第一年的八月间,就命总理王公大臣等,将密封建储事的锦匣收藏于乾清宫"正大光明"匾额后,并且明说是"以备不虞"。所谓"不虞",就是意想不到的事。因为人的生命无常,况且身居高位,无常之变更多,万一本身不保,后继无人便难办了。而且如果自己所定的人选，因环境影响而变质变坏了，要想更换另一个人，也会引起很大的不安。"凡事以豫立而不劳"，他不如采用这种公开秘密的办法，早做准备为妙。然而从清末以后，一般人便颠倒清史的前后关系，说雍正用手段改掉了藏在匾额后的遗诏，抢得皇位，未免有欠公允。

昼夜勤劳"办事定"

但我们现在要讲的问题，是无关这些历史疑案的争议，只是说继康熙以后的雍正王朝，更为明显的是外示儒学、内用佛老文化政治的内涵。但要详细说明这个理由和事实，又是一个很烦复的专题。我们只要提起大家的注意，现在还保存在故宫的档案中，仔细查一查雍正在位十三年来所批过的奏折，就会承认他是历代帝王中最为认真勤政，而且生活比较俭朴，嗜欲比较淡泊的一位皇帝。如果他无诚心办事的真情，没有过人的精力，的确是经不起这样昼夜勤劳文牍的工作。但他在做皇帝时批阅大量公文的同时，却对禅宗佛学方面的编著，比起他所批奏折公文的分量还要多得多。批奏折、编著书，都要动脑筋，用手来写的。那个时候没有打字机，更没有电脑，他身为帝王之尊，不要说日理万机，就是十多年来关门闭户，专心写作的人，也未必能有如此精辟丰富的成绩。不过，对于雍正深入禅佛的学养方面，我相信将来必有专家去研究，我们姑且点到为止，不必多加讨论。但要补充一点，雍正平生书法，也极力学习他父皇的字体，只是笔力劲势稍有不同而已。所以只要在故宫保存康熙晚年所批的奏本中，找出已经有雍正为康熙代笔批阅处置的资料，便会了解康熙早已有心培养他可能继承帝位的干练才能。如果这样，就可明白康熙在临危时何以匆促召来雍正，咐嘱他来登位的史实了。

清初康熙一代的施政重点，在于平定内乱，统一全国。而且最注重的是治理黄河与运河的灾患，费了很大的精神和力气。对于全国知识分子"反清复明"的意识，存在满汉之争的紧张情绪，只能用怀柔绥抚的政策，举行"博学鸿词科"，以时间来争取和缓。

但到雍正继位之前，他处身皇子之位，已有四十五年的经验和阅历，关于诸多兄弟之间的事故，以及八旗子弟与满汉之间的情形，他深知利弊。尤其对满族旗人的贪婪和腐败情形，正如他祖先皇太极当年所说的"诸姑格格等，皆以贪得为心"，必须做出处置。因此，他继位以后立即雷厉风行，毫不留情地先从宗室动手整顿。接着，就是清理八旗子弟的游惰和贪渎。所以他首先得罪树敌的不是汉人，却是他自己的宗室和满族旗人。因此，他的宗室族人勾结汉族臣民，造谣中伤不遗余力，甚至尽量宣传他是如何使用奸诈取得权位的。

其次，在康熙的晚年，朝廷收入的财赋及库存银两已渐见支绌，并且与各省地方之间的财赋库存已有矛盾。康熙四十八年，已经有诏谕户部及各省，要"从长商榷"。其中有关宗室重臣及各省大吏的贪污侵占情形，以及权臣如年羹尧、外戚如隆科多的别有异心，雍正在藩邸的时候早已知道清楚。但康熙以宽大为怀，雍正自己又处在诸王大臣及兄弟之间争权的嫌疑地位，当然不好明显表态。所以当他登位以后，便着手严格处置满汉权臣，整顿田赋财税，即使是兄弟宗室也毫不留情。历来在政治上整饬纲纪，肃清贪污，几乎没有一朝一代不弄得灰头土脸的。宋朝的包拯虽称"包青天"，但他也并未办过整理财经的大案。不然，就是万里无云的青天，也会风云变色。可是雍正却不顾一切，亲自动手做到了，清朝的国库充足了，贪污犯罪的官吏倾家荡产了。因此，有关满汉反对派的怨怨，就一概集中到他"朕"的一身了。但他是学佛参禅的健者,他深切体认到永嘉禅师所说"办事定"的学养,如"止水澄波,万象斯鉴"。只要见地真,行履切,即有如庄子所说的"举世而誉之而不加劝,举世而非之而不加沮"的决心,就毅然地做了。

雍正如何"平天下"

雍正元年正月,还未正式视政之先,就颁谕旨十一道,训饬督抚提镇以下各官。这就是先声夺人,告诉大家他要开始整肃了。如照现代观念来说,他已首先宣布他施政报告的方向了。我们现在依据史料所载,略选几则他的主要施政,并酌加简单说明如下。

如有关农业经济的开发和利民的事,即定"起科之例":"谕各省凡有可垦之处,听民相度地宜,自垦自报。地方官不得勒索,胥吏不得阻挠。至升科之例,水田仍以六年起科,旱田以十年起科,著为例。"(这是集权于一身的帝王专制政治时代,不是如二十世纪民主时代经民意代表的提案,再经会议决定来办的。雍正他生在深宫之中,长于皇族家庭,可是他却深察民隐,就是这样地独断独行,严令照办。尤其他明白指出地方官的惯性勒索和基层干部的有意阻挠,是不准许的,这是很值得赞赏的事)

夏四月,复日讲起居注官(这也等于是自找麻烦,要大臣随时记录他生活和办事的是非好坏)。然后才"初御乾清宫听政"。跟着便下令"除山西、陕西教坊乐籍,改业为良民"(教坊乐籍是当时历代要唱戏及专为民间婚丧喜事等奏乐的贱民,甚至包括做娼妓。这是明朝以来的弊政,把战俘和罪人亲属归入这种户籍,子子孙孙永远不得出头。可是雍正却以佛家的慈悲,儒家的仁德，首先下令解放了他们。如照我们现代来说，他早已有了"社会主义"思想的意识了）。

六月，命京师（北京）八旗兵无恒产者，移驻热河喀喇河屯桦榆沟垦田（他这道命令，对那些入关征战有功的满族八旗特权子弟，会引起多大的埋怨和愤恨啊！可是他却严厉地做到了。后果呢？当然是众怨所归了）。

八月，谕诸盐政约束商人，循礼安分，严禁奢靡僭越（在中国过去历代的财政经济上，最重要的财货，首在盐和铁的生产和贸易。经营贸易盐铁，是大生意。例如"二十四桥明月夜，玉人何处教吹箫"的扬州，就是大户盐商的集散码头。盐商巨贾有富至敌国的豪门，有了钱，便在苏州造园林，奢侈的生活享受胜过王侯。做盐道的官，比做皇帝还要阔气。可是雍正非常明白，他是不愿这些官商勾结，胡作非为。所以他这一道改革的命令，也是招怨的要素）。至于建储匣，藏在乾清宫"正大光明"匾额后面，就是这个月中的事。

九月，除绍兴府惰民丐籍（这又是一道解放贫民，使穷人翻身的仁政。所谓浙江的惰民和丐籍，他们原来都是明初俘虏张士诚部下的残兵败将的后人，一部分圈在浙江的绍兴，既无恒产，又没有谋生的技能，便永远变成游手好闲的穷民。更苦一点，就沦为乞丐。由明朝到清初，还专门把他们编为惰民或乞丐的户籍来管理，永远不得翻身。可是雍正却下命令取消了这种户籍，使他们做一般良民的自由人，你能说这不是仁政吗？）。跟着十一月，又下令"禁止奸棍私贩中国幼稚出口，卖与蒙古关口。官员兵丁，不行查拿者，分别议处。著为例"（所谓著为例，就是"作为永久立法"的词句）。

十二月，当时有西洋人在内地潜传天主教，因浙闽总督觉罗满的报奏，恐会有煽惑人心，要求驱逐出境。但雍正不因宗教信仰不同的外国人便加敌视，却下令各省地方官沿途照看西洋人，好好安插他们到澳门居住，以示宽大。

二年四月，命左右两翼各立"宗学"一所，拣选宗室四人为正教长，十六人为副教长，分别教习"清""汉"书。

六月，又命内务府余地一千六百余顷，及入官地二千六百余顷，设立井田，将八旗无产业人，自十六岁以上六十岁以下者，派往耕种。满洲五十户，蒙古十户，汉军四十户。三年以后，所种公田之谷，再行征取（这件事，他在文书中便有"共力同养"的要求，如从现在人的观念来讲，等于是他首先实行"共产主义"的试验农场。事实上，可以看出他一步一步对八旗子弟的整肃和管教）。

九月，首先命山西丁银摊入田赋征收。

三年正月，又"遣官于直隶固安县择官地二百顷为井田，命八旗无产之人受耕"。

三月，允朱轼请求，修浙江杭州等府、江南华亭等县海塘，捍御潮汐。

四年二月，定陕西延安府十七州县丁银概从下则，以二钱为率。

四月，命云南通省丁银，摊入田亩内征收。

六月，禁赌，准许吏胥在赌场"所获银钱，不必入官。即赏给拿获之人，以示鼓励"，永为定例。

十二月，两浙盐商输银，照两淮盐义仓之例，于杭州府地方建仓买米积贮，随时平粜。

五年三月，命江西丁银摊入地亩征收。

四月，除江南徽州、宁国等处伴当世仆名色。谕旨有："朕以移风易俗为心，凡习俗相沿，不能振拔者，咸与以自新之路。如山西之乐户，浙江之惰民，皆除其贱籍，使为良民，所以励廉耻而广风化也。近闻江南徽州府则有伴当，宁国府则有世仆，本地呼为细民，几与乐户惰民相同。又其甚者，如二姓丁户村庄相等，而此姓乃彼姓伴当世仆，凡彼姓有婚丧之事，此姓即往服役。稍有不合，加以箠楚，及讯其仆役起自何时，则皆茫然无考。非有上下之分，不过相沿恶习耳。"故着该督查明除报。

九月，给各省入川逃荒之民以牛具种籽，令开垦荒地。

十月，命建八旗学舍（督促八旗子弟读书）。减嘉兴、湖州两府额征银十分之一。其谕旨有云："查各省中赋税之最多者，莫如江南之苏（州）、松（江），浙江之嘉（兴）、湖（州），每府多至数十万两，地方百姓未免艰于输将。其赋税加重之由，始于明初，以四府之人为张士诚固守，故平定之后，籍（没收）富民之田，以为官田。按私租为额税。有明二百余年，减复不一……查嘉兴额征银四十七万二千九百余两，湖州额征银三十九万九千九百余两，俱着简十分之一，二府共免银八万七千二百两有奇，永著为例。"

十二月，命江苏、安徽丁银均摊入地亩内征收。

七年三月，命湖广武（汉）郧（阳）等九府州、武昌等十卫所，丁银摊入地亩内征收。

八年八月，分京师旗庄为八旗，设官分理。"京畿各有庄屯之地方，旗人事务繁多。应以三百里内为一路，分为八路，设官八员，分司办理。"

十一年春正月，命各直省设立书院。

四月，诏在京三品以上官员及外省督抚，会同学政，荐举博学鸿词，一循康熙十七年故事。

十二年九月，谕各省生童，不许邀约罢考（严禁学生的罢考运动等）。

十月，命陕西督抚确查州县歉收之处，奏请蠲赈。

十三年四月，停旌表烈妇之例（这是解放妇女的德政，免受那些死守习俗三贞九烈的虚名所束缚）。接着乾隆元年并即"谕审案不许株连妇女"，也是步其后尘而立法的好事。

至于历来写历史或小说，描写雍正的严厉残忍手段，大多是以雍正三年，有年羹尧的幕僚汪景祺作《西征随笔》一书；以及雍正四年，名士而兼名宦的礼部侍郎查嗣庭所作的私人日记，和雍正七年，因湖南生员曾静而祸及吕留良父子家人，三件文字狱的大案，作为罪不可恕的论断。这三件大案，都是有关当时满汉民族之争的问题，其中的是非曲直，善恶因果，颇为复杂，我们姑且不论。如从雍正皈依佛学的禅者立场来说，他当然知道两千多年前，释迦牟尼佛已经首先提出泯除民族歧见、国土界别，众生平等的道理。但他仍然无法脱离满族祖制家法的立场，采用严刑峻法的手段来处理，可以想见其内心的矛盾和痛苦。因此他便呕心沥血，亲自写作一本《大义觉迷录》来辩说民族平等的问题。这本书在清朝两百多年中，虽然并不受人重视，但它却启发了民国初年五族共和，以及现在各大小民族共和的国体，应该也算是先声之作了。

虽然如此，雍正总难逃"为德不周，为仁不达"的遗憾。但再退一步来讲，过去古今中外英雄帝王们的统治手法，都会如三国时代刘备说过一句坦白的老实话，那就是"芝兰当门，不得不锄"。有罪无罪，同为一例。所以佛、道两家便教人要知时知量，明哲保身，作为苟全性命，不求闻达，独善其身的规范。但如不幸处在兼善天下的地位上，那就随时会有可能碰上棘手的事，瓦砾黄金同为废物，即使圣如尧舜，也有殛四凶的记载，孔子也有杀少正卯的故事。雍正虽学佛参禅，当然更不能比于尧舜与孔子，应当受到后世的批评。

大禅师整顿佛教

但做了清朝十三年守成皇帝的雍正,他受当时读书人及后世攻击的真正原因,就是他严格整顿佛教禅林的结果。因为从明朝中叶王阳明理学一系的兴起,以禅宗明心见性的宗旨归入儒学的知见,以孔孟之教的良知良能作为禅宗开悟的极则。因此,阳明之学的流弊,到明末时期大都犹如狂禅之流,到处都是。当时便有人嘲笑明末儒家"圣人满街走,贤人多如狗"的情况。那时禅宗的大匠如密云圆悟禅师,虽然望重禅林,但他的出身犹如唐代的禅宗六祖慧能大师一样,并非儒林名士出家。可是从他求学的人,很多是为了逃避明末的党争,逃禅入佛的学者名士。他有一个名儒削发为僧的弟子法藏,自认是从密云悟那里开悟得法的高足。因此,一般有进士、举人功名的人,就纷纷归到法藏的门下,从禅宗的习惯,都尊敬简称他为"汉月藏"或"三峰藏"禅师。"三峰""汉月"就是他挂褡在江苏的庵名代号。

"汉月"的弟子中学者众多,声势日盛,便有谈禅的专著,阐扬唐宋以后禅宗的五家宗旨,标榜一个〇(圆相)为指标,或说平常着衣吃饭,即知即行等,就是"当下即是"佛法的禅。其实,给人有法可得,有道可修的作为,早已离禅离佛愈远。密云悟大师知道了,大为不然,就著文章来批驳他们。可是"汉月藏"的弟子们不服气,又著书反驳师祖密云悟,如《雍正语录》所说的《五宗救》《辟妄》《辟妄救》等书名,就是由这个故事而来。

但自清兵入关以后,"汉月(三峰)"一派的弟子,愈来愈多。其中大部分还是"反清复明"的读书分子,有的以出家为僧作掩护,有的便以居士身份住在禅林寺院,作为伺机而动的据点。明末有名的诗僧苍雪大师,就与"三峰"及"反清复明"分子有密切的往来,而且以诗文交谊、不涉世务做挡箭牌。苍雪大师遗著《南来堂诗集》,在他唱和的诗中,便有许多明末人物的史料。"汉月藏"一系,后来又专以禅宗五宗的"曹洞宗"相标榜,意在脱离"汉月藏"的传承来自"临济宗"的作用。雍正在王邸的时候,早已开始参禅学佛,和他交往的方外僧人也不少。而且他受章嘉大师的启迪印可以后,对于禅悟自认为已经破了三关的大彻大悟者,所以也公然以居士帝王禅师的身份,收出家和尚们做弟子。因此,他对明末清初佛教的禅宗丛林和蒙藏密宗的教法,其中的利弊得失以及龙蛇混杂的情形,都弄得非常清楚。

雍正登位以后,便以禅师而兼帝王的立场,大刀阔斧来整顿佛教的禅林,下令尽毁"汉月藏"一派《五宗救》《辟妄救》等著作,并命"汉月(三峰)"一系的出家僧众,统统要重新改投"临济宗"的门下。在圣旨威严管束之下,同时他又声明自己是个明眼宗师,如果有天下老和尚认为他的见地有错误的,尽管进京找他面谈对错,他只以出家衲僧的立场相见,绝不以皇帝的权威压人。总之,要和他讲论佛法,他自认为只是一个禅师或居士而已,并非就以人王之尊的面目相见。可是当时如雍正一样,对于参禅学佛确实下过一番真参实证工夫的出家人,并不多见,当然便没有像南北朝和唐代的禅师们,一领布衲,芒鞋挂杖,敢在帝王前面潇洒自如地侃侃论辩佛法了。因此,他把几个跟他参禅学佛多年的和尚徒弟,分别派到江、浙及其他省份去做禅寺丛林的住持,并命督抚以下各官照应,作为佛门的护法。如扬州的高旻寺、杭州的净慈寺、嵩山的少林寺等,都是由他派出和尚徒弟住持整顿。经费由地方财政的羡余中划拨,及募集功德所得,或由皇室支付,统报由雍正自行核定。但从雍正的整饬佛教和禅宗以后，便使中国的禅宗局限于高旻寺的禅堂之中，只以参一句"念佛是谁"的话头，定为参禅的风规，直到现在。这倒合了一句古话："良冶之门多钝铁，良医之门多病人。"

但我们须要知道，雍正的整顿佛教和禅宗各丛林寺院，从佛法的立场来讲，他是确有正知正见，并非歪缠。但同时也使那些皈依佛门，抱着"反清复明"思想的知识分子，临时冒充参禅学佛的和尚，走投无路，弄假成真了。因此，后来"反清复明"的帮会组织，就都离不开与佛门有关。可惜过去一般对历史记录的大儒，偏偏固执成见，认为佛、道两教都是孔子所说的"异端"，从来不关心它与中国政治文化有关系的重要，所以并不深究。尤其对于清史，如入关前后的一百多年中的三四代皇帝，如不了解禅宗和密宗的渊源，当然所有论断就多有外行之谈了。中国过去的历史，尤其在佛教的宗教史上，认为破坏佛教最厉害的，便是"三武一宗"之难（北魏太武帝、北周武帝、唐武宗、后周世宗）。但并没有说雍正这样做，也是佛教史上的灾难。事实上"三武一宗"的事，是有关历史文化思想的冲突，和佛、道两教的宗教斗争，以及那些昏君的不知正面治理所造成的结果，但也并非是政治上的绝对盲动。至于雍正的整顿佛教禅林，他是以内行对内行，他的本心原在维持佛法的正知正见，当然不能把他作为迫害宗教的事件来论断。

但另有一件与雍正整顿佛教禅林有关的故事，我也追究了几十年，直到如今，仍然是属于"事出有因，查无实据"的疑案，那就是中国佛教的出家人，为什么要在光头上烧戒疤？而且开始在哪个朝代？根据佛经大小乘的戒律，以及印度原始的佛教和蒙古、西藏等地区的佛教传承，出家人剃除须发以外，也都没有这个规定。我曾经在五十多年前访问过几个前辈的师友，都无法作答案。有一次，在峨眉山上和一位老和尚讨论过此事。他说大概从清兵入关以后开始，而且可能起于雍正的时代。

如果这样，那就是在雍正收拾"汉月（三峰）"一系，饬令统统归到临济宗门下以后所开始。他为了同时缓和满汉之争的作用，施行仁政，当他在位的十三年中，曾经两次在夏天盛暑时间命令清除刑狱，释放一些罪犯。如诚心愿意忏悔改过，准许入佛门出家修行。但又恐一般始终心存"反清复明"思想的人从中煽动，便咐嘱他所派往江南一带住持大寺的和尚徒弟们，提倡以《法华经》《药师经》和《梵网经菩萨戒》的舍身忏罪、燃灯供佛的作用，接受三坛大戒（沙弥戒、比丘戒、菩萨戒）的同时，便在一身最宝贵的头顶上燃灯，以表志诚。这样一来，即使要在出家以后再来蓄发还俗，从事"反清复明"运动，或是怙恶不悛者，都无法逃过检查身份的法网了。从此以后，除蒙、藏喇嘛以外，就形成内地汉僧的顶上都有戒疤为记了。此外，又有在禅堂中警策参禅入定的香板，也与雍正有关。当时他在王府领导修行，交一把宝剑给一个和尚徒弟说，如果你在七天中不开悟，就以此自裁吧！结果，此僧果然不负所望。后来在禅堂中集体参禅时便变更形式，做成剑形的香板，也是雍正禅师的杰作。

有关这两件事，我仍然不敢确定，只如野老村言，备作研究参考而已。

至于后来写历史小说的人，便把雍正描写成学武少林寺，并交往南京大侠甘凤池、白泰官，乃至了因和尚，以及吕四娘报仇等事，说得津津有味，有趣之至。甚至还有把乾隆也写成曾经学艺南少林寺，和洪熙官有关系，因此火烧少林寺等等，不一而足。雍正是学禅的行者，他在继位以前所编集的《悦心集》中，便收有"千载勋名身外影，百年荣辱镜中花"的警世名言，这些毁誉对他来说，又何足论哉！

定鼎守成一奇才

至于雍正在位的时期，对于中国文化上历来所敬重的儒家传统和先师孔子的尊号，他虽然不像历代其他帝王一样，随时要听从儒者出身的大臣们的建议，做出特别表示尊儒尊孔的举动，但他也步康熙的后尘，做过几件事，算是对儒家文化也有了交代。如雍正元年六月，加封孔子先世五代俱为王爵（这又是出手不凡，以虚名以博实誉的出奇之举）。二年八月，定从祀孔庙三十一人，包括有郑康成、诸葛亮，乃至清初的名儒蔡清、陆陇其等。三年正月，亲试应差学政各员文艺。如云："因从前学政主考，皆就其为人谨慎者派往，并未考试，其中并有不能衡文者。或因中式之后，荒疏年久者故耳。着将应差之翰林，并进士出身之各部院官员查奏。俟朕试以文艺，再行委差。"六年六月，授先贤冉雍后裔世袭五经博士。雍正为什么忽然心血来潮，在孔门七十二贤中，偏要这样重视冉雍，实在不知道他的用意何在。唯一可以为他解释的，可能是他有感而发，觉得有德有学的帝王之才实在太过难得。孔子曾经称赞"雍也可使南面"，所以他便有这一道诏命吧！

依照前面所讲的观点，总结雍正在位十三年来有关整肃传统文化的作为，从明儒王阳明开始，融会禅学于儒理的流弊，到明末万历崇祯时期的党争，以及进入顺治、康熙王朝以后，所有逃儒入禅的前明遗老和遗少们，在这位"雍和宫圆明居士允禛（雍正）破尘大禅师"的棒喝之下，几乎都无立锥之地，无所逃于天地之间了。

同时又设置僧录司管理佛教事务，内分善世、阐教、讲经、觉义，左右各二人，号为"僧录八座"。选任出家的僧官，先由礼部考试，再送吏部备案，最后交内务府（皇宫内务主管机构）的掌仪司、礼部的祠祭司会同考核，再报由内务府大臣请旨准可，才移吏部颁发符札委任。这样一来，掌握僧官的实际权力都在内务府中，等于是由皇帝的亲自监管。各省地方僧官的选任权，便交由督抚决定。至于从雍正亲自主持参禅，经他自己认可的禅师和尚有资料可查者，而且经他亲自派遣住持江南等名刹的，便有性音、明鼎、超盛，以及拈花寺方丈超善、万寿寺方丈超鼎、圣因寺方丈明慧，和元日、超源、实彻、悟修等十僧，犹如他出家众中的十大弟子，也等于是他外派视察民情的耳目。在满汉的大臣中，如张廷玉、鄂尔泰、福彭、允禄、允礼、天申、圆寿，和他自己的儿子宝亲王弘历（乾隆）等八人，等于是他座下在家众中的得法弟子，可倚为治国的左右手。一些从他随缘参学的妃子、宫人、太监，在他的选佛场中，当然还不能得到榜上有名的记录。

　　清朝入关定鼎八十年后，有了这位文学词章不亚于任何一位翰林进士，谈禅说道不逊于禅门宗师的雍正皇帝。其为政之道，使人不敢欺，亦不可欺。内肃权贵，不避亲疏。外立纲常，赫如烈日。用此守成，当然可使内外肃穆，谁敢与之抗衡！一般评论，便只能说雍正犹如汉代的文（汉文帝）景（汉景帝），过于忮刻而已。但他对用人之道，却真能实践"贤者在位，能者在职"的原则。换言之，他如需要外派整治事功的人才，"宁可用黠而能者，不肯用愚而廉者"。如果学问好、有品德，如张廷玉等人，始终就给以高位，留置内廷。出身功名不高，但的确别有才能，如田文镜、李卫等人，便委以重任外放。至于科名循序渐进的人，虽词章华丽，也只能位任文员，安置在翰林馆职而已。雍正在十三年中，得以坐镇京畿，背靠漠北的满蒙，右握西北，左揽东南；西南有事，只需一个能臣，一旅雄兵，便可唾手而定。他是真实奠定了清朝的江山，赋予儿孙好自经理，实在可算是历代定鼎守成帝王中的奇才，为历代职业皇帝中绝无仅有的一人。如果以"修身、齐家、治国"之道来说，他确是做到了如《诗经》所说"刑于寡妻，至于兄弟"了。但从"格物、致知、诚意、正心"之道来说，他却落于"静虑而后能得"的窠臼，对于"亲民"而"止于至善"的外用（王）的实际，难免自有遗憾之处。明儒兼通佛道的洪自诚说得对："涉世浅，点染亦浅。历事深，机械亦深。故君子与其练达，不若朴鲁。与其曲谨，不若疏狂。"雍正即位以后的禅病，正陷在过于练达而又曲谨的旋涡中而不自觉。

也许大家会问：他究竟是怎样死的？既然已经开悟，又何以只有五十八岁就死了呢？参禅开悟，并非是求仙道的长生。一个人事无巨细，都要事必躬亲，昼夜勤力，日理万机十多年，不累死也会瘫痪的。况且他对佛法心宗意生身的转身一路工夫，还须求证，并未到家。这是他无法告人、无处可问的关键所在。他究竟是怎么死的，也许将来或可知道谜底吧！

十全老人的乾隆

清朝从雍正以后，接着就是他许为已破禅宗三关的儿子宝亲王弘历，即晚年自称为"十全老人"的乾隆。事实上，在秦汉以后的历史上，本身做了六十年的太平天子，活到八十多岁，传位给儿子嘉庆以后，又以太上皇的身份仍然还得干政，乾隆的确是绝无仅有的一人。那些相信宿命论的算命先生，算他的八字，是"子午卯酉"四正的命，好像很有道理而不尽然的巧合，却很有趣。

不过，以乾隆一生的际遇来说，他真是得力于父祖的遗荫。

照俗话来说，也可说他靠祖宗有德的结果。从他的祖父康熙立下统一的根基，经过他父亲雍正的整肃守成，打好财政、经济、吏治的稳定基础，他在正当青年的时期继位称帝六十年。在他手中，编集了《四库全书》，对于中国文化做了最大的贡献。又对明末第三代的遗老遗少们再举行一次"博学鸿词科"，一网收尽遗留有"反清复明"学术思想的汉人读书分子。从此使清朝的文运，真正做到"销磨天下英雄气，八股文章台阁书"的作用。读书知识分子考取功名以后，大多数是浮沉宦海以外，便转向在文学词章上争取文艺的胜出。有关儒家"四书""五经"的义理之学-，只走向如《十三经注疏》和《皇清经解》等巨著的考证路线上去。便少有如宋明那样理学和禅宗大师人才辈出，论辩纵横，但却产生了学识渊博、考证精详、文词华丽、蕴藉风流如纪昀（晓岚）、王文治（梦楼）、舒位（立人）、袁枚（子才）、赵翼（瓯北）、张问陶（船山）等等一群风流潇洒的才子。在诗文词章上的成就，或变更成规，或注重性灵，但都不免带有孤臣孽子的潜藏情感。因此，使清代乾隆前后的文学境界，并不亚于中唐的格调，大有特色，值得欣赏。

他自己除了批注历史，编了一部《御选通鉴辑览》以外，又作了很多评论历史的诗。同时把清宫里所收集的历代名画，任意在空白处题诗写字，盖上"乾隆御宝"的印，自己以为是很艺术，其实是破坏了艺术作品的壮举。并且命臣工编辑《御制文集》，夸耀自己为"翰林天子"，有意与那些进士状元出身的文人争一时的短长。但从乾隆一代的内政来讲，实在确是一个升平盛世。所以他在那时所作的春联，便有"天增岁月人增寿，春满乾坤福满门""乾坤春浩荡，文治日光华"，乃至有"文章华国，诗礼传家""国清才子贵，家富小儿骄"的现实情况。

因此，他到了晚年自称为"十全老人"，并且在让位授玺

（交印）归政给儿子颙琰，改年号为嘉庆的时候，又自称为"千古第一全人"，比起十全老人更要全了。其实，他所谓的十全，是包括了康熙、雍正前两代的功业在内，是指清朝的武功而言，并非完全属于文治。因为由清代"康、雍、乾"三朝的领土扩张，全国版图，东至鄂霍次克海与日本海，朝鲜与库页岛在内；南至安南、缅甸、暹罗；西边的阿富汗、吉尔吉斯、浩罕，西南的廓尔喀、哲孟雄、不丹，均臣服中国；北与西伯利亚接界。除元朝以外实为中国历史上版图最大的一朝。至于乾隆时代自夸的武功，便是曾经征服准噶尔、大小金川、廓尔喀各两次，臣服回部、台湾、缅甸、安南各一次。以此自炫，便称为是十全武功。他不像他的父亲雍正，或用"宝月居士"的身份而谈禅说佛。可是他却能通藏文，注意藏传密宗的修持。他曾经翻译藏文黄教主要修法的阎曼德迦《十三尊大威德修持仪轨》。据说嘉庆即位，正当白莲教作乱，他在太上皇的宁寿宫皇极殿上，手持念珠，跏趺禅坐，为大清江山保平安而修密法呢！

总之由顺治算起，自公元1644年，到嘉庆四年1799年为止，大清朝的江山已经过了百多年的升平岁月，时代即将进入十九世纪。乾、嘉以后，清朝也由盛而衰，整个中国文化，正开始受到西方文艺复兴运动以后，工商业科技文明、发明的撞激，不变而变，非变不可了。如果要讲中国的近代史或现代史，准确一点，应当从嘉庆时代开端，不是咸（丰）、同（治）时代才开始啊！但我们须要知道，有关"四书""五经"的文化，尤其是朱注《四书章句》，和明清两代八股考试文章的结合一体，直到光绪末年才告一段落。可是中国人到现在，仍然对读经与不读经的争议，还在喋喋不休。其实，读"四书""五经"是为了知道自己国家民族的文化根本来源，它和国家的兴衰成败以及国运的强盛富有，不能混为一谈。事在人为，不是事在书为啊！传统文化的诗书并不害人，只怕自作高明的人为害了诗书的精义而已。

　　清朝由嘉庆开始，匆匆百年之间，经道光、咸丰、同治、光绪，乃至宣统，这六七位爱新觉罗后代的职业皇帝，都是卑卑不足言，何足论哉！况且地球世界的人类文化在变。中国和所有东方国土的文明，正如"白日依山尽""朝阳西海升"的情况。随着而来的，中国即处在"山雨欲来风满楼"的紊乱和刺激之中。现在我们需要对西方文化自十六世纪文艺复兴以后，十七世纪开始怎样渐次兴起，怎样逐步东来，影响我们今天的情形，扼要作一了解。

第九篇 西方文化与中国

六二、鸟瞰西方文化的演变

明清之际的中西文化交流
清初以来西方国家的重大变革
美国文化与美式霸主

第九篇　西方文化与中国

我们从中国文化的立场说到西方文化，一般都从清朝道光十九年到二十二年（1839—1842年）间开始，由林则徐在广州虎门销毁英商的鸦片，引发中英鸦片战争，以及中英签订南京条约，由此刺激了中国人起而注重洋务，开始学习造轮船、造枪炮。到现在为止，一百六十多年来都在讨论中西文化或东西文化的问题。事实上，文化这个名词，是包含很多方面内涵的统称，如政治、经济、军事、教育、法律、文学、艺术，乃至一个国家、一个民族的生活习惯、语言文字等等的总和。东方和西方都有五千年来的文化历史，并不是一个简单的代号意识就能随便概括文化的全部。

而且随便说一声西方文化这一个名词，是指欧洲所有的那些国家民族的文化，或是指在北美洲新兴建国二百多年来的美国文化呢？这都需要弄清楚，严格地说，这都不可混为一谈。因为讲到正式的西方文化，当然要从欧洲方面上溯到几千年前的事。但他们并不像中国一样，已在公元前2205年开始，虽然氏族分封，但国土已经有统一规模，而且已经有夏、商、周一样的类似统一朝代的传承。如果说文化有冲突，也是表面的、暂时的现象。由所谓冲突而交流融会，构成人类世界的整体文明，应该是即将来临的情况。欧洲在上古却是各个民族独立，王国自分，语言文字也各不相属。例如公元前400年至公元前246年之间，我们在周秦之际，是全国政权一统，文字统一的局面，相对来说欧洲，直到今天从来也没有出现过这种局面，而且从欧洲各国不同的文字语言来说，最早也只能追溯到拉丁文的根源。

我们为了简略起见，姑且撇开埃及和印度文化，仅从西方文化开始最光荣称道的斯巴达、雅典之希腊文化说起。而且浓缩文化一词归到学术思想的范围来说，当在公元前640年，也就是中国东周襄王十二年的时期，在文化史上，希腊著名的哲学家泰勒斯在世，创立一元论的自然哲学。到公元前470年，也就是中国东周元王六年时期，希腊著名的哲学家苏格拉底在世。到公元前403年，中国东周威烈王二十三年，雅典投降斯巴达以后，最为突出的便是雅典恢复民主政治，乃至第二年的苏格拉底受审，终于自尽。继有柏拉图的著作《共和国》，乃至亚里士多德的在世，马其顿的名王亚历山大在位等故事。这些希腊的辉煌历史，都是发生在公元前399年（东周安王三年）到公元前337年（东周显王三十二年）之间的事。

过此以后，最为显著的，就是罗马帝国兴亡史迹前后的故事，不必细说端详，现在已有各种译本的《罗马兴亡史》可供参考。这样直到了中国西汉平帝元年，王莽称安汉公；相传耶稣基督降生的第三年，也就是后世定为公元第一年的开始。到了中国东晋孝武帝年间（392年），罗马定基督教为国教。到中国南北朝时期的刘宋末年，欧洲西罗马帝国瓦解（476年），新国纷纷迭兴，战争相寻不止，人民生活困苦，文化低落，在西方历史上称为"黑暗时期"，长达五百年之久，直到第十世纪。接着而来的，便是西方历史所称的欧洲中世纪时代，整个文化都以哲学即神学的思想，以基督教的教理为目的，一切文化皆出于教士所集会的经院为主。这在西方文明历史上便称为"经院哲学时期"，又长达六百年之久，大约从第九世纪开始，直到第十五世纪为止。这样由罗马文明转到黑暗时期，又进入经院哲学时期，前前后后，欧洲的文化大约有一千两百年之久，犹如《易经·屯卦·象辞》所说"天造草昧，宜建侯而不宁"的阶段。但对东西两方的接触来说，仍是漠不相关的事，正如我们当年背诵《幼学琼林》所说的："参商二星，其出没不相见。"我们受西方欧洲文化影响的开始时期，都是在十六世纪以后，也就是明朝嘉靖以后。

现在我们为了明白清楚起见，先由有关人类应用科学说起，同时并及人文文化，如社会科学、政治思想等等。

明清之际的中西文化交流

当十五世纪中叶到十六世纪之初，正是明朝景泰（景帝）到嘉靖（世宗）时期，即1451年至1536年间，由西方的西班牙和葡萄牙开始，发生震惊世界、开始改变东西方文明的大事，便是意大利人哥伦布深信地球是圆形的观念，在1492年得到西班牙国王斐迪南第五及其王后伊萨伯拉的赞助，率舟三艘（那时还没有发明轮船），越大西洋航行，终于在当年到达中美巴哈马群岛。嗣后另有人继续探航数次，陆续发现西印度诸岛及南美沿岸等处。这便是后世所说哥伦布发现新大陆的历史大事。从此开展了西方航海经商和殖民，攫取世界上落后民族土地财富的新时代。

但在意大利本土，还正在动荡不安，政治经济衰落，教会又在挑拨制造事端。便有学者政治家马基雅维利（1469—1527年），主张领导国家的君主，应该深知谋略权变，运用权术，避免武力冲突而能统治国家，因此著了一本《君主论》的名著。后世德、法各国所有自命不凡的英雄人物们受其影响极大，如法王路易十四、拿破仑、墨索里尼、希特勒等。但如比起《春秋》《左传》《战国策》等书来说，未免有小巫见大巫的感觉，只可惜我们自己不肯读书，互作参考而已。

接着，便有波兰天文学家兼数学家哥白尼（1473—1543年），著《天体运行》一书，推翻风行的托勒密的天文学说，主张太阳恒静不动，地球与其他行星绕之而行。为近代天文学上地动学说的基础，但当时也遭遇泥古不化的天文学家及教会的攻击。而且同时德国的马丁·路德（1483—1546年）也正在反对教会，发动宗教革命，建立新教。但哥伦布的探险地球，哥白尼的翻天覆地，马基雅维利的教导君王用权术，马丁·路德的宗教革命，这倒合了如《阴符经》所说："天发杀机，移星易宿。地发杀机，龙蛇起陆。人发杀机，天地反覆。"（编按：《阴符经》有多种版本。有的版本在"天发杀机"句下，为"星辰殒伏"；有的版本则径接"龙蛇起陆"，而少掉"地发杀机"一项）因此十六世纪以后的人类地球，当然就要翻天覆地，变化多端了。

事实上，十六世纪的中叶（1535年至1556年），中国和日本以及葡萄牙，已经发生三边的冲突。这个时候日本正是丰臣秀吉操纵王政，意图侵占朝鲜和中国。也就是明朝嘉靖时代的名将俞大猷、戚继光抗倭战争的时期。葡萄牙入侵福建漳州，占领澳门，同时又出没在日本海岸的种子岛。日本在我们明末清初时期的1639年，由江户幕府发布了锁国令，因此清朝两百年间，海疆幸少东来的边患。后来日本受美国的压力才重新开放，那已是1853年的事了。

但很遗憾，大家注意东西方的文明冲突，忘记了哥伦布发现新大陆之前八十年，明朝永乐到宣德初年（1405年至1430年间），三保太监郑和已经奉命出使南洋，由江苏、浙江、福建南历南洋群岛，乃至非洲东岸，及印度、波斯等东海岸，前后出使七次，历经三十余国。虽然他奉有特别任务，只做试探性的航行，但他志在宣扬国威，施加德化，既不想占有别人的上地，更没有贪图他国的财货而做贸易，反而代表明朝赏赐安抚那些弱小民族的国家，所以直到如今，印尼边境地区还存有土人们为郑和修造的神庙来纪念他。关于郑和下南洋的事，还有人写作小说，变成家喻户晓的故事。但冷静沉思，和哥伦布等发现新大陆相比较，问题并不一样，这就是代表了中华民族素来爱好和平，不贪图不仁不义财富的习性。也可以说是民族传统文化教育上的根深蒂固，并不能认为是不懂商业利益，或是民族性的弱点。当郑和第七次出使的时期，也正是法国的圣女贞德为爱国战争而牺牲的时期。

接着由明末天启间到清初顺治时期，德国的天主教徒汤若望来中国传教，并教明朝制造大炮，传西洋历法。明亡入清，出任钦天监正之职，掌管天文。跟着，又有比利时耶稣会教士南怀仁来华，由顺治到康熙时期教习数理，任钦天监副职，后擢监正。康熙向他们学习天文及数学，并完成天文历法上两大巨著，即《新制灵台仪象志》十六卷及《康熙永年历法》三十二卷。同时又有意大利神甫兼艺术家郎世宁，在康熙、雍正、乾隆三朝任职画院，传授西洋画法，又学习中国画法，使两者融会一体，为中国的宫廷院画建立风规。这都是东西文化初期的交流，没有挟带火药味的一点往事。

在 1645 年至 1716 年间，顺治、康熙时代，德国的哲学家兼数学家莱布尼兹发明微积分数学，主张先天学说，以唯心论与英国唯物论、经验论哲学相抗衡。甚至有人称他为亚里士多德以后的第一人。但他自称发明微积分的学理，是受中国《易经图说》的启发，他遗憾自己没有见到《易图》全书。他最得力的名著，便是《人间悟性新论》《神恶论》《单子论》等书。他与汤若望、南怀仁是先后同时的人，他说的《易经图说》，也许是由他们手里流传过去的。当时世界隔于重洋，东西文化的交流史迹，是很难考证清楚的。

清初以来西方国家的重大变革

总之，当清初顺治在位十八年的时期，1644年至1661年，也就是世人惯称的十七世纪的年代，南明四镇还未平定，清朝的政权还未完全统一，但欧洲方面也差不多。如1646年，英国内乱终止，查理第一出奔苏格兰。1648年，威斯特法利亚条约成立（三十年战争结束），查理国王被处死，宣告共和制（清教徒革命），承认荷兰、瑞士独立。1654年，荷兰承认英航海条约，英国从此雄霸海上。俄国派使节来中国。1660年，英国王政复古，查理第二即位。1661年，法国路易十四亲政。

但正当欧洲英、法、德国际政局处在动乱之秋，而在人文与科学方面，却有别开生面的启发。时在顺治初期，1649年间，法国的哲学家兼数理学家笛卡儿发明解析几何，首创坐标公式，打开数学的新纪元。同时又著有重演绎法的《方法论》《沉思录》《哲学原理》等书，主张心物二元论，但特别注重理性，影响此后西方思想至为深远。但今天西方已有学者对此思潮提出反思与批判。在西方的哲学史上，还有一位比他早期的英国哲学家培根，是主张归纳法的鼻祖，这项方法成为日后科学方法的重要基石，也影响甚为深远。因此，笛卡儿与培根都有近代哲学之父的尊称。

十七世纪——顺治时期：顺治三年（1646年），英国内乱终止，查理第一出奔苏格兰。朱舜水（之瑜）乞师日本，日人从学经术，礼而师之，但不出兵，以致终老日本。郑成功向日本乞师援助，被日本幕府拒绝。五年（1648年），威斯特伐利亚条约成立（三十年战争结束），查理第一国王被处死。宣告共和制（清教徒革命）。承认荷兰、瑞士独立。十一年（1654年），荷兰承认英航海条约，英国从此雄霸海上。俄国派使节来中国。十七年（1660年），英国王政复古，查理第二即位。十八年（1661年），郑成功据台湾逐荷兰人。法国路易十四亲政。

十七世纪——康熙时期：康熙三年（1664年），英国占领荷兰人的据地阿姆斯特丹，改称纽约。七年（1668年），法国和英国、荷兰、瑞典三国同盟，西班牙承认葡萄牙独立。二一年（1682年），俄罗斯彼得大帝与其兄伊凡并立，其姊索非亚摄政。二三年（1684年），英国牛顿发明万有引力说。二四年（1685年），清军败俄人于雅克萨。英王詹姆士二世即位。二五年（1686年），英国建加尔各答府于印度。二六年（1687年），俄国侵占中国黑龙江地，旋即请和。二七年（1688年），英国光荣革命。法国路易十四第三次侵略战争。二八年（1689年），中、俄国界划定，尼布楚条约成立。英国权利宣言发布。俄国彼得大帝亲政。

十八世纪——康熙时期：康熙四十年（1701年），普鲁士改称王国。英国国会通过王位继承条例。西班牙王位继承战争（清朝宫廷亦起太子承继问题）。四十三年（1704年），继培根之后，英国经验学派哲学家、民主学说的创始人约翰·洛克卒，著有《悟性论》、《政府论》、《教育杂感》等书。英国取直布罗陀。四十六年（1707年），英格兰、苏格兰合一，称大不列颠。

十八世纪——雍正时期：雍正七年（1729年），准许英国等来中国互市。西班牙割直布罗陀与英国。十一年（1733年），乔治亚殖民地设立，形成北美十三州。英国凯伊发明织布飞梭。

十八世纪——乾隆时期：乾隆七年（1742年），查理七世当选为德帝。八年（1743年），英国夺取法国在美洲的殖民地。十年（1745年），英、法争取殖民地权利，在印度交战。十三年（1748年），法国思想家孟德斯鸠所著《法意》出版。十六年（1751年），法国《百科全书》出版。十七年（1752年），富兰克林证明电光电气是同一物体。二〇年（1755年），法国和英国在美洲殖民地起战争。二四年（1759年），英军占领魁北克，英国统治加拿大。二七年（1762年），俄国彼得三世即帝位，其后叶卡捷琳娜废之而自立。法国人卢梭所著《民约论》出版。二八年（1763年），英、法殖民战争终止，巴黎和约成立。二九年（1764年），英国人瓦特发明蒸汽机。三〇年（1765年），印度莫卧儿帝割孟加拉等地给英国东印度公司。英人公布印花税条例。美殖民地不服。三二年（1767年），英国人哈格里夫斯发明纺纱机器，一轮十八线，儿童亦能运用。三三年（1768年），俄国、土耳其开战。三七年（1772年），科克发现太平洋群岛。波兰第一次被瓜分。三八年（1773年），法国路易十六即位。俄、土讲和。

乾隆四一年（1776年），北美十三州发表独立宣言。英人亚当·斯密《原富》出版，开创重商政治经济学的杰作。北美大陆议会通过并发布《独立宣言》，制订邦联条规。四三年（1778年），法国、西班牙承认美国独立。科克发现夏威夷群岛。四四年（1779年），英国发生八万人捣毁机器的运动，从此时起，应称为工业革命之开端。四八年（1783年），英国承认美国独立。五二年（1787年），北美制定新宪法。俄、土宣战。五三年（1788年），美国开第一届国会。英国开始殖民澳洲。

乾隆五四年（1789年），华盛顿被选为美国第一任大总统（第二年建都称华盛顿）。法国资产阶级大革命开始。制宪会议发表《人权宣言》。德国哲学家康德的《调和经验论》与《理性论》等著作,以及诗人兼小说家歌德的《少年维特之烦恼》,人称厌世主义或悲观主义的叔本华之《意志与表象之世界》等书,均在此时出版。五六年(1791年),法国立法议会开会。五七年(1792年),推翻君主制度,法国国民大会开会,第一次共和政治成立。第一次欧洲对法大同盟战争。五八年(1793年),法王路易十六被处死刑。波兰第二次被瓜分。六〇年(1795年),英国取好望角。波兰第三次被瓜分,国亡。

十八世纪——嘉庆时期:嘉庆元年(1796年),法国拿破仑第一次征意战役(到1797年)。二年(1797年),法国灭威尼斯共和国。三年(1798年),拿破仑征埃及。英将纳尔逊破法海军于尼罗河口。四年(1799年),乾隆崩。和珅死。英结第二次欧洲对法大同盟战争(到1802年)。拿破仑回法国,推翻督政政府,被举为第一执政官。五年(1800年),法第二次征意战役。北意大利归法。

十九世纪——嘉庆时期:嘉庆六年(1801年),英与爱尔兰合并。拿破仑与教皇订立教务专约。八年(1803年),拿破仑占领瑞士。美国由拿破仑手上购得路易斯安那。美国黑船航抵日本长崎,要求通商。九年(1804年),法国拿破仑《法典》颁布,登皇帝位。莫卧儿帝国受英保护。十一年(1806年),第四次欧洲对法大同盟。神圣罗马帝国亡。拿破仑公布大陆封锁令。

嘉庆十二年(1807年),美国人富尔顿发明轮船。德国哲学家费希特,因法军下柏林,发表《告德意志国民书》,提倡国家主义之教育,为后来启发希特勒等国家主义的有力之作。十五年(1810年),法并荷兰。拿破仑极盛时代。十七年(1812年),英与美战。拿破仑进攻莫斯科,旋即撤退。嘉庆十八年(1813年),英结合第五次欧洲大同盟攻法,大败法军。十九年(1814年),清廷限制英商船,并查禁鸦片。欧洲同盟军攻陷巴黎,放逐拿破仑于厄尔巴岛（拿破仑的战伐功业，仅有十九年的历程）。英人史蒂文森发明火车。二〇年（1815年），拿破仑逃回法国，复战同盟军，大败于滑铁卢（拿破仑死于次年）。德国将军克劳塞维茨著《战争论》。二一年（1816年），英采用金本位制。二三年（1818年），德国绝对哲学的唯心论哲学家黑格尔所著《法理哲学》《美学》《宗教哲学》等书问世。

十九世纪——道光时期：道光三年（1823年），美国发表《门罗主义宣言》。墨西哥共和国成立。英国诗人拜伦死。十年（1830年），法国七月革命。十一年（1831年），马志尼领导建立"青年意大利党"。法国里昂工人起义。美国弗吉尼亚黑人起义。中国广东黎人、瑶人起义。十三年（1833年），英国法拉第发明发电机。十五年（1835年），美国人摩尔斯发明电报。十七年（1837年），英女皇维多利亚即位（二十三年后，清廷慈禧垂帘听政）。英国发生工业危机。因机械技术发明之变革，亦称产业革命或实业革命。最初发生在英国，后渐及于世界各国。其特征为：一、手工业多变为机械工业。二、家庭工业制变为工厂工业制。三、乡村人口减少，城市人口增加。

道光十八年（1838年），清廷派林则徐驻广东查办海口禁烟事件。轮船始航渡大西洋。法人发明照相术。廿年庚子（1840年），中英鸦片战争起。英国统一上下加拿大。二二年（1842年），鸦片战争终，中英订立南京条约。二七年（1847年），马克思、恩格斯合著《共产党宣言》。因德国革命，马克思返故国。旋走巴黎，著《资本论》。二八年（1848年），法国二月革命，第二次共和政治成立。三〇年（1850年），洪秀全太平天国起事。林则徐卒。

十九世纪——咸丰时期：咸丰元年（1851年），英、法开始电信交通。三年（1853年），日本开放海禁，美舰到浦贺。俄国对土耳其宣战,东方战争开始。德意志重建关税同盟(太平天国定都南京。福建、上海小刀会起义。云南彝族起义。捻军起义)。四年(1854年),英、法对俄宣战。美国堪萨斯州发生内战。清廷始用外国人为税务司。七年(1857年),英、法联军攻陷广州(1860年),俘去两广总督叶名琛。欧洲和美国经济危机。

咸丰八年(1858年),法国侵略越南。英国东印度公司取消,印度归英国政府直辖。英国首倡"进化论"的生物学家达尔文发布《人之世系》《人与动物之情绪》等书。其学说"物竞天择,适者生存"。英国生物学家及哲学家赫胥黎著《科学与教育》《进化与伦理》等书,更为进化论大张旗鼓,从此影响世界人文至深且巨。在此时期,尚有英国哲学家兼综合科学家,开进化主义的先河者斯宾塞著《综合哲学提要》《社会静学》《教育论》等数十种书出版,自成一家之言。在德国则有哲学家黑格尔、恩格斯、马克思等震世学说,都是改变十九世纪末期到二十世纪注重唯物哲学的思想家与社会学家。但对今后演变的整体人类文化来说,其得失是非,尚在未可遽下定论的阶段。九年(1859年),马克思《政治经济学批判》出版。苏伊士运河工程开始。达尔文《物种起源》出版。美国约翰·布朗反对奴隶制度的起义。十年(1860年),林肯当选美国总统。美国南部发生独立运动。英法联军侵略中国,再度攻陷天津,进攻北京,焚掠圆明园。日本还在"尊王攘夷"的末期。十一年(1861年),美国南北战争开始。慈禧当政。

十九世纪——同治时期:同治元年(1862年),法国控制越南南部,越、法签订条约。俾斯麦就任普鲁士首相。二年(1863年),美国总统林肯颁布释奴令。四年(1865年),美国政府军胜利,南北战争结束,林肯被刺。日本开海禁。英人侵入不丹。

五年（1866年），欧美经济危机（到1867年）。瑞典化学家诺贝尔发明黄色炸药，使人类结束了黑色炸药的时代。六年（1867年），马克思《资本论》第一卷出版。德国人奥托制造了世界第一台内燃机（引擎）。美国向俄国购得阿拉斯加。清廷设立同文馆。七年（1868年），中美加签天津条约。日本王政复古，明治维新开始。德国哲学家尼采，从叔本华生活意志的理论，达到解脱理想目的之转变，而认为权力与意志为人间至高原理，也为一切价值之源，存于自我，努力与世奋斗，满足本能，为人生之目的。人为动物进化，更进便为超人。故超人之说即由此起。后来墨索里尼、希特勒的法西斯思想，受尼采哲学思想的影响很深。七年（1869年），苏伊士运河开始通航。十年（1871年）巴黎无产阶级革命，成立巴黎公社（三至五月）。

十九世纪——光绪时期：光绪二年（1876年），英国维多利亚女皇宣布兼印度皇帝。清廷收回英商所筑吴淞铁路，毁之。英国人贝尔发明电话机。三年（1877年），美国爱迪生发明留声机。五年（1879年），爱迪生改造电灯泡成功。六年（1880年），列强开始瓜分非洲。俄国出现"虚无党"。俄国的思想家大文豪托尔斯泰发表《安娜·卡列尼娜》及《忏悔录》《复活》《主与仆》《黑暗的权势》等名著。十年（1884年），定格林威治子午线为万国基本子午线。德始在欧洲及非洲殖民。日本派伊藤博文到中国，谈判朝鲜问题。十一年（1885年），马克思《资本论》第二卷出版。十四年（1888年），德帝威廉二世即位。铁血宰相俾斯麦在职。十六年（1890年），欧洲经济危机（到1893年）。十九年（1893年），夏威夷废王政，建共和。德国议会通过扩张军备。

光绪二〇年（1894年），中日甲午战争开始。孙中山先生创兴中会于檀香山。马克思《资本论》第三卷出版。二一年

（1895年），美国侵略夏威夷。德国物理学家伦琴发明X光线。二三年（1897年），日本实施金本位制。意大利马可尼发明无线电报。二四年（1898年），英俄法日强制在中国划分势力范围。清廷向英德续借款一千六百万英镑。清廷杀谭嗣同等六人，戊戌变法失败，康有为、梁启超逃亡国外。夏威夷与美合并。二五年（1899年），美国提出强迫中国门户开放宣言。第一次万国和平会议开会于海牙。世界经济危机。

二十世纪——光绪时期：光绪二六年（1900年），义和团抵抗外国侵略联军。八国联军攻占天津、北京。慈禧太后和光绪逃到西安。美国采行金本位制。三〇年（1904年），日俄在中国领土上战争，清廷宣布中立。法国人居里夫妇发明镭。三十三年（1907年），世界经济危机。中国改良派在各省设立筹备立宪机构。

宣统二年（1910年），三八国际妇女节开始举行。三年（1911年），辛亥革命，清朝结束。

民国三年（1914年），第一次世界大战开始，德国数学家兼物理学家爱因斯坦《相对论》问世。民六年（1917年），俄国社会主义十月革命成功。苏维埃政府成立。民国八年（1919年），巴黎和会开幕。意大利法西斯蒂团成立。民国南北政府各派代表议和于上海。美国实用主义哲学家兼教育家杜威在五四运动前期到中国任北京大学哲学教授，及北京高师教育研究科教育学教授。1921年返国。杜威倡导实用主义及工具主义。认为经验即生活；生活即应付环境；于应付环境中思想最重要，故思想即为应付环境的工具。应放弃研究虚玄的哲学，而以解决人生实际问题为主旨。其重要著作有《学校与儿童》《思维术》《平民主义与教育》《试验伦理学》《自由与文化》。他影响本世纪的美国及中国教育很大。美国人注重现实生活，就是杜威哲学教育的结果。从表面来讲，重实践与经验，与王阳明的知行合一学说有相同之处。但并不尽然。杜威主义只是当时教育上一副治标不治本的药剂，得失是非及其流弊，尚须另作研究，并非人道教育的大经大法。

民国九年（1920年），英国哲学家及数学家罗素来中国讲学，当时颇得好感。1950年获诺贝尔奖。他在哲学上主张新实在论。在政治上极端重视个人。重要著作有《政治思想》《心之分析》《社会改革原理》《哲学中之科学方法》。民廿五年（1936年），英国经济学家凯恩斯出版其名著《就业利息与货币之一般理论》，轰动一时，有二十世纪凯恩斯经济革命时代之称。因他特别提出政府应衡量而对抗经济的萎缩，一反欧洲古典学派认为政府不应干涉经济事业的理论。其学说的主旨：一、以流动性的偏好，代替货币数量。二、以所得决定储蓄投资，代替利率决定储蓄与投资。三、货币与工资的伸缩，决不能保证充分就业。确认货币因素、价位，为经济动态的决定者。重视货币政策，为其经济政策的特征。一般工商界所谓的消费刺激生产的口头话，也就是从凯恩斯经济理论所产生的一般见解，流弊不浅，后患可虑，实须值得检讨。

但正当二十世纪四十年代时期，在西方欧洲文化中，影响人群社会较大的两种学说：

一是奥地利心理学家弗洛伊德"精神分析"的学说，亦有称之谓"析心术"的。他认为梦境与精神病的起源，都由于平时受抑制的愿望和情绪的反映，尤其以来自天然性爱的欲求更为普遍突出。因此而为现代心理学的主流学理之一。同时，有以弗洛伊德的理论与苏俄生理学家巴甫洛夫条件反射（替换反射）的理论混为一谈，影响当代人文思想极为巨大。

二是由丹麦思想家克尔凯戈尔在十九世纪开始的"存在主

义"。到了二次世界大战后，流行于法国、德国以及美国各地，由小说与戏剧的阐扬，就风行一时，成为时髦。这是对人生生命存在的怀疑与探讨。认为人是生存在无目的之宇宙中的一个个体，应当掌握现有个体的真正自我，反对盲从，而注意内在的自由意志。但个人又须负自由行动所生后果的责任。我们亲眼所见二次大战以后美国、日本等地，受到存在主义所影响的"嬉皮"，酗酒、吸食麻醉药品，浪漫而颓丧的青年，到处皆是。二十世纪后期，渐已改变，由于股票和金融市场等的刺激，转入新兴少年资本家典型的"雅皮"了。

1914年，第一次世界大战开始。1915年，德国地球物理学家魏格出版《海陆起源》。1928年，英国弗来明发现青霉素、抗生素。1930年，英国查德威克发现了中子。美国人米吉莱发表《有机氟化物汽媒》的论文，从此以后冰箱、空调进入家庭，才逐渐成为事实。1932年至1935年三大有机合成技术：塑胶、人工合成纤维、合成橡胶兴起。1936年，美国卓利金发明全电子式的电视机。1937年，七七事变开始，日本在卢沟桥发动侵略中国。继而占领上海、南京，国民政府退往重庆。1945年7月16日，原子弹爆炸获得成功。第二次大战结束。1946年，第一台电脑问世。1950年初，英国布伦建造世界上第一台录放影机。1957年，前苏联成功发射第一颗人造卫星。1960年初，像神经网络式的集成电路问世。美国科学家梅曼制成世界第一台镭射光器，开创镭射光技术的先河。1969年，美国发射太空梭，首先试送人类登上月球。

上面简略而浓缩地列举三百年来西方文化和文明的大要，使同学们知道所谓西方文化以及科技文明的发展，所包含了的内容。同时也应反思中国在这三百年来是如何形成积弱的原因。

美国文化与美式霸主

中华民族在十八世纪以后,遭遇世界人类历史风暴的巨变,他凭什么依然能够在这种洪涛骇浪中幸存而屹立不倒?所谓中国的或是东方的文化力量,它究竟是一种什么力量?而且更不要忘记我们仍然还正在艰危忧患之中,不要自以为是,闭户称尊。我经常引用古代禅师们一首白话词说:"昨夜雨滂澎,打倒葡萄棚。知事普请,行者出力(管事的请大家出力)。拄底拄,撑底撑,撑撑拄拄到天明,依旧可怜生。"事实上,我们的国家民族,须要切实明白,认为自己还处在这么一种情况下,岂只"居安思危"而已。

一般人误解,认为美国的文化就是代表了西方的全部文化,尤其是美国人经常把美式的民主自由夸耀世界,甚至要求国际各国都要学它的美式民主方式改制。当我十多年前旅居美国的时候,和他们的学人们闲谈到这个问题,一说到民主共和,他们就眉飞色舞大谈雅典和希腊的文化,认为那便是他们"祖述希腊"的光荣。我总是对他们说,你不如说十七世纪以来,法国的文明,卢梭时代的文化,以及法国人帮助你们打垮英国,才得以形成美利坚共和国的光荣。你们的确是西方多国文化混合所生的骄子,但并不一定就可算已经建立了人类文化的坐标。至于美式民主的来源,那是因为最初到北美新大陆的移民,是形形色色,从欧洲各地陆续而来的垦荒者,都是唯先来的英国清教徒的马首是瞻,所以才形成了美式的民主。基本上,你最初的来源,并不是从一个固有统一的文化和固有统一的民族,所以才有现在的架构。直到如今,我看你们本身潜在的问题还很多。我是外国人,也是外行人,不好多说什么。

现在我们只需将北美开始移民的历史资料略作介绍，便可知道美国社会民主文化形成的基因了。1619 年（7 月 30 日），也就是明朝神宗万历四十七年，北美弗吉尼亚每一移民区选出两名代表，同总督的参事会一起在詹姆士的教堂举行会议。这是第一次弗吉尼亚议会，为北美洲第一个民主性代议制的机构。1620 年，伦敦"五月花"号船到达美国东北部，建立普利茅斯殖民地。殖民者在船上讨论，通过《"五月花"号公约》。公约中的民主思想与 1819 年弗吉尼亚议会方式，便是后来美国形成民主制度的两块基石。

以下是一个已故老朋友给我的资料，说明美国初期的情形，缅怀故人，并此致敬致谢。

十八世纪的 1776 年，北美洲的英国殖民地展开独立运动。经过七年的奋斗，美洲合众国出现于人类历史的舞台。这个新大陆的共和国，所有的领土只是密西西比河东岸的土地，人口也不过区区百万人，内中以英人的血统占优势。到了十九世纪起初，它开始改换自己的面目。首先是 1803 年，由拿破仑手上购买路易斯安那，扩地于密西西比河西岸。1815 年，它拥有人口九百万，内杂有法兰西人、德意志人和黑人。1819 年，它向西班牙购买佛罗里达，伸手于南方的墨西哥湾。1823 年，它宣布门罗主义。1846 年至 1848 年，为要完成西进，它与墨西哥战争，胜利后取得得克萨斯和加利福尼亚。这时候，它成为太平洋东岸的大国。

为合西进的需求，1867 年，它以一百四十五万镑向沙俄购阿拉斯加。1875 年，它并吞了夏威夷。1878 年，它的人口增至五千万人，欧洲诸国除了沙俄，无一超过它。这个新生的大国，是古老欧洲文化的产儿，虽然在十九世纪间不能东顾，与英、法争逐欧洲的霸权，却有西进的机会。依记载，1784 年，它的地亚那皇后号已西航至中国，用海豹皮交换广州的茶叶和别的物品。1791年，美国人在南美智利附近发现抹香鲸巢。这刺激捕鱼业，它的捕鲸船因之不断出没于太平洋。1820年至1821年间，美船可望见日本的有三十艘之多，但还没有对日贸易的企图。

一到十九世纪四十年代，情况大大不同。一方面，大陆上有成群西进的幕车，另一方面在太平洋上有增多的捕鲸船与贸易船。依统计，1847年间，太平洋上各国九百艘捕鲸船中，美占八百艘。计投资二千万美元，每年捕鲸价值一千三百万美元。至于美国的贸易船，多受荷兰人的雇用，航行长崎各地，在广州的初有五艘，到1832年至1833年间，增至六十艘。这么多船只，就十九世纪四十年代的航海技术而言，长途的航行需要停泊所和煤水的补给站。打开地图一看，理想的停泊所和补给站，自然是琉球与日本。

为着那一原因，美国希望日本开国。这一希望，又因对华贸易的激增愈感迫切。我们要知道，在1834年（清道光十四年），美国对中国广州一地的贸易额已达一千七百万美元。早在1832年，关心太平洋方面利益的美国总统杰克逊，曾派罗勃调查印度洋的贸易和日本对荷、华贸易的实况（注）。同年，国务卿李文斯顿也综合各方的报告，请总统代表团赴日，要求日本皇帝开放门户。不久，中国发生鸦片战争。美人与清廷所订的条约（按：鸦片战争的第一次不平等条约，订于1842年），或为至1860年止，成为外国人与中国交涉的样本。自然，美人希望将它应用于日本。1845年，国会议员蒲拉特要求政府采取确定的方针，与日本、朝鲜发生通商的关系。

注：1832年，美与暹逻（泰国）订约，派罗勃前往，

带有与日通商的训令。罗勃以日本情况特殊，不能进行所负的使命。后两年，为交换上述条约的批准书，重派罗勃前往，携有总统致将军的汉文和拉丁文书简，并训令赴江户（东京）谈判。罗勃曾购一万美金的赠品出发，1836年，因客死澳门，不克传达总统的训令。

1900年，美国在八国联军进攻天津、北京之役中，顺手牵羊占了便宜。定金本位制开始。从1914年第一次世界大战，到1941年日本袭击珍珠港的二十多年间，它除本身扩充海陆空三军的装备以外，同时又趁机担当国际争端的兵工厂。世界上最奢侈的浪费莫过于战争，但这个远处的北美新大陆的庞大兵工厂，由于各个落后国家内战和抵抗侵略的需求，消费刺激生产，正好大发其横财。并且因军工的发达，碰上科技文明发展的迅速，它首先把原子弹制造成功。1945年，它向日本投下原子弹，结束了第二次世界大战。从此使它睥睨国际，突然之间便自行登上世界盟主的宝座，俨然以制约各国民主体制的霸主自居，号令天下而叱咤风云了。其余大家可以读《美国史》和《世界通史》一类的书，便可大概了解两百多年来美式民主文明和文化发展的大要。

六三、反思检讨三大问题

有关国际形势问题
西方的文化和文明
有关人文文化与政治社会

我们在前面非常简略地述说由十五世纪开始，所谓代表西方文化的英、法、德、意等文明大国，以及荷兰、西班牙、美国等文明发展史的情况，虽然简化再简化，已经花了很多时间。但对于其他相关的欧洲等国家的史迹，以及最重要的军事武器的发展方面，都还没有谈到。但也只好略去不讲了，不然又不知要花多少时间了。

我们现在只需要了解这些历史发展的大要，便可反思检讨几个重点问题。

有关国际形势问题

所谓西方各国，截断世纪前三千多年远古史而不谈，只从公元纪年前八百多年开始，就是我们有信史可征的周朝（西周）实行共和政体时期，也正当希腊纪元的开始，第一届奥林匹克赛会的时期算起。再到公元前221年，我们已由东周时期的春秋战国阶段，也就是文化史上所谓的诸子百家争鸣的时代，转进为秦始皇时代所创的"废封建、改郡县、书同文、车同轨"的全国统一局面。虽然经过汉、唐、宋、元、明、清等朝代的改换，但所谓中国文化和江山一统的格局，经历两千多年依然如故，并无过分重大的差异。但在西方的欧洲呢？就从十六世纪文艺复兴运动以后，直到现在，仍然处在文字语言并非同文，各个国土地区随时随地存在有种族问题、国界问题，乃至国际间的利害冲突等种种问题的矛盾。昨天是英、法百年战争，明天又是英、法联盟。今天是德、意同盟，后天又是德、法和议。完全犹如我们两千年前春秋战国时代的纵横捭阖，机变百出，尔诈我虞，谁也不服谁，谁也信不过谁。

一到十七世纪和十八世纪之间，各国的强手便转向于东方的印度、日本和中国，乃至澳洲、新西兰和东南亚各地，互争雄长，犹如列子所说的在光天化日之下，公然当众伸手攫取市面上的金人，毫无顾忌。美国虽然是西方文化混血初生的娇女，比较含蓄，但那种欲取还休的骄纵之气，也正在成长，它也许正想试着学习十九世纪中的英国，要把美国的国旗安插在整个地球上面，使它永远没有日落的时刻。这就是西方文化国际间的现势。假如我们现在要想自强不息，号称向西方先进文化去学习，不知道我们要学西方哪一个国家，哪一种榜样，才算是真正做到先进的"野人"呢（孔子说的，先进于礼乐，野人也）？这是值得深思反省的第一问题。

西方的文化和文明

讲到西方的文化和文明，毫无疑问的，便是我们在十七世纪以来最欠缺的自然科学，和科学所发展的精密日用等科技。但那是包括所有欧洲各国以及新兴美国的科学文化和文明，并非是只限于西方的某一国家。但需要特别小心的，就是我们要迎头赶上科学文明的发展，为自己、为人类带来在生活上过去所没有的便利，却绝不一定会为自己、为人类带来永远长治久安的幸福。现在世界上的有识之士，早已知道科学的最后作用必须要与哲学碰头会面，重新为人类的人文和人生的真谛做出定论和归结才行。

科技发展的最高目的，不是专为经济价值，或市场竞争做工具的。我们对这个课题，先要了然于胸，才有资格可说"迎头赶上"这四个字。所谓迎头，就是别人已经走过的道路，不必要再去花力气，只需要捡用他们已经走过的经验，站在时代的前头，先跑一步赶过去，这样才叫迎头。

不过，我默默地观察了几十年，我们国内的青年学子，的确已有这种能力。这倒要感谢上辈的人把政治斗争搞得太过、太久了，这些青年学子们畏惧而且厌烦，干脆避开现实，决心在学习的本科上潜心研究，所以才有这种默默无闻的成就。只是可惜一般高唱科学论调的人，其实并不懂得科学的内涵精神，还没有充分发挥和培植这一代青年科学工作者的才华。而且更没有高瞻远见去设计，如何把科学与科技的教育，跟哲学与人文文化汇流，做出一番前无古人的大事业，为人类做一重大的贡献。不然，科学发展如一头无羁的野马，它会给人类本身带来毁灭性的祸害。

有关人文文化与政治社会

前面曾经提过，我们从鸦片战争以后，清廷才开始警觉，注重洋务运动。到了同治六年（1867年）开设同文馆，翻译西书，同时也派遣少数满、汉人员到欧洲去考察和学习。

先从日本说起。日本也在这个时期派留学生到欧洲学习。这个区区东洋三岛的国家，在公元1868年，也就是清同治七年，就有王政复古，开始明治维新的变革，一跃而登为东方强国之先！在这以前，日本不是正在大声疾呼，提倡"尊王攘夷"的高调，极力反对西方欧美文化的东来吗？他们怎么这样快速改变"尊王攘夷"，做到明治维新的局面呢？我们必须先要了解这个问题，才有所借镜而反思其中的道理。有关这个问题，最好大家先要研究日本历史。我们现在只取日本史简单而直接的中心来讲，要知道日本自古至今，他们真正的信仰，是他本土的"神道"，并非是把佛教作为国教。日本所谓万世天皇一系的皇家世系，本来就是神人不分，天人一体的天皇就是大神的象征。这与中国上古文化有关，所谓皇帝就称天子一样。但在日本史上，约从我们的宋元以后，天皇的政权旁落，在明治维新以前的五六百年，天皇只是虚设的象征，所有治国和军政的大权统统落在日本式的藩镇，所谓先后递兴的"幕府"手里。甚至其中有几代的天皇和宫廷，由"幕府"拨给他们的生活费都不够用，迫得那些徒有虚名、虚位的可怜的天皇靠卖字维生。自己写些字，盖上天皇的图印，叫宫女们拿到外面去卖了以维持生活。曾经也有一代皇室被迫而反抗，失败后由皇居带着年少的天皇和玉玺宝剑跳海自杀了事。

但在公元1644年前后，也就是顺治初年时期，中国一位前朝的忠贞遗老朱舜水，为了反清复明而到日本乞师，两次往返，达不到目的，便永远留在日本，受日本朝野的尊敬，传授儒家学理。从此而使日本文化的中心，几乎尽成儒家学术的天下。后来他们又接受了明儒王阳明知行合一的学说，更加尊重儒学。所以遇到西方欧美文明东来，要日本打破锁国主义，敞开贸易的大门，他们就以"春秋"大义的精神，全国知识分子愤怒而起，提倡"尊王攘夷"的主张，为抵抗西洋外夷的侵略而自强。

但在这个时候，恰好碰到日本最后一个幕府权势的没落，也就是日本最有名的德川家康所创。江户幕府的主人德川庆喜，他被日本的一般救国志士所激发，便自己向天皇提出"奏请归政"。这样便促成明治维新，明治天皇真正成为日本的天皇。而且全国上下也知道"攘夷"是不可能，干脆一变而反之，就成

第九篇　西方文化与中国

为"尊王师夷",派留学生到欧洲学习。如派伊藤博文等去研究宪政,回国以后,他们采用奥地利政制的模式,便建立君主立宪的国体,改革内政而整军强武。不久,到了公元1894年(光绪二十年甲午),因朝鲜的事故,与清廷一战而胜。清廷的海陆军皆败,从此为之气馁,而不敢轻撄其锋。他们又于公元1897年(光绪二十三年),学步英美,采用金本位币制。再到1904年,日本和俄罗斯在中国东北的领土上发生战争,日本获胜,从此更不可一世,成为东亚强国,更加跋扈而骄横了。

但清廷最初所派到欧洲留学的人,主要目的是学习海军与陆军的军备,并不注意政治体制和司法行政方面的事。对于其他的科技,更少留意。因为清室朝廷以慈禧太后为主,始终仍夜郎自大,认为皇基永固,绝对不会灭亡。后来因甲午之战,屈辱于日本之后,到了光绪时期才再派留学生到德、日去学习宪政,以备变法维新。但主要的,是想学日本君主立宪的体制,以保有大清的皇位为目的。尤其由李鸿章时代开始,开建北洋海军和武备学堂等,所谓整军建武,以图自强。同时清廷又派张佩纶在福建马尾方面建立南洋的海军,也是聘请外国教习担任师资。但是无论北洋和南洋的海军,都在很短期间因清廷的倒台而解散。

可是北洋海陆军的学生们,自然就自己团结成为一个体系,互相联系,影响推翻清朝以后的政局,有举足轻重之势。尤其是海军所剩的几艘兵舰,向南靠拢国民革命,或是拥护北洋,便使南北胜负之分立见效果。而且陆军方面,由北洋武备学堂以后,又继办有"保定军官学校",自行培养实力,准备逐鹿中原,称王称帝。因此在民国初年到三十七年之间(1912—1948年),无论是北洋政府或国民政府,最高上层的旧军阀、旧官僚,或新军阀、新官僚,大体上还都是保定军官一系的天下。换言之,都是德、日派军国主义的糟粕遗风。至于在清末以前各省所办的讲武

601

堂或陆军小学等，都成了保定军官一系的附庸，并不能起重大团结力量的作用。

至于人文方面，由光绪时期的戊戌政变失败，乃至康有为、梁启超的流亡国外，接上清末民初的阶段，大家想要建立新中国，首先最需要的，就是政治、司法和新教育的人才。因此，在民国初年最为吃香的学校和学生，并不是留学西洋或东洋的留学生，更不是由北洋京师大学堂改制的北京大学的学生。最时髦的，便是法政学校和各地师范学校的学生。毕业了，或即任职政府，或担任新办学校的校长。至于清华、燕京、南开等大学，还是后来的事。但无论法政学校或师范学校，初期所接受的西方文化以及自然科学方面，大多都是从日本留学回国的学生，加上前清遗老或遗少们来担任师资。因此，所接受新式的西方文化，也都是先由日本转译过来的二手货，并非是由英、德、法等原文直接而来。

这个时候，新译西书，最吃香的、最突出的名人，便是南洋海军学校出身，后来留学英国的严复（字几道），以及自费留学的辜鸿铭。至于请人口语翻译，意会而译成中文的，便是林琴南的译本，例如《茶花女》等书，也算是风行一时的新学新知。至于严复所译斯宾塞的《群学肄言》，更被大家视为西学宝典。但很奇怪的一部书，早在民国初年已经风行一时的，便是《福尔摩斯的侦探案》。这本书，几乎是所有国共两党的革命先辈都曾经读过的新知小说，它所影响的负面作用也很大，那就是在民初的革命和党争中，造成不择手段暗杀的风气，实在不足为法的败笔。

讲到这里，接着便要很客观地讨论中国八九十年来的现代史，和现代中西文化的演变史。但我忽然觉得心理上很悲感，真是"毁桀誉尧终未是，有身赢得卧深云"之慨。而且这个问题很大，也很复杂，牵涉到我所认识交往的许多老少前辈、同辈以及后辈的功过是非，实在无法讲下去。并且手边现存的资料，足以供我所知、所见、所闻做参考查证的也不够。即如我上面所讲第三点一段，也只是凭现场偶然的一点记忆来说，或者多有错误的地方，也希望你们给我指正。

六四、结语：中国希望和平共存的世界

第九篇　西方文化与中国

我最后要讲的，是民国初年到民国二十六年（1937年）的时期，我们国家民族自己本身几千年来的传统文化，因为时代的撞激、社会的演变、教育政策的错误，几乎已到了一息仅存、命如悬丝的情况。固有传统文化打倒了、革命了，新兴的文化根本没有建立起一个基础，就碰到日本人的侵略，全民起来从事抗日战争。有关中华文化的重建和中西文化交流融会的工作，就根本无法起步了。

总之，由民国初年至1937年的阶段，所谓西学东渐的主流，大概来说，还都在德、日派留学的学人及德、日派的旧军阀和新军阀的主导阶段。到了八年抗日圣战将要结束的时期，才转向于英、美派留学的学人所输入的西方文化的学术思想。尤其以哲学思想影响政治思想方面的，如康德、黑格尔、叔本华、尼采、马克思、恩格斯等等学说，以及我们在前面对照中西年代所列十六世纪以来的西方重点名著，乃至经济、政治等书籍，才比较流行。至于苏联学派输入的文化思想和政治意识的大量学术，都是1937年以后的事。其他由法国留学派的影响，是属于社会政治革命的实行方面，不在本题讨论的范围。

我现在对你们重新提出中国儒家孔子一系的《大学》，对照历代历史的现实演变来讲，是要大家明白，我们的国家几千年来是仁义博厚，恪守宽容忍让，希望天下人类真能达到和平共存的世界，既没有侵占其他国家的利益，更没有压迫其他民族的野心，同时也没有自认为是天下第一的狂心。我们具有忍人所不能忍，行人所不能行，忍辱负重的文化根柢，也绝不甘愿接受不合理的侵略和压迫。虽然在极度的艰苦危难中，也必然自强奋发，终于做到以德化人，以礼让相安为志。

总之，这次讲述《大学》一书，引论比较庞杂，其中的原因，主要的是以三千年的中国文化来印证中国历史的发展，说明内圣（明）和外王（用）之道，也就是孟子所说"穷则独善其身，达则兼善天下"之道。它是做人之学的重要纲领，告诉我们怎样才能做好一个人，以及如何齐家；至于治国、平天下不过是圣人的余事，内圣（明）的发挥而已。我希望通过这次原本《大学》的讲述，还它本来的面目，也希望中国人了解本国的文化精神，开拓未来要走的道路，并正告一些存有成见、偏见，或居心叵测的外国人士，能够知道中国文化的精神以及我们的民族性。如果能够有助于这个地球上各国家、各民族的互相了解，减少误解，而互相交流融会，促进人类的和平与进步繁荣，就是我数十年来所祷祝的心愿，也正是这次讲述原本《大学》的目的。

东方出版社南怀瑾作品

论语别裁　　　　　　　　孔子和他的弟子们
话说中庸　　　　　　　　原本大学微言
孟子旁通（上）　　　　　孟子旁通（中）
　梁惠王篇　万章篇　　　　　公孙丑篇　尽心篇
孟子旁通（下）
　离娄篇　滕文公篇　告子篇

维摩诘的花雨满天　　　　静坐与修道
金刚经说什么　　　　　　禅与生命的认知初讲
药师经的济世观　　　　　禅宗与道家
圆觉经略说　　　　　　　定慧初修
楞严大义今释　　　　　　如何修证佛法
楞伽大义今释　　　　　　学佛者的基本信念
禅话　　　　　　　　　　大圆满禅定休息简说
禅海蠡测　　　　　　　　洞山指月

老子他说（初续合集）　　我说参同契
庄子諵譁　　　　　　　　中国道教发展史略述
列子臆说

易经系传别讲　　　　　　　　易经杂说
易经与中医（外一种：太极拳　　新旧教育的变与惑
与静坐）　　　　　　　　　　南怀瑾讲演录 2004—2006
小言黄帝内经与生命科学　　　南怀瑾与彼得·圣吉
漫谈中国文化　　　　　　　　　关于禅、生命和认知的对话
　金融　企业　国学　　　　　历史的经验（增订本）
廿一世纪初的前言后语　　　　中国文化泛言（增订本）